철 늦은 글쟁이가 세련된 문장으로 반죽한 곰삭힌 이야기

.... 동천 金泳卓 글짓다

나의 살던 고향은

꽃피는 산골

복숭아 꽃 살구 꽃 아기 진달래 울긋불긋 꽃 대궐 차린 동네 그 속에서 놀던 때가 그립습니다.

꽃동네 새동네 나의 옛고향 파란들 남쪽에서 바람이 불면 냇가에 수양버들 춤추는 동네 그 속에서 놀던 때가 그립습니다.

-이원수 홍난파-

圖書出版 修書院

인사말

내가 살던 고향에는 복숭아꽃, 살구꽃, 진달래가 많이 피었다. 꽃향기에 취한 마을은 수반 위에 노인 꽃꽂이였다. 그런 봄이 좋았다.

꽃피는 고향을 버리고 약관의 나이에 서울로 유학 떠나와 그대로 눌러살면서 실향민이 되고 말았다. 어제만 같았던 타관살이 진갑을 넘었다.

날 잡아 고향을 찾았다. 베잠방이 바람으로 휘젓고 다니던 우리들의 영토는 어디에도 없었다. 저녁연기가 물안개처럼 산허리를 안고 돌면 먼 곳 개가 짖었고, 조무래기들은 소고삐에 끌려 집으로 돌아가곤 했던 땅이다. 만나면 덮어놓고 반가웠던 그 정겨운 친구들 한 사람 고향에 남아 있지 않았다. 인정 나누며 살던 마을의 어른들도 죄다 떠났다.

'고향이란 어느 갈 곳 없는, 철늦은 사람들만 사는 곳인가? 아니다. 그들은 이미 반 100년 넘어 오늘을 바라보았고, 고향 떠난 우리들은 반 100년 전 그날을 그리며 산다.

문짝이 어긋나고, 벽은 빗물에 얼룩졌던 그 집, 헐리었다. 얼마간 빈 집을 막내가 지키다가 도리없이 허물고 만 것이다.

임진각 방배단을 다녀왔다. 3번째다. 내가 실향민이 되어서 간 것이 아니라, 실향민의 설움을 대신하려 가보는 것이다. 휴전선 너머에 맡겨 놓고 온 고향! 그 고향 그리워 잠 못 든다고 했다.

고향을 지척에 두고 사는 호사가 사치로 뵐가 봐 눈도 못 뜨고 돌아섰다.

마당밖골·방구백이·갱빈·작은봇들·농문들·서리기들·용천대소·보투재·터짓미기·짓골·앞산넘에·내시·내시앞산·산양공굴머리·원고개·비석거래·등금장수산·행상뚜깨이산·각골·못(沼)밑·골매기·뒷산넘에·웃모티·아랫모티·느티나무아래·사양물가(錦川)……. 우리를 키워준 흙마당 명칭이다. 어른들은 아는지 모르는지 조무래기들은 그렇게 부르면 다 통했다.

이 글 써놓고 묶는데 여러 해 걸렸다. 제목 다는 시간도 많이 걸렸다. 제목을 10개쯤 내걸고 요것조것 꼲다가 결국 맨 먼저 생각했던 『나의 살던 고향은 꽃피는 산골』을 찍었다. 버리기 아까웠던 제목이 하나 있었다. 『풍경은 기억하고, 흔적은 간수하자』였다. 건방진 것 같았다.

이제, 그간 간수해 두었던 옛정을 반추하며 먹고 사는 날까지 살아야 한다. 추석날의 고향은 그래서 더더욱 서럽다.

편초(鞭鞘)맞을 각오로 졸저를 문단 선후배님께 상제한다. 전교(轉交)도 부탁드린다.

2021년 8월 일

-압구정동 賜書樓에서 저자-

차 례

제1부 고향하늘

- 추석이 오는 소리
- 우리 어머니
- 고향으로 가는 길
- 죽마고우
- 그 곳에 가면
- 할아버지 낚싯대
- 진네-만네-홀-짝-꿍-
- 어느 지성인의 이산가족

추석이 오는 소리

명절은 만남의 의미를 잉태한다. 흩어져 살던 친인척, 소원했던 정겨운 친구 얼굴도 본다. 그 시절이 참 좋았다. 세월이 너무 많이 변했다. 이젠 찾아볼 윗분도 없다. 그래서 밤이면 더 가슴이 저미어 온다.

한여름 더위 속에서 소를 몰고 산에 들어 풀을 먹기는 사정을 두고 '소띠기'라고 했다. 방언이다. 점심을 먹기가 바쁘게 소를 몰고 나가면 해넘이에 맞추어 집으로 돌아온다. 하루해가 어쩌면 그렇게 지루한지 한해 여름 방학쯤의 길이라 여겨진다. 죽기보다 더 싫은 노역이다. 큰 동생과 3살 터울로 자랐다. 숙성하여 덩치가 나와 비슷했다. 가위, 바위, 보로 승부내기를 걸어 지는 쪽이 소를 끌고 산으로 간다. 이기는 쪽은 소 풀을 베어온다. 재주껏 모아보면 몇 시간 안에 망태기(풀 담이)에 찬다. 그래서 이긴 쪽이 개선장군이다. 어쩌면 그렇게도 싫은 '소띠기기'였는지! 그런 고역을 추석날에는 벗어날 수 있어 그날이 기다려지는 터이다. 그날 소는 진종일 나무그늘에 매어 있다가 해거름에 풀려나 소죽 한 통으로 배를 채운다. 그 일은 어른들 몫이다. 그래서 조무래기들에게 이날은 지상의 천국이었다. 마을 산을 돌아다니며 노는 자유, 그게 그렇게도 즐거웠다.

우리들의 시간을 만끽하러 그날은 아침부터 집을 나선다. 오늘의 집결지는 내시(면소재지) 앞산이다. 콩서리에 운이 좋으면 알밤까지 횡재할 수 있는 장소다. 7명이 모였다. 가위, 바위, 보로 순서를 정한다. 1, 2, 3

등은 양반대접 받는다. 4, 5등은 땔감을 준비해서 콩을 굽는다. 꼴찌와 끝 꼴지는 콩을 서리해 오는 중책이 돌아간다. 그날 나는 운수 나쁘게도 꼴찌 등에 걸렸다. 콩밭 주인이 강 건너 마을에 사는데 물이 불어 강길이 막혔기에 콩서리 하는 데 위험성은 제거된 상태다. 불콩(검정콩)만 골라서 뽑았다. 콩의 밑둥을 둘째와 셋째 발가락 사이에 끼워서 살짝 밟으며 뽑아내면 감쪽같아 표가 나지 않는다. 제법 많은 양을 뽑았다. 콩밭 한쪽에 넓은 빈터가 눈에 들어왔다. 마을의 누구네 소가 파릇파릇 자라고 있는 콩을 뜯어먹은 자국이다. 양반 대접의 1, 2, 3등 중 칼을 소지한 사람이 나무 가지를 잘라온다. 뽑아온 콩대를 올려놓고 구울 들것을 마련하는 일이다. 너무 짧거나 가늘면 불합격이다. 화상을 입을 수도, 굽는 도중에 약해서 타버린다. 가지가 길고 단단한 밤나무가 일등 재목이다.

생콩을 굽는데 도가 튼 공신이 있다. 그는 희성(稀姓)을 가졌고, 야산의 등성이에 가로막힌 독농가에 산다. 1년에 잘해야 두세 번 만난다. 그래서 반가운 친구로 분류된다. 그는 콩이 익느라 '피리-', '피리-' 소리를 내면 한불을 지펴서 속까지 익게 한다. 그러다가 보면 줄기에 달려 있는 콩깍지보다 떨어진 쪽이 많아진다. 콩알이 딱 알맞게 영글었고 실하다는 소리다. 잿불이 삭기를 기다리던 그는 윗옷을 벗어 훌- 훌- 바람을 일구어 잿부스러기를 날려 보낸다. 알맞게 익은 콩알과 깍지 콩이 알몸을 들어낸다. 까만 콩알을 물고 입을 살짝 벌리고 있는 깍지 콩은 순식간에 동이 난다. 고소하고, 구수하고, 달짝지근하니 별미였다. 서로의 얼굴을 쳐다보며 키들- 키들- 웃는다. 이때쯤 콩 안에 든 돌을 와작 씹는 불운아가 생긴다. 희성의 독농가 친구가 잘 익은 콩알 속에 찔러 넣어 둔 모래알을 입에 넣은 것이다. 입언저리와 양쪽 뺨은 무대

화장을 방불케 했다. 오늘의 점심은 별미 검정콩 서리다.

할 일이 있다며 두 동지는 빠지고 나머지 또래는 산등성을 타고 돌며 우리들만의 가을을 구가한다. 민둥산이어서 조망의 폭이 광활했다. 기분이 짱이다. 겨루기 중엔 솔방울 멀리 보내기도 있다. 밤나무 가지의 가늘고 긴 끝에 솔방울을 꽂는다. 밤나무 가지는 길고 유연하여 줄 고무 역할을 한다. 요령을 부려 후려친다. 꼭 바다 낚시꾼이 바늘 추를 던지는 폼이다. 솔방울은 시야를 벗어나 어디엔가 떨어진다. 기막힌 사연이 담긴 편지를 써서 꼬리연처럼 매달아 날렸으면 하는 생각도 해본다.

다시 '묏등'으로 모여 말타기를 한다. 마을이 가까운 동산에는 어디이고 마을 사람 무덤이 있다. 묘 둘레를 '밋둥'이라 불렀다. 한창 재미가 붙을 쯤인데 부르는 소리가 귓전을 때린다. 할아버지가 나를 부르는 소리였다. 앞산 나무에 매어 둔 소를 풀어 와서 소죽을 먹이라는 명령이다. 그냥 웃는 낯으로 대하였으면 얼마나 좋았을까? 할아버지는 손주 대하기를 원수 보듯 한다. 속으로야 아니었겠지만 우리 생각은 그랬다. 좋았던 기분은 순간 홍수에 씻기듯 사라진다.

▲ 벼가 익을 때쯤이면 벼논에서 냄새가 난다. 이삭을 꺾어 참새처럼 껍질을 까서 먹었다.

▲ 2021. 7. 24일, 노연옥과 엄태우 친우 집에서, 사진은 1층 현관 앞이다.

▲ 씨알이 작은 콩을 질금콩이라 불렀다. 콩서리에는 인기가 없었다.

다음날 늦은 오후였다. 장터에 사는 박씨 성 가진 어른이 우리 집을 찾아왔다. 콩서리할 적 비어 있는 콩밭을 보며 수확을 망쳤다며 아까웠던 빈터까지 계산하여 콩 도주를 물어내라는 것이다. 박씨 양반을 돌려보낸 할아버지는 나를 죽일 놈 잡듯 다그쳤다. 그게 그렇게 원망스러웠다.

"올 추석 효도는 내년 추석에 두 배로 받을게"

"아범아, 선물은 택배로"

어느 읍촌 사는 부모가 내 건 피켓 문구였다. 우환 역병에 발 묶긴 변조 세시풍속이다.

그날 할아버지가 콩 도지를 물었는지. 또 얼마를 줬는지는 기억에 없다.

경자년 출생은 쥐를 닮아 잘 산단다. 그 경자년 추석을 이렇게 맞았다.

찾아뵐 윗어른도 반가움을 나눠볼 정다운 친구도 딱히 없다. 인생을 일러 수류운공(水流雲空)이라 했던가?

강남일보(2020. 10. 6)

우리 어머니

어머니 사랑은 딸이라고들 말합니다. 어머니에겐 딸이 없습니다. 어릴 적 잃었다는 것 같은데, 어머니는 그런 내색 한 번도 보이지 않았습니다. 아들은 넷을 낳아 잃지 않고 다 키웠습니다. 4형제 중 셋은 아버지를 닮았고, 어머니를 닮은 아들은 하나뿐이라고 했습니다. 아들 예찬론을 들어보면 당신에게 아들 넷으론 성에 차지 않았을는지도 모릅니다. 많이 있어본들 모두가 불효자였거늘 아들을 뭣 땜에 그렇게 좋아하셨는지 모르겠습니다.

1998년 8월 12일, 시골에 계시는 어머니를 서울 나의 집으로 모셔왔습니다. 4일로 날을 잡아 모시러 간다고 연락을 넣었는데, 장마가 계속되어 연기 끝에 내려갔건만 그날따라 고향엔 장대비가 쏟아지고 있었습니다. 불어난 강물은 제방을 허물 듯이 성깔차게 흘러내렸습니다.

일박쯤하며 집안 어른들에게 아뢰고 모셔옴이 예의이오나 오히려 심기를 불편하게 할 것 같아 당일로 모셔왔습니다. 그런데 한바탕 소동이 벌어졌습니다. 아들의 권리가 대단하다며 홀몸이 되신 형수님의 불평이 이만 저만이 아니었습니다. 모셔가지 않는다고 투정이던 그때의 모습관 너무나도 대조적이었습니다.

돌아오는 길, 세간을 나가 따로 떨어져 살고 있는 큰 동생 집에 들렀습니다. 원행을 해야겠기에 건강에 염려가 되어 방으로 모시지 못하고, 그냥 차를 되돌리려고 하는데 동생이 차 안으로 들어 어머니를 끌어안더니 대성통곡을 하는 터입니다. 어머니를 무릎에 누여 안고 있던 집사람도 따라서 울었습니다. 자극을 받은 어머니의 손마디가 파랗게 변색이 되었습니다. 겁에 질린 집사람은 당황하는 기색이 역력했습니다. 차 안에서 당장 무슨 변고가 일어날 것 같았습니다. 안절부절못하던 집사람은 담요를 가져오게 하더니 어머니를 갓난아기처럼 감싸서 꼭 안았습니다. 이렇게 쫓기듯 고향

▲ 임시로 지어놓은 나무 되주다. 어느 해 심한 장마로 사랑방 뒤 축대가 함몰되고, 사랑채가 무너졌다. 다른 피해는 없었다. 중앙 우측으로 보이는 두꺼운 두 쪽 나무판은 아버지 몫 목관이다. 대주의 목관 자료는 미리 준비해 둔다. 가격은 보통 쌀 한 섬(대두 10말)이다. 요즘으로 치면 10만원 가깝다. 당시에는 큰 돈이다.

▲ 장수(96세)하신 어머니의 모습이다. 당신은 가정을 이끄신 우리들 가정의 가장이셨다.

▲ 21세란 젊은 시절 모진 역병에 시달리다가 속병까지 얻으시고, 병석에 누워 지내시다가 세상을 등지셨다(62세).

▲ 집사람이 향합대를 알려 드리는 듯….

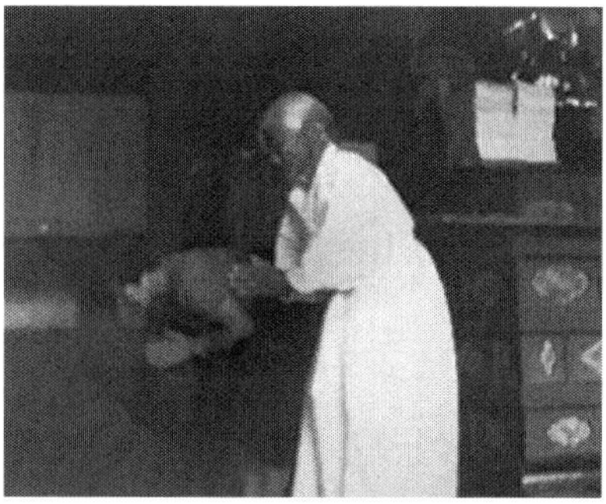

▲ 대웅전 대불에게 소원성취를 기도하고 있는 모습

마을을 떴습니다. 이것이 어머니에게는 마지막 행차가 되었습니다.

잠시 멈추던 비가 또 세차게 내리기 시작했습니다. 구름층이 걸려 있는 산허리를 지날 때는 앞이 보이지 않았습니다. 6십 리 길을 그렇게 달리고서야 문경 새재에 닿을 수 있었습니다. 이 재를 넘으면 충청도 땅이 됩니다. 감회가 깊었습니다.

1994년 8월 8일(음), 바로 이 시간쯤 저는 조부모와 선친의 넋을 담은 신주를 모시고 이 고개를 넘었습니다. 불과 4년 전의 일이거늘, 그 때의 노모는 건강이 이렇지가 않았습니다. 당신의 손때가 묻은 대청마루에 제단을 차려놓고 당신이 모시던 제사를 먼-먼- 타관으로 떠나보내며 고별제를 드릴 때 소복단장하시고, 몇 번이고 몇 번이고 절을 하며, 서울 아들(어머니는 늘상 그렇게 불렀음) 따라가서 제삿밥 편히 얻어 잡수시라고 애절히 고축하시며, 당신의 조상을 저에게 맡기셨던 분이십니다. 그러던 당신께서 지금은 인사불성인 채 반 사신이 되어 둘째 아들이 모는 차의 뒷좌석에 며느리의 무릎을 베개 삼고, 담요에 싸인 채 누어만 계시는 것입니다. 이렇게 우리는 노모를 서울로 모셔왔습니다.

▲ 고부간의 다정한 모습.

▲ 문경군 산북면 운달산 김용사.

환경이 변한 탓이겠지요. 3일이 지나도록 노모께선 변을 보지 않았습니다. 일주일에 한 번 정도 변을 보는 노인도 있다고 하니 덜 걱정이 되기는 하지만 소대변을 제대로 보지 못하면 큰일입니다. 관장을 시켜 보아야겠다고 마음을 먹고 있는 터인데, 4일째가 되던 날부터 변을 보더니 내리 3일간을 하루에 3번씩 기저귀를 갈아 채우게 하는 것이었습니다. 그 많은 양을 어떻게 참아왔을까! 눈의 가장자리가 짓물러 눈고름이 나고, 발가락 사이마다 곱이 끼어 심한 냄새를 풍기던 첫날에 비하여 이젠 목욕시키는 일도 훨씬 수월해졌습니다. 상경 1주일 후의 계측에 나타난 노모의 무게는 33kg으로 첫날에 비해 2kg이나 줄었습니다. 실례될 표현으로 뼈에 살갗을 배접해 놓은 깡마른 체구이었거늘 어디에 살이 있어 2kg이나 줄었단 말입니까.

같은 일을 반복하면 꾀가 난다더니 이제는 혼자서도 목욕시키는 일이 어렵지 않았습니다. 두 개씩이나 사용하던 수건도 하나로 족했습니다. 살을 빼낸 호두의 빈속처럼 몸에 패인 홈에 고여 있는 물을 손으로 훔쳐내고 수건질을 하였더니 하나로도 족했습니다. 물이 가장 많이 담기는 곳은 언제나 빗장뼈 언저리였습니다. 목욕 후에 나타나는 노인네의 두드러진 반응은 깊은 숙면을 취하는 일이었습니다.

언제부터인가 노모께선 잠자는 시간을 빼고는 음식을 씹듯 입을 오물거리는 버릇을 갖고 계셨습니다. 고기를 씹듯이 우물우물 입놀림을 하는 것입니다. 구근이 약해지면 곡기를 끊는다고 했는데, 노인은 그게 두려웠나봅니다.

달포를 같이 지내고도 노모께서는 아들을 아들로 인식하지 못했습니다. 왜 이곳으로 왔는지, 지금 누구와 같이 살고 있는지, 그에 대한 분간이 서지 않았습니다. 그러나 다행히 노모에게는 소일거리가 하나 있습니다. 그것은 수건과 옷가지 등속을 개켰다 흩었다 하는 일입니다. 색깔이 서로 다른 다섯 개의 수건과 얇은 이불과 중간 두께의 요와 겨울용 모포와 당신의 옷가지와 책 1권이 당신의 친구인 것입니다. 이것들을 가지고 소꿉장난을 하며 시간을 보냅니다. 제일 좋아하는 것은 수건인데, 수건 접는 일에는 익숙해져 있습니다. 먼저 2등분하여 그것을 다시 3등분으로 차곡차곡 포개어 방의 한쪽 구석지에 밀쳐놓습니다. 얇은 이불과 중간 크기의 담요도 그렇게 포개어 놓습니다. 대형 모포를 접는 일에는 시간이 걸립니다. 그 다음의 작업은 이것들로 담을 쌓습니다. 쌓은 담의 가운데쯤에 당신은 목을 길게 빼고 앉아 계십니다. 여느 때는 이 작업을 채 마무리 못하고 도중에 피식 옆으로 쓰러져 잠들어 버리기도 합니다.

내복은 소일감에서 빼어 버리기로 했습니다. 시접이 어긋나 귀를 맞추기도 어렵거니와 면이 고르지 못하여 그것을 펴느라 손바닥으로 방망이질을 하는 터여서 이웃에게 패를 주기 때문입니다. 일자무식인 당신에게 서책이 무슨 소용일까만 두툼한 월간지 1권을 놓아드렸더니 글쎄 그것은 그냥 둔 채 성모제대에 꽂혀있는 성서를 빼내어 여러 군데를 찢어놓았습니다. 이리저리 공을 들여 쪽수를 맞추어 보았지만 시편 몇 군데는 아예 없어졌습니다. 노모께서 삼켜버린 모양입니다. 과연 다음 날 아침 변과 함께 찢어진 부분이 배설되었습니다. 발가락 사이가 헐고 곪아 내비치는 고름을 제거하느라 솜을 끼워두곤 했었는데, 여러 번 솜이 없어지고서야 당신께서 그것을 삼켜버린 사실을 알았으니 이런 불효막급한 일이 어디에 또 있겠습니까.

목욕은 하루에 한 번씩 시킵니다. 욕탕으로 옮길 때마다 가벼워짐을 느낍니다. 아내는 그것이 안쓰러워 음식을 과하게 드립니다. 드시는 데로 배설을 하는 것이니 소용이 없습니다.

간밤엔 앉아있는 시간이 길었습니다. 집을 짓고 헐고 다시 짓는 일도, 방망이질하며 중얼대던 버릇도 잊은 듯, 두 손으로 정강이를 끌어당겨 싸안은 채 턱을 길게 빼어 무릎에 걸쳐놓고 석상처럼 그렇게 앉아서 시간을 보내는 것입니다.

보기에 너무나 애처롭습니다.

3년만 더 사시면 白壽가 되십니다. 그때까지 사실까.

불효한 자식이 이제야 철이 드나 봅니다.

(강남문학, 1998. 12)

고향으로 가는 길

잠자리에 들면 고향 가는 길을 가슴이 터준다. 흙을 딛고 다니던 길이다. 어른이건 아이건 손만 들면 멈춰주던 그 길엔 정이 담겨 있었다. 버들강아지가 군락을 이룬 강변길을 가로질러 교량 위를 지날 때는 건너편 빨래터에서 아줌마가 방망이 든 손을 흔들어 준다. 상행선 1회, 하행선 1회 오가는 버스기에 낯이 익어 자기도 모르게 손이 올라가는 모양이다.

첫 버스가 마을 앞길을 지나는 시간은 새벽 4시 30분이다. 그 버스의 차고지는 40리 밖에 있다. 어머니는 용하게도 이 시간 늦지 않게 나를 깨우고 밥상을 내어온다. 마을 앞길이라고 했지만 이수(里數) 따져 정류장까지는 2km에 가깝다. 마을과 버스가 지나다니는 한길의 반쯤 되는 거리에 고개가 있다. 이 고개턱에 오르면 지나다니는 버스가 보인다. 대학생 아들을 서울 가는 아침 차에 태워 보내기 위해 어머니는 이 고개턱에 지켜 서서 지나가는 버스의 시간을 미리 별자리에 맞추어 여러 번 확인해 두었다고 했다. 그 시간 간혹 트럭이 왕래하기도 하였으나, 버스는 안팎으로 등불을 밝히고 지나가기에, 트럭을 버스로 오인하는 실수는 없었을 터이다.

먼지 속을 달리고 달려 도착한 종착역은 을지로 6가 서울운동장 앞이다. 도착 시간은 오후 6시다. 그러니 장장 14시간을 달려온 노정이다. 운전수도 그렇고, 승객은 하나같이 기진맥진 파김치가 된다. 비포장도로를 14시간에 걸쳐 굴러가는 동안 먼지를 뒤집어쓴 승객은 위장을 하고 나온 전쟁터의 병사처럼 눈동자와 두 개의 콧구멍만 빠끔 드러나 보인다. 그래도 긴 시간 달려오며 사고 나지 않음에 감사하며 서로 눈인사를 남기며 헤어진다.

▲ 필자가 태어난 시골집이다. 건사가 어려워 수년 전에 헐었다.

서울 사람 되기의 내 행보는 이랬다.

▲ 초상이 나면 제반 진행이 계꾼에 의해 이뤄진다. 본가는 물론 외가 처가까지 챙겨서 부고장을 전해준다. 부고장은 전해 받으면 개봉해서 내용을 확인한 다음 문 안으로 들리지 않고 사랑채 혹은 두엄이 있는 별채에 준비해 둔 새끼 줄에 받는 순서대로 꽂아 둔다.

▲ 창경원의 벚꽃은 야경이 절경이었다.

창경원의 야경 벚꽃놀이가 한창이던 봄이었다. 늦은 오후 시간이다. 아버지가 돌아가셨다는 연락을 받았다. 아내와 같이 허둥지둥 을지로 6가에 있는 시외버스 정류장으로 나갔다. 하루 한 번 버스가 뜬다는 것을 모르는 바 아니다. 고향 가는 버스가 있을 턱이 없다. 한 발짝이라도 고향 가까운 곳에서 머무르고 싶었나 보다. 아내와 나는 얼간이처럼 대합실 안을 이리저리 서성거렸다. 내려가는 차편이 있을 턱이 없다. 정류장 가까이에 있는 여관으로 들었다. 계림극장과 서로 마주 보는 백수(白水)라는 이름의 여관이다. 아내도 그렇고 나도 그렇고 뜬 눈으로 밤을 지새웠다. 그런데 이상한 것은 아버지가 정말로 세상을 뜨셨다는 생각보다 살아 계실 거란 기대가 더 컸다. 자식의 욕심이었을 것이다. 여관에서 몇 시에 일어나 버스를 탔는지, 버스가 어디를 지나 어디로 가다가 어디서 쉬었는지, 점심은 먹었는지 이런 생각은 까마득 짐작이 가지 않는다.

자식을 서울로 유학 보내고, 배웅을 해 주시곤 하던 마을 앞 어머니의 고개턱에 드디어 이르렀다. 순간 나의 움직임은 고장난 로봇처럼 굳어졌다. 차마 내 집을 눈으로 확인해 볼 용기가 나지 않았던 것이다. 내 행동이 이상했던지 아내가 겁먹은 얼굴로 나를 쳐다본다. 나는 아버지가 제발 살아계시기를 빌었다.

"아버지 돌아가시지 않으셨어!"

하고 중얼거렸다. 아내가 흠칫 놀라는 기색을 보였다.

어머니의 고갯마루, 둘은 이 어머니의 고개마루턱에 이르러 동화 속의 주인공이 되어 발이 굳어지고 말았다. 이 턱에 이르면 마을이 건너다보인다. 우리 집은 정면으로 보였고, 제일 컸다. 이상하다. 지붕 위에 복의가 없었다. 우리의 전통장례 절차에 고복이라는 것이 있다. 초상이 나면 망자의 옷을 가지고 지붕 위에 올라가서 북쪽을 향하여 '복- 복- 복-' 세 번을 외쳐 부르며, 저승으로 가는 망자의 혼을 되돌려 세우는 절차다. 이렇게 복을 부른 뒤에 복의(復衣)는 그대로 지붕 위에 걸쳐둔다. 한데, 그 복의가 지붕 위에 없는 것이다. 과연 아버지는 살아계셨

▲ 시골 마을 모습이다. 중앙 약간 좌측의 맨 뒤의 집, 반듯하게 보이는 집에서 필자가 태어났다. 1, 2구 합쳐서 100여 가구 중 우리집이 유일하게 나무집(나무로 얼개를 만든 집) 형태였다.
▲ 조부 김교출과 조모 윤씨의 합묘이다.

다. 의식이 혼미한 가운데 내 이름을 몇 번이고 되뇌며, 눈을 감지 못하더라고 어머니가 귓속말로 전했다.

▲ 할아버지의 돈 지갑이다. 부친이 물려 주신거다. 내용물은 본문에 밝혀 적었다.

이후 아버지는 극한 고비를 몇 번 넘기시다가 저세상으로 가셨다. 아버지는 폐 질환 환자였다. 결국 나는 아버지의 임종을 못한 불효자가 되었다. 군인의 몸이었고, 근무지는 경주에 있는 제18육군병원이었다. 그해 따라 눈이 억수로 내렸다. 남쪽 지역 전보 줄이 여기저기 끊겼다. 전보를 보내려고 시도하다가 결국 편지를 보냈는데 그러느라 늦었다. 엿새 만에 집에 당도하니, 아버지는 마을 앞 너머 앞산 자락쯤에 지어놓은 떼 집 속에서 잠들어계셨다. 스물한 살에 찾아온 병마를 안고, 진갑을 사시다가 저승으로 가신 아버지는 얼굴에 웃음 한 번 못

담으시고 고통 속에 사셨다. 그렇듯 병마에 젊음을 빼앗긴 당신의 일생이 너무나 가슴 아파 나는 떼 집을 잡고 눈이 붓도록 울었다. 촌에서 부자로 살았다지만 가장이 병석에 계셨으니 가세가 일 수가 없었다.

이렇듯 아버지가 가시고, 어머니가 가시고, 그 집을 홀로 지키시던 형수님도 가셨다. 빈집은 찾아주는 사람 없이 몇 년을 홀로 버티었다. 그러다가 헐리었다. 여러 대를 이어 살아온 집인데, 지켜드리지 못한 죄를 졌다. 조상에 대한 죄 하나 더 붙었다.

집을 헐어버린 뒤로 시골 꿈을 한동안 꾸었다. '그리운 얼굴'이라는 대중가요의 노랫말에 '눈감으면 고향이 눈 뜨면 타향'이란 구절이 나온다. 나는 이 노랫말을 곧잘 혼자 중얼거린다. 중얼거리노라면 우울한 기분이 좋아질 때도 있고, 반대로 좋던 기분이 우울해질 때도 있다. 이 노랫말은 하(河) 아무개란 사람이 지었는데, 그분도 나와 같이 향수병 환자였나 보다.

유학 시절 고향 가는 통문은 천호동의 '노들다리(광진교)'가 전부였다. 이 다리를 건너면 길의 좌측에 등치 큰 연화공장이 있어, 벽돌을 구어 내느라 높디높은 굴뚝으로 희뿌연 연기가 솟았다. 드문드문 움츠리고 있는 민가를 벗어나 굽은 길을 조금 달리다 보면 기다리고 있던 경기도 지번의 비포장도로가 서울시 지번의 포장도로를 계주의 2번 주자처럼 넘겨받는다. 2번 주자의 속력은 아무래도 1번 주자에 못 미친다. 기차로 치면 여기서부터 완행이다. 그러나 나는 이 비포장 지방도로가 그리 싫지 않았다. 흙먼지 푸석한 외통 길을 버스는 그렇게 앞만 보고 내달는 것이다. 시인 김삿갓이 쓰고 다녔다던 버섯처럼 생긴 벙거지, 이 벙거지를 덮씨운 듯한 초집이 마냥 졸고 있는 모습은 그대로 한 폭의 동양화였다. 버스가 그 마을을 뚫고 지날 때면 나무 그늘에서 쉬고 있던 촌로들이 흙먼지를 피하느라 돌아앉아 두 손으로 얼굴을 가렸다. 그 모습이 또한 그렇게 정겨웠다. 시냇가 물속에서 미역을 감던 꼬마들은 배꼽을 드러낸 채 지나가는 버스를 보며 손을 흔들어 주었다. 그러다가 버스가 장호원읍에 닿으면 좀 색다른 역사와 만난다. 푸르고 아름답다는 뜻의 청미천(淸美川)이 읍촌의 가운데를 흐르고 있는데, 이를 경계로 한쪽은 경기도 땅이고, 다른 한쪽은 충청도 소유가 된다. 이북동포들의 자기네 수령 명령보다 더 엄했던 우리 쪽 통금시간, 경기도 쪽 술꾼들은 대한민국에서 유일하게 통금법이 적용되지 않는 충북 관할의 장호원으로 넘어가서 밤을 새워 술을 마셨다는 얘기다.

집을 헐더라도 가려서 남길 건 남기라고 그리 부탁했건만, 일꾼들이 하자는 대로 그냥 뭉개고 덮어버린 고향 집, 여러 해를 지나고서야 찾았다. 그런데 오랜만에 찾은 주인을 알아보기라도 하듯, 담벼락 옆에 터 잡고 살던 난초가 뾰족뾰족 얼굴을 내밀며 웃어준다. 대청마루 기둥에 걸려 있던 할아버지 이름의 문패와, 박달나무 다듬잇돌과, 이 다듬잇돌을 빼닮은 어머니의 돌은 꼭 간수 해두고 싶었는데 그것마저 보이지 않았다.

한양 가는 버스 길이 훤히 내려다보이는 마을 앞 고개턱, 어머니가 지켜주던 이 고갯길을 당일로 되짚어 혼자 넘자니 갈기갈기 마음이 찢긴다. 공부 잘하고 돌아오라며 손 흔들어 주던 어머니, 먼발치에서 이 모습 지켜보실까. 나는 고개턱을 벗어나도록 앞만 보고 걸었다. 그렇게 쫓기듯 고향을 다녀온 것이다.

서랍 속에 모셔둔 가죽 지갑을 꺼내 본다. 끈끈한 감촉에 비릿한 냄새가 난다. 할아버지가 아버지에게, 아버지가 다시 나에게 물려 준 지갑이다. 이제 이 지갑이 내 고향 집이다.

지갑 속에는 할아버지와 아버지의 넋이 담겨 있다. 동전이 96개, 지폐가 59매, 납 조각이 2개, 이빨이 한 개, 그리고 약봉지 임직한 빛바랜 종이가 2매 들어 있다. 이빨은 소 아니면 멧돼지의 것 같은데, 이 이빨을 왜 보관하고 있었는지 모르겠다. 지갑을 물려받을 때 그것을 물어볼 걸 잘못했다.

-별들이 하나 둘 살아나듯이
뽀얗게 떠오르는 그리운 얼굴
눈감으면 고향이 눈뜨면 타향-

심심하면 부르는 노래인데, 오늘따라 목이 멘다.

신사임당의 예쁜 초상화가 담겨 있는 오만원권 그 지폐를 아버지가 물려준 이 가죽 지갑에 아직 챙겨 넣지 못했다.

(문학청춘, 2014 가을, 22)

죽마고우

여든 줄 세월이 설한풍에 춥다. 새벽 4시면 잠에서 깬다. 잠시간으론 턱없이 부족하다. 잠을 더 이어보자고 하지만 어림없다. 식사시간까지는 3시간을 기다려야 한다. 지루한 시간이다. 궁하면 통한다고 했던가. 언제부턴가 그 유혹에서 벗어났다. 고향마을 친구들의 초롱초롱한 얼굴! 그 얼굴의 양 볼에 도장 찍어보면 된다. 그 무렵 우리 마을에선 13명의 초등학교 동급생이 한 어미를 둔 병아리 형제처럼 쪼르륵 쪼르륵 몰켜 다녔다. 그렇게 6년간을 한결같이 그림자가 되어 붙어 다니며 정을 엮었다. 징검다리 건널 때 돌을 던져 옷에 물을 먹이는가 하면, 느티나무 그늘 밑에서 여자아이들처럼 공기놀이도 했다. 옷을 홀랑 벗은 알몸에 까만 보리깜부기로 흑인 피부 위장을 하고 참외밭에 숨어들다가 주인아저씨에게 들키면 죽자고 도망을 쳤다. 단둘이만 알고 있는 비밀 장소이던 행상집(상여를 보관하는 움막) 뒷 숲에 가면 주렁주렁 달린 산딸기가 얼굴을 붉히며 단골 오기를 기다리고 있었다. 먼 길 걸어 원족 가는 날에는 막대기에 도시락을 매어 달고 채석장 역도꾼처럼 음보를 맞추며 걷기도 했다. 어린 시절을 그렇게 우리들은 서로 몸 부딪히며 웃고 성내며 자랐다. 긴 시간은 아니지만 왜정시대 교육도 받았고, 6·25도 몸소 겪고 살아온 시대의 풍운아(?)들이다. 그네들이 진정 보고 싶다. 생각만 해도 코가 찡해온다. 눈물이 핑 솟을 때가 많다.

초등학교 동창으로 유일하게 남은 서울 사는 친구가 있다. 한 달에 한두 번 전화로만 만난다.

미당 선생님은 말년에 총기를 가두어 두려고 산 이름 1,250개를 외웠다고 했다. 나는 잠에서 깨어나면 그네들과 정 나눔을 하고 싶어 녀석들의 얼굴을 하나하나 떠올리며 이름을 부른다. 그런데 두 명의 이름은 기억해 낼 길이 없다. 순서를 성별로 정하여 외워 보기도 하고, 키 큰 녀석부터 외워 보기도 한다. 만나 본 횟수의 순서로 기준을 잡아보기도 한다. 저네 집과 우리 집의 거리를 따지는 방법을 취해봤는데, 이게 제일 합리적이어서 그렇게 하고 있다. 그러나 두 녀석의 이름은 끝내 되살아 나지가 않는다. 암튼 13명의 죽마고우 이름을 다 못 외운다니 살아서 살고 있는 것이 아니라, 죽어서 살고 있다는 표현이 옳을 듯하다.

집의 절반쯤을 강둑에 걸쳐 지은 오두막에 살면서 말수가 적었던 친구, 그 친구 부친의 직업은 야바위꾼이었다. 엿판을 벌려 놓고, 한지를 꼬여 만든 서로 길이가 다른 3가닥 끄나풀로 재주를 부려 긴 놈을 뽑으면 판돈 몇 배로 주는 야바위 기술이 특출했던 녀석의 아버지는 주제소를 화장실 드나들듯 하더니만 어디론가 철새처럼 사라졌다. 그러자 친구는 편모의 보호를 받으며 그늘 속에서 어둠의 자식으로 자라며 초등학교를 마쳤다. 다행히 녀석은 저네 아버지의 유업을 물려받지는 않았으나 끝내 마약 중독자가 되고 말았다. 그러다가 결국 형무소 간방에서 생을 끝냈다. 불쌍 중에 불쌍한 친구다. 나머지 한 녀석은 졸업을 하자 바로 이발사가 되었다. 면 소재지에 이발소가 3개 있었는데, 나는 한 번도 그 친구가 있는 이발소엔 들리지 않았다. 나를 보고 부끄러워할 것 같아서다. 그 친구도 저세상으로 갔다. 이 친구와 더불어 또 한 친구의 이름을 새벽마다 짜내어 봤지만 끝내 두 친구의 이름은 알아낼 수가 없는 터이다.

나의 어머니는 3년이 모자라는 백수(白壽)의 연세로 세상을 뜨셨다. 어머니의 저승 가는 길은 한없이 쓸쓸했다. 당신과 가까이 지내며 다정하던 친구의 상여가 마을을 떠날 때다. 설움을 감내하기가 어려웠던가, 갑자기 상여 앞으로 내달더니 흙바닥에 그대로 무릎을 꿇고 앉아서 큰절을 하셨다. 그리고 그것으로 끝, 정작 당신이 가실 때는 한 사람의 친구도 옆에 있어 주지 않았다. 그게 그렇게 내 마음을 아프게 했다.

13명 친구 중 9명이 가고, 이제 4명이 남았다. 4명 중 고향마을을 지키고 있는 친구는 딸랑 한 사람뿐이다. 지지리도 말썽을 부리던 친구다. 축구공을 훔쳐 엿장수 주고 돈 받아 담배 사 피우던 놈이다. 13명이 공동으로 추렴해서 마련한 축구공이었다. 그것도 현금이 아닌 목화송이를 모아 돈으로 바꾸어 60리 길을 기차 타고 가서 사 온 공이다. 목화송이를 모으자고 제안한 쪽은 나였고, 모은 목화송이를 시장에 내어다

▲ 산양초등학교 6학년 입시공부 모습이다. 야외다. 남녀 합반이었는데, 여학생은 상급학교 지원자가 없었던 모양이다. 왼쪽 줄 여섯 번째가 필자다. 얼굴이 가려 잘 안 보인다.

▲ 고3때다. 협천 해인사로 수학여행을 떠났다. 1박 2일 코스다. 좌부터 조동호, 장호환, 김영탁, 이규순, 정홍배의 얼굴이다.

▲ 초등학교 4학년, 3강이란 곳으로 봄소풍을 떠났다. 4, 5, 6학년 생도들이 선생님과 어울려 사진을 찍었다. 필자는 4년생. 앞줄 우측 모자를 쓴 모습이 필자다.

팔아 돈으로 바꾸어 온 사람은 어머니였다. 그 작업에 임한 시간이 달 가까이 걸렸다. 각자가 재주껏 한복의 양쪽 바짓가랑이에 목화송이를 담아왔다. 그렇게 모은 목화가 두 큰 자루에 찼다. 몇 근이나 되었을까. 어머니가 건너 주는 목화송이 판 돈을 움켜쥐고 나보다 등치 큰 친구와 둘이서 사 온 축구공이다. 그 시절 우리들의 정장은 한복이었다. 보관은 내가 책임지기로 합의했다. 그런데 어느 날 그 말썽꾸러기 친구가 우리 집에 가서 내 이름을 팔고 축구공을 가져다가 엿장수에게 주어버린 것이다. 그렇듯 밉디밉던 말썽꾸러기 지금 생각해 보니, 축구공을 팔아 담배 사 피운 미움보다 홀로 남아 고향을 지키고 있는 옹고집이 백배나 값졌다.

띠동갑이 저승길 간다며 알리는 신호가 있다. 찡- 하고 귀속을 울린다.

"돌다리 썩으면 가지"

나는 그렇게 어머니가 시켜준 대로 친구에게 거짓말을 했다.

서울에서 초등학교 동창 모임을 갖는다. 모인다는 전갈은 받지만 약속을 못 지켜 미안하기 그지없다. 모임을 주선하는 주인공은 여자 친구다. 요식업을 하여 남 집에 꿈질 안 하고도 먹고살 만한 살림을 일군 여걸이다. 옆에 있어 든든하였는데, 뇌경색으로 쓸어졌다는 전갈이다.

이번에는 내가 주선하여 친구 몇을 대동하고 그가 경영하는 음식집으로 갔다. 누가 먼저랄 것 없이 두 손을 서로 포개어 잡은 채 눈시울을 붉힌다. 몸도 몸이지만 말이 어눌하여 그는 입을 잘 열지 못했다. 나눌 이야기야 열 밤을 지새운들 끝이 있을까만 문밖에서 딸과 며느리가 휠체어를 대령해 놓고 기다리는지라 오래 머물 수가 없었다. 여럿이 달려들어 새아씨를 가마에 모시듯 올려놓았다. 그는 그저 빙그레 멋쩍게 웃어준다. 앞에서 끌고 뒤에서 밀고, 우리들은 한참을 그렇게 걸었다. 얼마를 갔을까. 휠체어 주인공의 얼굴이 상기되었다.

"차아- 기분 짱이다. 내 이 나이에 이렇듯 기분 좋은 날은 처음이다. 앞에서 끌고 뒤에서 밀고, 저승 가는 길이 이렇듯 즐겁고 신났으면 좋겠다."

그러면서 그는 우리들의 이름을 하나하나 불러보는 것이다. 고맙다는 말도 연거푸 했다. 그냥 상투적인 '고맙다'가 아니었다. 짙은 우정과 그리고 삶에 대한 끈끈한 향수가 묻어있었다. 순간 목의 안쪽에서 훗훗한 온기가 치밀었다.

후두둑- 좀 굵은 빗방울이 떨어졌다. 장마가 이어지나 보다.

(문경문학송고, 2021. 1. 23)

그 곳에 가면

뒷산 멀지 않은 곳에 옹달샘이 하나 있다. 옹달샘의 단골은 달랑 두 가족이다. 수량이 너무 적어 단골이 더 늘어나도 걱정이다. 옹달샘은 두 가족을 위하여 밤을 새워 물을 가두어 두었다가 다음날 나누어준다. 송진 내음을 강하게 피우는 옹달샘, 나는 이 옹달샘물을 먹고부터 배탈이 줄었다. 소나무는 폐가 나쁜 사람에게 이로움을 준다고 했다. 위생병으로 군 근무를 할 때 군의관이 그렇게 말했다. 4천 분의 1 미리 크기의 결핵균은 덩치에 비해 생존력이 강하다고 했다. 놀라운 것은 이 균이 소나무 밑에서는 허물허물 맥을 못 춘다는 사실이다. 역시 군의관의 주장이었다.

나는 이 옹달샘의 두 번째 단골이다. 위가 남달리 약한 몸이어서 물을 가려먹어야 한다. 이 물이 나에게는 딱 맞는다. 옹달샘의 첫 번째 단골은 폐를 앓고 있는 환자의 부인이다. 폐 앓이로 누워 있는 남편은 60대 초반이고, 남편을 위하여 옹달샘 물을 퍼 나르는 부인은 10살 아래인 50대 초반이다. 남편의 성은 이씨인 데, 달랑 내외분이 살고 있다. 내외분은 인심 좋기로 근동에 알려졌다. 그 집엔 들고나는 사람이 참 많았다.

내가 처음 이곳 농장으로 왔을 때다. 터줏대감 격인 이씨 댁에 인사를 갔다. 서울에서 살고 있지만 촌에서 자랐다고 했다. 교직에 근무하다가 퇴직했노라 이력을 말했다. 작은 연못이 있는 집이라고 했다. 많이 도와달라고 했다. 둥근 큰 소반을 가운데 두고 여럿이 둘러앉아 술잔을 기우렸다. 분위기가 참 좋았다. 그들 네는 서로 죽마고우로 자란 터라 호칭이 야자였다. 이렇게들 사는 스스로를 천당 생활이라고 했다. 취기가 섞긴 농담이긴 하지만 그렇게 보였다. 불쑥하는 소리 한마디를 보태어 보면, 배웠다고 하는 친구 놈들 고향 거들떠보지 않는다는 매도성 투정이었다. 아예 이 집으로 출근을 하다시피 하는 단골도 있었다. 인생을 퍽 단조롭게만 살아온 나는 그들로부터 배울 것이 많은 것 같았다. 철도 공무원으로 재직하다가 교통사고로 언어 장애자가 된 50대 초반의 정씨, 슬리퍼를 치덜치덜 끌고 패잔병처럼 힘없이 나다니는 박씨, 엄청 많은 땅을 가지고 넉넉하게 살았는데, 아내의 사특한 짓거리로 가산을 날리고, 그 후유증으로 편마비가 된 채 서쿠터에 몸을 싣고 다니는 서씨, 3일이 멀다고 자전거를 타고 들르는 이발사, 그리고 정년퇴직을 하였다는 초등학교 교장도 이 집을 자주 찾는 단골이었다.

어느 분이 이렇게 말했다.

"우리는 흩어지면 오래 살고, 모이면 이내 죽는 죽마고우들입니다."

술기운으로 눈을 떴다가 술기운으로 잠드는 사람들이다. 술에는 장사가 없는 법이다.

나는 이렇듯 수인사를 시작으로 그네들과 몇 번 대작을 했다. 나는 서씨를 신사 양반, 박씨를 월남에서 돌아온 박 상사라 불렀다. 아주 넓은 테두리의 밀짚모자를 쓰고 서쿠터에 턱하니 앉아서 운전을 하는 모습이 극히 양반풍이어서 그렇게 부르고, 뒷사람은 왕년의 파월장병 복장을 그대로 외출복인양 입고 다니기에 그렇게 부르는 터였다. 이런저런 시간이 흐른 후에 달아본 이름이다.

3일이 멀다고 나타나는 야전 이발사의 이발 삯은 3천 원이다. 야전 이발사의 수인사 절차는 명함을 건너 주는 것, 이용사 자격증을 보여주는 것, 그리고 한 줌의 사탕을 대접하는 것이었다. 한 바퀴를 돌면 50리는 실히 될 거리라고 말하는 것을 보면 단골이 꽤나 많은 모양이다.

교통사고로 언어 장애자가 된 정씨, 그는 백지에 메모하는 수단으로 자기의 의사를 표시한다. 밭일을 하고 있을 때면 그냥 지나가는 법이 없다. 글적글적 몇 자 적은 종이쪽지를 불쑥 내밀거나, 아니면 연장을 달래서 시범을 보인다. 그럴 때면 고마움보다 미안함이 앞선다. 그도 야전 이발사처럼 사탕을 주곤 한다. 그는 다행히 청각은 살아남았다.

그런데 조금 전 이 옹달샘의 첫 번째 단골인 인심 좋은 이씨 농부가 병원으로 실려 갔다. 벌써 세 번째다. 이번에 싣고 간 구급차는 몸통이 컸다. 간단한 응급조치도 할 수 있는 장구를 갖추고 있는 차인데, 의사도 한 명 타고 다닌다고 했다. 그런 차에 실려 간 것을 보니 생명이 아주 위태로운 지경에 이르렀나 보다.

그가 큰 구급차에 실려 가기 며칠 전 영양과 한 봉지를 사들고 병문안을 갔더랬다. 그때 그는 방안에 앉아 등을 벽에 기대고 있었다. 그는 나를 보며 웃는 건지 우는 건지 그런 표정을 지어주었다. 가보기를 잘했구나 싶었다.

"빨리 건강을 회복하셔야지요."

그렇게 말하며 양손으로 그의 손목을 꼭 잡아주었었다. 입맛을 송두리째 잃어버린 모양이다. 아니, 음식 씹을 기운마저 없는 듯했다. 꽁치구이, 닭의 뒷다리, 고추 튀김, 저린 고들빼기, 돌김 등이 올려진 밥상을 앞에 놓고, 목을 길게 늘어뜨리고 앉아만 있는 그의 모습이 가슴을 아프게 했다. 어쩌면 이 해가 가기 전에, 붙박이가 되어 조상 답을 지키며, 내여 난 터에 눌러 살던 한 분의 착한 농부가 정든 고향을 버리고 먼먼 길을 떠날지도 모른다는 생각에 눈물이 눈꼬리에 괴였었다.

지난봄이다. 이씨 농부는 전답 2천3백여 평을 남 줬다고 했다. 평당 1천3백 원을 임대료로 받는다고 했다. 도조(賭租)로 빌려간 사람은 그 땅에 인삼을 심었다. 임대 기간은 6년이라고 했다. 해가 여섯 번이나 바뀌어야 되돌려 받을 수 있는 땅이 되었으니, 계약하기가 쉽지 않았을 터이다. 그는 그 땅을 내어주고 심한 가슴앓이를 했을 터이다. 그는 해질녘이면 두 팔로 무릎을 감싸 안고 논두렁에 앉아 있기를 좋아했다. 마치 놓친 개구리가 다시 나타나기를 기다리며 목을 길게 빼든 백로처럼 미동도 하지 않고 땅만 바라보는 모습을 나는 여러 번 목격했다. 그런 이씨를 두고 나는 그를 허수아비로 착각했다. 두 무릎을 곤두세워 깍지를 끼고 앉아 있는 모습은 참으로 처량하게 보였다. 농부가 농사짓기를 포기해서 되겠느냐? 속으로 이씨를 원망하기도 했다. 그러나 그는 이미 그때 자기 병을 스스로 판단하고 농사짓기를 포기한 모양이다. 그때 나는 논두렁의 이씨를 바라보며 '당신은 학이 된 농부요!' 그렇게 소리 지르고 싶은 충동을 느꼈다.

누가 뭐라던 계절은 자기의 길을 가고 있었다.

남도가 고향으로, 이곳까지 시집와 산다는 최씨 할머니가 집 앞길을 지나다가 나와 마주쳤다. 그는 묻지도 않는 마을의 소식을 세세하게 알려주는 소식통이다. 그래서 나는 이 마을에 오던 그해부터 마을 사정을 대충 알게 되었다. 환자인 이씨는 마을의 유지인데, 누나 한 분을 위로 둔 6남매의 두 번째라고 했다. 자식은 없다고 했다. '못 낫는 건지, 안 가지는 건지 원….' 최씨 할머니는 혼잣말로 이렇게 중얼거린다. 환자 이씨를 두고 마음씨 곱기로는 보름새 무명이고, 인심 좋기로는 면민이 다 안다고 했다. 이 고을 논밭 거의가 이씨 할아버지 소유라고 했다.

교통사고 후유증으로 언어 장애자가 된 정씨의 근황을 물었다. 저세상으로 간지가 한참 된다고 했다. 그러고 보니 내가 정씨를 마지막 본 것도 반년이 넘었다. 그때 그는 전에 없이 침을 자꾸 흘렸다. 정씨의 뒤를 따라 박씨도 세상을 떴다고 했다. 신사양반도 보이지 않는다고 했더니, 그분은 친구들이 떠나자 집안에만 누워있는 데, 아마도 바깥출입이 어려울 거란다. 이씨의 병세가 악화되어 서로 삼가느라 발길을 줄이는 줄만 알았는데 그게 아니었다.

서둘러 옹달샘으로 갔다. 바닥에만 고여 있어야 할 물이 돌막이 밖으로 넘쳐나고 있었다. 며칠 전 덩치 큰 구급차에 실려 간 이씨는 아직 집으로 돌아오지 못했다. 단골이 있어 가치를 인정받던 옹달샘, 이제 옹달샘은 그 첫 번째 단골 이씨가 되돌아올 때까지 애써 물가둠을 하지 않아도 좋았다. 그간 이씨 아줌네는 남편의 병을 치유하기 위해서 식수, 밥물, 세숫물까지도 이 옹달샘을 이용했다. 옹달샘은, 큰 바위틈을 뚫고 병아리 오줌만큼만 내쏟는 물을 가두었다가 나누어 주느라 늘 옹색했다.

옹달샘이 흘러내리는 끝자락이 보고 싶었다. 끝자락엔 옹달샘이 흘린 물기를 먹고 이름 모를 들풀이 자라고 있었다. 미나리도 보였다. 미나리는 독소를 정화시켜 주는 약초다. 이씨가 퇴원하면 미나리 지짐이를 권해보리라 맘먹었다.

한데, 내 생각은 허사가 되고 말았다. 덩치 큰 구급차에 실려 나간 이씨는 집으로 돌아올 수 없는 몸이 되고 말았다. 직접 사인은 폐 질환이 아닌 간암이라고 했다. 간이 과음으로 손상을 입었던 것이다.

아메리카에서 서식하는 펠리컨 새는 자기의 몸에 상처를 내어 피를 솟게 한 다음 그 피를 저네 새끼 입으로 흘러들게 하여 키워내고, 스스로는 죽는다고 했다.

옹달샘은 단골을 위하여 정성껏 물을 가두었고, 친구를 위하여 인심을 천심으로 베풀던 이씨는 펠리컨 새가 되어 먼 먼 하늘나라로 날아갔다.

맥 빠진 발걸음을 옮겨 옹달샘으로 가본다. 옹달샘은 변함없이 그 곳에 그런 모습으로 있었다. 인심 좋은 이씨 농부의 부인은 보이지 않았다.

이 모두는 불과 2, 3년 사이에 일어난 일들이다.

너무나, 너무나 허망했다.

(백화문학, 2012. 10)

할아버지 낚싯대

8·15해방을 민족해방이라 부른다. 해방 세대가 아니고선 그날의 기쁨을 모를 터이다. 할아버지는 해방을 열이레 남겨 놓고 돌아가셨다. 참으로 박복하신 분이다. 일경(日警) 앞에서 이를 갈던 분이다. 할아버지의 이승을 빗겨 간 해방이 원망스럽다. 민족해방의 환희가 저승까지 비추어 졌을까? 보름이란 시차로 하여 할아버지는 애초장(哀草葬禮)* 갓난아이의 무덤 만들기를 치르듯 누가 볼세라 숨기숨기 야밤에 매장했다.

일제는 공동묘지 제도를 강력히 추진했다. 공공묘지 외에는 어떠한 경우에도 매장을 불허했다. 여러 대를 집성촌에서 살아온 필자의 집안이고 보니, 선조를 모셔온 묘원이 있어, 거기에 묘를 들이고 싶었던 것이 아버지의 소망이었다. 그러나 그곳은 거리가 멀었다. 4km 거리다. 밀 매장하기란 애초부터 불가능했다. 대안으로 마을 앞산에 있는 큰삼촌 밭에 모시기로 합의를 봤다. 2백여 평 넓이다. 산 뿌리에 이어진 땅이다. 명당자리라 했다. 문제는 일경이 상주하는 주재소(派出所)에서 빤히 보이는 위치다. 어둠이 깔리기를 기다렸다가 멍석, 가마니 등속으로 가리개를 만들어 놓고 장례를 치르기로 계획을 세웠다. 모험이었다. 발각되면 치도구니 맞고, 벌금을 내고, 결국 시신을 공동묘지로 옮겨 묻어야 한다. 시신을 어떻게 옮겼는지 그 기억은 나지 않는다. 일꾼이 지

---

* 갓난아이의 무덤 만들기

▲ 붕어낚시는 별로다. 그러나 파리낚시는 즐겨한다. 재밌다. 두세 마리가 한꺼번에 물기도 한다. 원주 만종에 있는 농장에 가면 앞 냇가에 나가 파리낚시를 한다. 보통 두세 마리씩 물려 나온다. 오크벨리 가는 길 섬강에서도 잡는다.

게로 옮겼을까? 아니면 4인 목도로 이동을 했을까? 그때의 관은 10cm 가까운 두께여서 한 사람이 나르기엔 어려웠을 것이다. 이렇듯 당신의 아버지 시신을 어둠 속에서 도둑질하듯 매장을 했으니, 나라 잃은 부친의 설움이 오죽했을까? 그렇게 가신 할아버지의 성격은 남달리 까탈스러웠다. 그런 할아버지이건만 낚시질을 즐기셨던 낭만이 있었다.

할아버지의 낚싯대에는 딸랑 두 개의 가짜 미끼가 달려있다. 파리 모양이다. 파리낚시라 불렀다. 달려 있는 파리가 실하지 못했다. 한 놈은 그런대로 제 몸통을 유지하고 있는데, 다른 한 놈은 하체 부분이 잘려 나갔다. 낚싯대 또한 기가 막힌다. 대죽으로 만든 상품이 아니다. 아카시아나무의 가지를 잘라 만든 사제품이다. 길이는 2미터 남짓한데, 활 모양 휘어져 있다. 그런 장구를 가지고 고기를 낚는 것이 희한했다. 잡은 고기는 그 자리에서 창자를 제거하고 깨끗이 씻으셨다. 많이 잡아야 다섯 숫자 안에 든다. 여느 때는 2마리를 잡아 올 때도 있었다. 어머니는 할아버지가 잡아 오시는 물고기를 별로 탐탁하게 여기지 않는 눈치였다. 새끼손가락 크기의 피라미 두어 마리 가지고는 제대로 된 매운탕을 만들어 내기가 어렵다. 그러나 어머니는 정성을 쏟아 매운탕을 끓여 내신다. 마당 한쪽 장독대 옆에는 간이 불판이 아예 붙박이로 놓여 있었다. 찰흙으로 만든 삼각뿔 모양의 받침대 3개를 세우고 그 위에 조그만 놋쇠 솥을 걸어 놓았는데, 비가 오는 날에도 치우지 않았다. 잡혀 온 피라미의 숫자가 적은 날에는 죄없는 양념만 더 들어갔다. 파, 마늘, 시래기, 풋고추, 참기름 등속을 넉넉하게 넣어서 고추장까지 풀고 펄펄 끓인다. 그리고 피라미를 넣는다. 어쨌거나 매운탕 냄새가 마당을 휘감아 돌았다. 나는 할아버지 상에 오른 그 찌개가 정말 먹고 싶었다. 얼마나 간절했을까? 지금 생각해도 군침이 돈다.

파리낚시는 붕어 낚시와 달리 조어 방법이 좀 특이하다. 쉽다는 소리다. 적당 넓이의 강폭에 물 파장을 일구어 흐르는 경사와 유속이면 된다. 미끼가 붙박이로 바늘에 붙어 있으니, 그냥 물속에 던져 넣기만 하면 된다. 떡밥을 준비할 일도 지렁이를 잡을 일도 없고, 미끼를 사 올 일도 없었다. 아주 편리하다. 몇 가지 요령만 터득하면 된다. 입질 시간과 고기가 노는 장소만 알면 그만이다. 최상의 입질 시간은 일출과 일몰 때이고, 유속은 낚싯줄이 물속으로 가라앉지 않을 정도면 되고, 입질을 잘하는 포인트는 자잘자잘 파고가 이는 곳이다.

필자도 한때 낚시질을 즐겼다. 그때마다 할아버지 생각이 나곤 한다. 할아버지는 주로 들일을 하러 갔다가 돌아오는 길에 고기를 잡아 오셨고, 이쪽은 고기를 잡으려 짐짓 낚시터를 찾아다닌다. 할아버지는 잡은 고기를 삿갓에 담아 오시고, 나는 대형 물통을 이용한다.

이참, 다정한 친구가 내왕하면 같이 갈 요량으로 낚싯대 4개를 준비해 두었다. 네 사람이 한꺼번에 가본 것은 두 번뿐이다. 혼자 하는 낚시질이 좀 따분하기는 하나 고기는 더 많이 잡힌다. 많이 잡을 때는 50수 정도 낚아왔다. 한꺼번에 네 마리가 낚일 때도 있었다. 잡은 고기는 주로 매운탕을 끓인다. 어머니가 하던 순서대로 끓여 보지만 맛은 없었다.

고기는 잡는 재미라고 했다. 그 말의 뜻을 얼핏 알 것 같았다. 이제는 잔챙이를 놓아주는 여유까지 생겼다. 매운탕이 좋아서가 아니라, 잡는 재미를 버릴 수가 없기에 낚시질을 하게 된다. 다행히 집안에 작은 연못이 하나 있어 많이 잡아 와도 걱정할 건 없다. 그런데 이상한 것은 그동안 연못에 꾀 여러 마리를 풀어놓았건만 물고기가 영 눈에 띄지 않았다. 짐작에 붕어란 놈들이 죄다 잡아먹은 모양이다.

연못이라야 장기판 크기니 먹이 조달이 어려울 터이고, 그래서 약육강식의 논리대로 놈들은 붕어 밥이 되었을 것이다. 피라미를 살리는 방법은 붕어를 없애는 길밖에 없다는 생각을 했다.

유인작전을 써봤다. 먹던 밥을 남겨 손에 들고 고양이 걸음으로 살금살금 연못께로 가서 닭의 모이를 주듯 훌훌 뿌렸다. 놀랍게도 제법 많은 놈들이 밥알을 받아먹었다. 쟁탈전이 벌어질 정도였다. 붕어가 놈들을 깡그리 잡아먹은 줄로만 알았는데, 그것이 아니었다. 유달리 추웠던 지난겨울에 얼어서 죽었을 것이라던 추측도, 먹이가 없어서 아사했을 것으로 생각했던 짐작도 모두 빗나간 것이다. 생활의 터전이 돌변하여서 자연사했을 것으로도 여겼다. 모두가 기우였다. 생명력이 그렇게 강한 줄 몰랐다. 주인에게 아는 척해보았자 이득이 없어서 숨어 살았다는 뜻이다. 놈들은 내 손에 잡혀 집으로 끌려오는 동안 나의 얼굴을 똑똑히 익혀두었을 것이다. 가짜 먹이를 입속 깊이 넣었다가 날카로운 바늘에 목젖을 찢긴 채 잡혀 왔으니 내 얼굴이 사자처럼 징그럽게 비쳤을 것이다.

목구멍이 포도청이라고 했다. 주인 보기를 그렇게도 싫어하던 놈들이 이제는 내 발자국 소리를 듣고 우- 모여들었다. 귀 밝은 개구리란 놈들이 인기척을 먼저 느끼고, 첨벙첨벙 물속으로 수영선수들처럼 뛰어들면 제풀에 놀라서 숨어버리던 놈들이 이젠 개구리가 다이빙하면 주인이 나타난다는 신호로 여기고 밥알을 먹으러 모습을 드러내는 것이다. 이렇듯 놈들은 영리했다. 먹이를 낚아채는 데도 순서가 있었다. 아주 조무래기, 조금 조무래기, 조무래기, 중간크기, 크기, 아주 크기 순서로 먹이를 채갔다. 그런데 아주 큰 놈의 행동은 섬뜩할 만큼 날렵했다. 아주 큰 놈은 물살을 가르며 번개같이 나타나 비호처럼 먹이를 약탈해 간다. 아주 큰 놈이 나타나면 조무래기들은 얼씬도 못했다. 멸치 부스러기도 줘봤다. 그러나 그것은 단 한 번만 주고 끊었다. 중이 고기 맛을 보면 빈대도 남기지 않는다고, 고기가 고기 맛을 알면 저네들끼리 서로 잡아먹을 터이니 한 번 준 것도 후회가 되었다.

이제는 먹이 주는 요령도 터득했다. 포인트를 3곳으로 잡아 차례로 넣어주는 것이다. 얕은 곳이 첫 번째 순서다. 이곳엔 조무래기들이 주로 몰려 산다. 큰놈들은 얕은 곳을 싫어했다. 이 약점을 이용하겠다는 것이다. 두 번째 순서는 중간지점이다. 이곳은 중치들의 영역이다. 세 번째 순서는 큰놈들이 주로 노니는 깊은 곳이다. 잽싼 큰놈들이 제2포인트까지 넘보기 때문에 제2포인트와 제3포인트는 그의 동시에 넣어준다. 제3포인트의 먹이는 바닥에 닿기까지 약간의 시간이 걸린다. 큰놈들은 먹이가 땅에 닿는 순간을 기다렸다가 가로채 간다. 그 틈을 놓치지 않고 중치들이 먹이를 입에 넣는다. 쫌치, 중치, 큰치를 불문하고 먹이가 바닥에 닿아야 입을 댄다는 사실을 알았다.

비도 오고 하여 놈들이 제대로 먹지 못하였을 것 같아, 생라면을 아예 통째로 연못에 던져 넣었다. 거들떠보는 놈이 없었다. 꼬래, 라면은 좋아하지 않는 모양이었다. 그런데 그게 아니었다. 다음 날 아침에 보았더니 꼬투리 하나 남기지 않고 먹어치웠다. 밤사이 나면은 물에 퉁퉁

불어 아래로 가라앉았다. 기다리던 녀석들이 그때서야 만찬을 즐긴 것이다.

이제는 놈들이 내 발자국 소리를 인식한다.

"야 주인양반 믿지 말자! 우리들을 사알짝 속여 놓고, 다시 잡아갈지도 모른다!"

놈들은 아마 그렇게 생각하며, 나를 항상 경계의 대상으로 삼고 있을 터이다. 어떻든 나는 놈들에게 인기 짱이다. 내 인기가 이렇게 값나가는 경우가 생긴 것이다.

이 모두가 할아버지의 낚싯대 덕이다.

(문학청춘, 2013, 제16호)

진네-만네-홀-짝-꿍-

잠을 제대로 이루지 못한다는 것은 불행한 일이다. 불면의 고통이 얼마나 괴로운지 겪어보지 않고는 모른다.

고생고생 하다가 치료법을 나름대로 터득했다. 살아오면서 세상 고운 마음 가진 친구를 머리에 떠올리는 방법이 그중의 하나다. 백 번 만나도 백 번 웃어주는 친구 그 친구를 생각하는 것이다. 그리고 그 친구와 더불어 소싯적 얘기를 주고받는다. 이곳저곳 가보고 싶은 곳도 다닌다.

외딴집 토담을 끼고 돌면 실개천이 있다. 그 실개천을 사이에 두고 강버들이 일렬횡대로 줄을 서서 서로 건너다보며 키 자랑을 하다가 봄이 되면 갓난아기의 새끼손가락만큼이나 큰 버들강아지를 빼어들고 서로 자기 것이 크다며 뽐낸다. 개나리가 지고 나면 살구꽃이 피고, 조팝꽃이 피고, 진달래가 핀다. 문 틈새로 들어온 꽃향기가 취음제(醉飮劑)가 되어준다. 취음제를 마시며 잠에 빠진다. 나에게는 몽유병 환자 꼬리표가 달려있다. 이 별명이 처음은 싫었는데, 이제는 아무렇지도 않다.

친절 친구의 순위를 설문해 보았는데, 소꿉친구가 1위였단다. 내게 물었어도 그리 대답했을 것이다. 개중에는 친절 친구 제1순위로 자기 자신을 꼽은 사람도 있었단다. 인간에 대한 불신의 등기편지를 받은 것 같아 마음이 아프다.

내일은 소꿉친구를 만나는 날이다. 자주는 아니더라도 햇수로는 60

년 넘게 만나는 친구들이다. 많을 때는 15명까지 나온다. 빛나는 졸업장을 가슴에 안고, 냇물이 바다에서 서로 만나듯 그렇게 모인 친구들이다. 남녀 섞어 197명이 한날한시에 졸업을 했었다. 초등학교 동창 얘기다. 지금은 모교에 생도 수가 줄어 폐교 직전에 와있단다. 안타깝다.

저번 모임에는 11명이 나왔다. 여친이 1명 더 많았다. 만나면 서로 손을 잡고 수인사를 나눈다. 냄새도 못 맡던 여친이 이 모임에 나오면 술잔을 받아든다. 술기운이 창자를 녹이고 심장의 피돌기가 활발해지면 너나 할 것 없이 어른 아이가 된다. 수다가 시작되는 것이다. 수다로 따지면 여친 당할 남친 없다. 수다라야 별것 아니지만. 재벌 얘기나 정치 얘기는 하지 않는다. 남편 얘기도 꺼내지 않고, 자식 자랑하는 법도 없다. 서로 다 알고 있기에 할 필요가 없고, 판에 어울리지 않으니까 하지 않는다. 자존심 내세울 일도, 내숭 떨 필요도 없다. 그래서 서로들 마음 편한 모임으로 여긴다.

그간 몇 사람 먼저 갔다. 남달리 마음을 서로 텄던 동창도 그중에 끼어 있다. 한 친구는 스스로 이승 살기를 거부한 채 자진했다. 포동포동 곱던 모습을 그대로 가지고 젊은 나이로 떠난 것이다. 또 한 친구도 간지 꽤 오래다. 그 친구가 나를 무척 저주했던 모양이다. 여러 사람 앞에서 상식 밖의 행동을 한 적이 있다. 소형 버스를 대절 내어 타고 모교 체육대회를 가던 날이다. 서로 농담을 나누었고, 분명 내가 그를 두고 흉을 보거나 불만을 표시한 적이 없었는데, 그는 내 말끝을 이어받아 몇 마디 거들더니 신고 있던 신발(구두)을 벗어 내 등을 후려치는 것이었다. 나는 화내지 않았다. 코흘리게 동창이기 때문이다. 그것이 그와는 마지막 만남이 되었다.

이번 모임에서는 새로운 놀이를 시도해 볼 것이다. '진내 만내 홀 짝

꿍'을 놀아볼 참이다. 남친 여친이 각각 줄을 만들어 서로 어깨를 대고 마주 보고 앉는다. 두 다리를 상대의 가랑이 사이로 뻗고, 타령을 부르며 노는 놀이다. 서로 마주 보는 사람과 옆 사람의 사이가 최대한 좁혀져야 무릎 치기가 용이하다. 어찌 보면 좀 저급한 놀이기도 하다.

여요(麗謠)에, 서경을 무대로 한 애끓는 이별가를 노래한 서경별곡과, 남녀지간의 애정을 표현한 유녀(遊女)의 노래 쌍화점을 두고, 남녀상열지사라 하여, 상말은 싣지 않는다며 삭제 또는 개작했다는 문헌사가 있다. '진내 만내 홀 짝 꿍' 같은 놀이가 그것들의 잔영인가.

여친 두 사람과 남친 두 사람이 먼저 시범을 보인다. 그리고 모두가 합세한다. 13명 참석인데 여친이 한 사람 더 많다. 남은 여친이 심판을 보기로 한다.

-이거리 저거리 각 거리 / 천두 망건 두망 건 / 지리 지리 장두 칼 /
나그네 먹던 김치 국 / 숨어라 숨어라 꽃 바꿍 / 진네 만네 홀 짝 꿍-

'진네 만네 홀 짝 꿍', 놀이의 노랫말이다. 노랫말의 구성은 6행, 25음보로 되어 있다. 음보는 어절 단위로 보면 된다.

이 노랫말에 장단을 넣어 25음보로 합창을 하는 것이다. 자기 다리 두 다리와 앞 사람 다리 두 다리가 합치면 4음보 1행이 된다는 것이다. 이 4개의 다리를 각각 한 번씩 때려가며 타령을 한다. 타령은 '꿍!'에서 끝나고, 꿍에 걸린 다리는 밖으로 빼낸다. 두 다리가 남을 때까지 게임은 계속된다. 마지막 두 다리가 남는 경우의 수는, 여친 것 하나와 남친 것 하나가 짝을 이루는 경우, 여친 것끼리 짝을 이루는 경우, 남친 것끼리 짝을 이루는 경우, 한 사람의 두 다리가 통째 남아 자체로 짝이 되는 경우다.

징벌은 미리 정해 놓는다. 여친의 그것과 남친의 그것이 섞여 남을 때는 가위, 바위, 보로 승패를 내어서 승자가 패자에게 벌을 내린다. 두 다리가 서로 같은 성끼리 남을 때는 장끼자랑 하기, 두 다리의 주인공이 한 사람이 되는 경우에는 돌아가며 큰절하기다.

마지막에는 노래자랑 판이 벌어진다. 노래는 동요를 불러야 한다. 동요는 어른을 아이 되게 하여 참 좋다. 고향이라 돌아오니 쓸쓸한 마음 나와 놀던 시냇가 기와집 순이/강 건너 멀리 멀리 시집갔다네-

나는 이 노래를 특히 좋아한다. 가사를 바꾸어 순이 대신 먼저 간 친구의 이름으로 바꿔 부른다. 「고향 생각」은 내가 두 번째로 좋아하는 노래다.

-저산 너머 새파란 하늘 아래는 그리운 내 고향이 있었건만은
천리만리 먼 당에 떠난 이 몸은 고향 생각 그리워 눈물 나누나-

나는 이 노래를 부르면 언제나 눈물을 쏟는다. 언젠가 동창들도 이 노래를 합창하며 눈물을 흘린 적이 있다. 눈물을 흘리면서도 서로들 부끄러워하지 않았다. 「울 밑에 선 봉숭아」도 부르고, 「낮에 나온 반달」도 부르고, 「강남 달」도 부르고, 뜸북뜸북 「오빠 생각」도 부른다. 「찔레꽃」「산토끼」도 부른다. 끝내기 합창은 「고향의 봄」이다. 서로 어깨동무를 하고, 좌우로 흔들면서 2절까지 부른다.

-나의 살던 고향은 꽃피는 산골 복숭아꽃 살구꽃 아기진달래 울긋불긋 꽃 대궐 차린 동네 그 속에서 놀던 때가 그립습니다. 꽃동네 새동네 차린 동네 파란들 남쪽에서 바람이 불면 냇가에 수양버들 춤추는 동네 그 속에서 놀던 때가 그립습니다.-

일본 나라가 항복하던 그해의 8월 첫날 입학을 하여, 꼭 이 주간의 식민지 교육을 받았다. 그 또래의 조무래기가 여든 나이다. 언제 보아도 기분 좋은 친구다. 그 정다운 친구들과 서로 무릎을 포개어 놓고, '홀-짝-꿍-'을 즐긴다. 60년은 젊어진 기분이다.

▲ 강산이 여러번 변했을 세월이 흘렀다곤 하지만 촌 마을이 이렇듯 환골탈태할 줄이야!
▲ 필자가 최초로 편집 발간한 『산양초등학교 60년사』이다.

우리들의 소꿉놀이에 투기할 사람이 있을까. 있다면 정없는 사람이다.

자정을 훨씬 넘긴 시간이다. 유리창 밖에는 장맛비가 줄기차게 내리고 있었다. 언제 보아도 정겨운 고향 친구 만난다는 생각만 해도 가슴이 찡해 온다.

〈서울문단, 2016, 제5호(한국문인협회편), 창작일=2012.10〉

어느 지성인의 이산가족

이 글은 「한국전쟁 후 형성된 상이군인의 생활과 활동」이란 주제로 일 년여에 걸쳐 작업한 구술채록(口述採錄)에 대한 실기(實記)이다. 한국 근대사의 다양한 인물, 정책, 사건에 대한 구술을 채록함으로써 문헌 사료의 제약을 극복·보안할 수 있는 역사자료를 생산하고, 근대사 연구수준 향상을 도모하려는 국사편찬사업에 이바지함을 목적으로 하는 국책사업이었다.

작업에서 가장 어려웠던 것은 12만 명에 이르는 상이자 중 10여 명의 적임자를 선정하는 일이었다. 어떤 분이 과연 주제에 합당한 대표성을 지닐 수 있을까, 기준 설정은 어떻게 해야 하는가, 또 적임자라 할지라도 선뜻 구술에 응해줄 것인가, 등등 모두가 난제였다. 먼저 영등포에 있는 '대한민국상이군경회' 본부를 찾아갔다. 기획실장에게 도움을 요청했다. 내가 원하고 있는 적임자 몇 분을 소개받았다. 그중 백수를 바라보는 노병이 있었다. 함경남도에 있는 함흥의대를 졸업한 지식인이다. 6·25전쟁 중 고향 함경도에서 훈련 중 우리 국군에 포로가 되어 자의반 타의 반으로 이산가족이 된 최병서(가명)라는 분이다. 이 분을 두고 지식인이라고 지칭한 것은 의대를 졸업했다고 해서가 아니다. 공무원을 거쳐 80세가 넘도록 국가기관에 종사를 한 분인데, 지금껏 필자가 만나본 인물 중 이분만큼 박식하고, 경험이 풍부한 식자는 만나지 못했다. 구술 작업을 하는 데만 내리 5시간을 넘겼는데, 구술을 하는 동안 꼿꼿한 자세를 한 번도 흐트러뜨리지 않았다. 이런 분을 만나서 구술 작업을 할 수 있었다는 것은 큰 소득이 아닐 수 없었다. 대형 녹음기와 소형 녹음기와 그리고 MP3를 테이블에 올려놓고, 녹음을 시작하자고 하자 조건을 제시해 왔다.

▲ 전 영국 주재 북한 공사 태영호는 북한을 탈출, 국민의힘 서울 강남구갑 20대 국회의원이 되었다. 그는 평안남도 평양 출신이다. 국민의힘 원내부대표로 의정활동을 열심히 하고 있다.

▲ 탈출의 순간이다. 어린 자식은 자유의 땅을 밟았으나 그의 어머니는 무자비한 북괴의 저지로 탈출에 성공을 못한 듯하다. 사색이 되어 바라보는 어린 자식의 처지가 안쓰럽기 그지없다.

▲ 100세를 넘기신 김형석(연세대학교 명예교수) 수필가의 모습이다. 한참 아래인 필자의 얼굴이 더 늙어 보인다.

"이 녹음 말씀하신 목적 외에 사용하지 않겠다는 보장 할 수 있으시지요?"

하고 재차 물어 오는 것이다. 이 작업은 개인 자격으로 하는 것이 아니라고 했다.

그분의 군번은 19501028이다. 좀 특이했다. 군사훈련 중 우리 국군의 선발대에 생포된 날이 바로 1950년 10월 28일인데 이것이 본인의 군번이라고 했다.

구술 도중 이분이 가장 아쉬워하는 대목이 있었다. 일정 공감이 가는 부분도 있었다.

"두고 보라! 나는 확신한다. 북조선 사람들은 애국심으로 뭉칠 줄 안다. 이쪽처럼 두 쪽, 셋 쪽으로 갈라지지 않는다. 나는 67년이란 긴 세월을 남한 땅에서 살았다. 하층 생활은 몸으로 때우며 배웠고, 부유층의 모습은 눈으로 요기했으며, 국민의 근성은 공직 생활을 통하여 발견했다. 남한은 콩가루 집안이다. 언제 부스스 허물어질지 모른다. 이북의 김정은 정권이 멸망하기 전 이남은 지중지난으로 먼저 끝장이 날 것이다. 이런 정신 가지고는 어렵다. 민족이 분열일 때는 운명을 바꿀 기회가 와도 이를 잡지 못하는 법이다."

그러면서 다음의 시를 인용했다.

> 夫人必自侮, 然後人侮之/家必自毁, 而後人毁之/
> 國必自伐, 而後人伐之

사람은 반드시 스스로 업신여긴 후에 남이 업신여긴다. 집안은 반드시 스스로 망가뜨린 후에 남이 망가뜨린다. 나라는 반드시 스스로 친 후에 남이 친다.

그는 6·25를 상기하며 민족의 비극을 정의하되, 우매한 백성을 피난길에서 얼어 죽게 하고, 총알받이로 내몰아 가문의 대를 끊어 버리고, 누구의 총부리인지 알지도 못하는 싸움으로 죽어간 가족 앞에 전율하는 비극보다 서로 사상적인 갈등으로 갈리어 반목질시하며 살아가는 이산가족의 삶이 더 비통하다고 했다.

"화해를 하는데, 어떻게 하느냐? 종교인들이 거기에 아무리 가고, 연예인들이 아무리 가서 뭐 노래를 부르는 것은 다 소용이 없다. 많은 국민계층 중에서 우리 같이 소위 총칼 들고 서로 죽이고 싸웠던 이 실체들이 먼저 가서 포옹하고 눈물 흘리고 서로 화해해야지, 그렇게 하면 나머지 계층은 다 화해가 된다고 이렇게 봐야지요. 우리 이남 상이군인들이 먼저 올라가서 이북 상이군인들 껴안고 눈물 흘리고 용서하고 해야지, 그쪽을 우리가 기대하는 것은 무망한 일이다. 그리고 6·25에 다친 사람들 그 이후에 어떤 일을 하다가 공상을 입어 가지고 아직까지 치료가 안 된 거, 중병에 있는 사람이 있으면 우리가 모셔다가 우리 보훈병원에서 특별히 치료해서 또 보내고, 우리가 필요할 때 코이카[(KOICA)한국국제협력단]니 뭐 이런 걸 동원해서라도 우리가 자치 붐을 조성해서 평양이면 평양 어디다가 상징적인 보훈병원도 하나 좀 설립하고, 서로 왔다 갔다 하고, 이것이 진정 화해입니다. 소련의 진주군과 미국의 연합군이 엘베강을 건너 손잡고 화해를 하듯, 대한민국의 국군과 인민공화국의 국군이 '돌아오지 못하는 다리'를 넘어가고, 사천(砂川)을 건너서 서로 얼싸안고 춤을 추는 그런 화해가 진정한 화해다 이겁니다. 우리 이렇게 되면 다른 인민들, 북한의 인민들, 남한의 인민들, 다 화해되는 거다! 우리 여기 주역을 맡아보자!"

일견 의미가 있는 듯했다. 그는 또 남북이 통일로 가는 길을 이렇게 제시했다.

"저는 지금 대한민국 국민으로서 자신이 없습니다. 통일은 대한민국 체제로는 자유주의 바탕 위에서는 절대 안 된다, 이겁니다. 그래서 저는 실망이 클 따름입니다. 우리가 통일을 이루는 주체로서의 자격이 없습니다. 우리 국민도 그렇고 정치인들 다 썩었고, 저런 식으로 해가지고는 절대 안 된다, 이겁니다. 국민의식이라고 하는 것이 말입니다. 의식이라는 것은 각자가 자기중심으로 매사를 생각하기 마련입니다. 그러나 공통적으로 뭔가 하나의 줄기를 가지고 있어야 되는데, 좌파는 좌파대로 우파는 우파대로 자기 잇속만 챙기려 하고 있으니, 저는 지금 제 생각으로는 결국 좌파가 승리한다, 이렇게 봅니다. 저가 이런 소리 하게 되면 빨갱이라고 눌러 버리겠지만…….”

최병서 그는 오매불망 그리워하던 가족을 멀리한 채 통일된 땅에서 살아보지 못하고 서서히 인생의 종착역에 다다르고 있었다.

최근에는 기력이 급속도로 나빠져 바깥출입이 불가능해졌다. 황반변성의 급진행으로 이해를 넘기지 못하고 실명을 한다는 강박 관념에 쌓여 있는 처지다. 오른쪽은 중심부가 완전히 까맣고, 왼쪽에 기능이 약간 남았는데, 조정 시력으로 해서 0.1이 간신히 나온다. 이 병의 종착역은 실명이다. 이것을 고칠 수 있는 약물로 아바타인 주사약이 있다. 보훈병원에서 두 번 맞았다. 6개월에 한 번씩 맞는다. 그런데 보훈병원에서는 약값이 비싸서 더이상 제공하기를 꺼린다고 했다. 소문으로 들은 유명 안과인 ‘눈의안과’가 대치동 쪽에 있다고 하여 거기에 신청을 해놓고 대기하고 있다고 했다. 그래도 희망적인 것은 줄기세포 치료가 가능하다는 낭보다. 차병원의 연구실에서 황반변성을 치료하는 줄기세포를 개발 중인데 이 기술이 세계에서 제일 앞서 있단다. 2,3년 안에 완전 상용화된다고 했으니, 그때까지 죽지 않으면 그 혜택 입어볼까 하는 소망을 버리지 않고 있었다.

청력도 말이 아니다. 그 좋든 치아도 다 무너졌다. 부부간에 대화도 거의 불가능하다. 부인은 양 무릎에다가 인공관절을 했다. 심장판막은 인공판막으로 갈아 끼웠다. 이들은 지금 사이비 인생을 살고 있다. 이렇듯 한 민족을 죽음의 도가니에 몰아넣은 ‘6·25남침 전쟁’은 아직도 이어지고 있다. 우리는 불운을 타고 난 민족인가 보다.

(2013. 6)

제2부 뒤돌아봄의 아쉬움

상처뿐인 영광

손등뼈가 부러지는 상처를 입었다.

회전문에 손등이 끼인 것이다. 돌아가던 회전문은 손등을 문 채 정지했다. 그 바람에 손에 들려 있던 우산이 투닥! 아래로 떨어졌다. 순간 눈에서 번갯불이 번쩍했다. 망가졌구나! 내손, 병신 됐구나! 나는 그렇게 중얼거리고 있었다. 컴퓨터 못하면 어떻하지. 농장에 손볼 일이 많은데. 그런 생각도 들었다.

멀쩡한 손이 돌아가는 회전문에 왜 끼었을까. 먼저 와 기다리던 사람이 앞 칸에 타고, 그 뒤에 내가 타고, 회전문은 정상적으로 돌아갔고, 그리고 나는 절반으로 키를 줄인 우산을 손에 들었고……, 정황은 분명 그러했다. 그렇다면 내 행동이 꿈떴거나, 멍청히 딴 생각을 하고 있었다는 것밖에 되지 않는다. 아무래도 이상했다. 나는 바보가 되기 싫어, 그 순간의 정황을 한 번 더 따져 봤다. 앞칸에는 두 사람이 탔는데, 직업이 형사인 듯했다. 맞았다. 그 두 사람은 회전문의 일반 속도를 기다리지 못하고, 냅다 손으로 밀어 재꼈다. 그리하여 순간적으로 나는 중심을 잃으며 뒤뚱했고, 몸을 지탱하느라 회전문의 모서리를 손으로 잡았을 것이다.

회전문 바로 앞에서 서성이던 몇 사람이 다가왔다. 그중에는 몇 차례 만나 낯이 익은 사람도 끼어있었다. 그러는 사이 손은 벌써 통통 부어올랐다. 여경(女警) 두 분이 옷소매를 당기며 구내 의무실로 가자고 했다. 나는 턱을 좌우로 저으며 괜찮다고 했다. 그리고 손가락 다섯 개를 꼬물락 꼬물락 움직여 봤다. 힘은 들었지만 손가락은 의도대로 움직여 주었다. 작살이 난 것은 아닌 듯싶었다.

시상대 앞자리 지정석에 앉았다. 손은 점점 더 부어올랐다. 보기가 흉했다. 여경이 날라 온 얼음주머니로 손 등을 가렸다. 시상식을 하는 이 좋은 날 부상 입은 내 꼴을 보여서는 안 된다는 생각이 앞섰기에 손 등을 가리는 것이다. 따갑기도 하고, 욱신거리기도 해서 견디기 어려웠다. 경찰청장께서 입장하시자 곧이어 수상식이 거행되었다. 청장 자리는 바로 나의 우측 옆자리였다. 나는 얼음주머니를 의자 밑으로 숨겼다. 청장이 눈치를 채었는지 그것은 알 수가 없었다.

식순이 내 차례로 넘어왔다. 심사위원을 대표하여 심사평을 해야 한다. 단상엔 태극기를 중앙으로 하고, 좌우로 경찰기와 무궁화 4개짜리 단기가 게양되어 있었다. 단상의 위치는 앉은 자리보다 꽤 높았다. 나는 좌우로 몸을 돌려 높은 분들에게 먼저 인사를 했다. 그리고 태극기, 경찰기 순으로 정중히 절을 했다. 내 행동에 진지함이 실렸던가, 식장은 순간 엄숙한 분위기로 변했다. 화려한 행사일수록 말수를 줄여야 한다는 것을 나는 잘 알고 있다. 잠시 머뭇 머뭇 하다가 이렇게 말했다.

"전철을 타고 이곳까지 왔습니다. 오는 길 종로3가역에서 환승을 했습니다. 거기 시 한 편이 벽에 걸려 있었습니다. 시가 마음에 들어 그 시를 가슴에 담아왔습니다."

그리고 시를 읊었다.

-사람들 사이에 섬이 하나 있습니다.
그 섬에 가보고 싶습니다.-

아주 짧은 시입니다. 그러나 시 속에는 소중한 사랑이 담겨있는 것입니다. 섬이 사람들 사이에 있다는 표현이 그렇습니다. 사람들 사이에 있다는 뜻은 그 섬이 인간과 서로 교감하고 있다는 의밉니다. 저는 이 시의 대련으로 다음과 같이 즉흥시를 써 보았습니다.

-사람들 사이에 경찰이 있습니다.
어려운 일이 있으면 경찰 생각을 합니다.-

저는 평소 경찰을 그런 분으로 여기며 이 나이가 되도록 살아왔습니다."

이렇게 서두를 잡고 몇 마디를 더 첨가한 다음 작품의 총평을 했다. 총평을 하는 자리에서 전철 이야기를 하고, 경찰관 이야기를 했으니, 내빈이나 수상자나 모두 조금은 어리둥절하였을 것이다. 그러나 이날의 총평은 내빈이나 수상자나 평생 잊을 수 없으리라 믿는다.

경찰청에서는 해마다 두 종류의 문화행사를 치르고 있었다. 이날의 행사는 〈안보홍보공모전〉이라 하여 '안보현장 체험소감문'을 전국의 중·고등학생과 일반 성인을 대상으로 공모한 작품의 시상식을 하는 날이었다. 모집은 4개의 부문인데, 응모의 총수가 1,909편에 달했다. 나는 '체험소감문'을 심사했다. 작품 수가 857편이었다. 각 장르별 상세 심사평은 『2011안보사랑 수상작 모음집』에 나와 있으니, 읽어 보시라는 부탁 정도로 심사 총평을 끝냈다.

시상식이 끝나자, 부어오른 손등의 통증은 더욱 심했다. 병원으로 바로 가서 치료를 받았어야 했을 것을 하룻밤을 넘겼다. 안면이 있는 병원에서 깁스붕대를 했다. 손가락의 바닥 쪽 뼈가 두 개 상했는데, 하나는 대단치 않고, 하나는 골절이 되어 있었다. 젊은이와 달라 몇 개월 고

생해야 된다고 했다. 병원 의사가 어디에서 다쳤느냐고 묻더니 공상으로 처리될 수 있다며, 보험처리를 하라고 권했다. 큰 건물 출입문은 보험에 가입이 되어 있다고 했다. 그러나 나는 보험처리를 하지 않았다. 출입회전문 돌아가는 시간과 다투며 살아가는 경찰청 사람들과 수상식 참석하는 좋은 날 행사인데 싫어, 그냥 자비로 치료를 한 것이다. 대한민국의 항소심 법정에서 1심 형량보다 감형되었다며, '김일성 장군님 만세!'를 부르는 판국에, 전국에서 응모한 주옥같은 '안보체험 소감문'을 읽으면서 받은 위안이 너무나 컸다.

딱 40일 만에 깁스를 제거했다. 인간의 육신이 얼마나 간사한지, 그 40일 동안 보호를 받았다며 깁스 편이 된 저쪽 팔은 내 말을 들어주지 않았다. 지조 약한 놈 같으니! 제 주인도 몰라봐! 이런 생각이 들어 약간 서운했다. 그날 깁스를 뜯어내며 의사가 나에게 좀 무서운 당부를 해왔다. 열심히 움직이지 않으면 관절이 굳어져 손을 못쓰게 될 수도 있다는 것이었다. 잘 아는 여자 한 분이 새끼손가락을 다쳐 나와 같이 깁스를 했는데 의사가 시키는 대로 따르지를 않았기에 영영 손가락 불구가 되고 말았다.

▲ 통증이 심해서 인상이 변해갔다.

▲ 회화부문 전시작품을 설명하고 있는 필자, 옆에 분은 조현오 경찰청장이시다.

문제는 깁스를 제거한 다음 날부터 다시 손등이 부어올랐다는 것이다. 묶은 손가락은 두 개인데, 옆에 놈도 덩달아 뻗손이 되어 있었다. 주먹을 쥐어 봤지만 불가능했다. 뜨거운 물을 담아 놓고, 그 속에 15분간 손을 담갔다가 손가락을 오무려 보라고 했다. 간호사가 시키는 대로 그렇게 여러 번을 시도해 보았다. 얼마나 아픈지 눈물이 나올 때가 있었다.

나는 군 생활을 육군병원 X-Ray과에서 했다. 그 경험이 있어 뼈 치료에 대하여는 약간 안다. 한 번은 간호장교가, 팔목에 깁스한 사병 환자를 물리치료하다가 다붙은 뼈를 다시 부러뜨려 놓는 일이 있었다. 그 사병은 다시 깁스를 하고 오래도록 환자 생활을 했다. 주먹을 쥐며 눈물을 흘리며 얼마만큼의 아픔을 참아야 하는지 알 수가 없었다. 미련하게 참다가 육군병원의 그 사병처럼 뼈가 부러질까 겁이 났다.

이렇게 하기를 여러 날. 그러나 부기는 그대로이고, 손가락의 뻣뻣한 정도에도 변화가 오지 않았다. 이러다가 병신 되겠구나 싶어 겁이 났다. 아니지 죄없이 다친 몸이니 감쪽같이 낳을 거야 이렇게 마음먹었다.

그런데 엎친 데 덮친다는 격으로, 무릎이 부어올라 외과에 갔더니, 관절에 물이 고였다며, 굵은 주사대롱 가득 핏물을 빼내는 것이다. 그간 비워 두었던 농장을 돌본다며 과하게 움직인 것이 무릎에 부담을 주어 관절에 고장이 난 모양이다. 이틀 걸러 물을 빼며 십여 일 치료를 하였으나 차도가 없자 대학병원에 가보란다. 마음이 착잡했다. 손은 손대로 부기가 가라앉지 않은 상태인데, 무릎까지 탈이 난 것이다. 잠자리에 들어도 잠이 오지를 않았다. 그럴 때면 『2011안보 사랑 수상작 모음집』을 읽었다.

-창밖으로 보이는 어두운 하늘에서
'자유'라는 별이 반짝반짝 빛난다.
그 별을 볼 수 있어 나는 오늘도 행복하다.-

「북한 탈주민 안보체험수기」 부문 최우수작품상을 받은 남 아무개의 작품 「내가 만난 푸른 6월」에 나오는 내용이다.

수기작품을 읽는 동안은 통증이 멎었다.

(강남문학, 제17호, 2011. 11)

자연이 하는 일은 옳았다

차창 너머로 스치는 오월의 신록이 물안개처럼 포근하다. 남한강을 가로지른 교량이 저만큼 보이더니 연하여 강천터널이 입을 열고 길손을 맞는다. 쪽으로 물이 밴 섬광이 연체동물처럼 산허리를 감아 흐른다. 문호 정철이 별곡에서 관동8경의 반열에 올려 예찬했던 섬강! 필자는 이 강물을 볼 때마다 가슴 한구석에 진하게 전해오는 정을 느낀다. 그렇다. 이 섬강 다리를 넘어서면 원주 땅이다. 원주에는 마음 착한 내 작은 딸아이가 살고 있다. 그 딸아이와 가까워진다는 즐거움이겠지, 이 다리 위를 지날 때면 소풍 나온 학생처럼 마음이 들뜬다.

▲ 원주 봉화산 둘레길

문막을 지나 원주에 이르는 절반 거리의 산속에 감박골이라는 정겨운 이름의 마을이 있다. 바람에 떠밀려 훌훌 흩날리다가 아무렇게나 내려와 앉은 민들레 씨앗처럼 산자락에 뿌리를 내린 마을이다. 습기가 많은 하절기에는 물안개 끼는 날이 많아 햇빛보기가 쉽지 않다. 나는 이 마을에 군식구로 지난해부터 얹혀 산다. 공기가 맑아 좋고, 이웃이 서로 넉넉한 거리여서 조용해서 좋다.

상추·쑥갓·파·아욱·근대·토마토·오

이·호박·참외 등속의 씨앗을 뿌리고, 또 여러 가지 모종을 사 와서 심으며 봄날을 보낸다. 일견 신선놀음이다. 농사일엔 결실의 기쁨이 더해진다. 집을 비웠다가 18일 만에 드는 길이다. 거창한 이름을 빌면 귀농이다. 그런데 아유! 돌아온 18일 만의 풍경은 입에서 탄식을 자아내게 한다. 풀은 무릎 높이로 자랐고, 공들여 키워놓은 상추와 딸기는 고라니란 놈이 뿌리채 뽑아 갔다. '야아-이 사람아, 그 부지런 가지고 농사짓겠나!' 밭둑 논둑에 뿌리 뻗고 살면서, 누에를 키워내는 뽕나무 하며, 앞 뒷산을 병풍처럼 둘러선 노송 하며, 씨알을 깨고 나와 자력으로 자란 잎채소 하며, 제 키를 훌쩍 넘긴 과일채소 하며, 이것들이 합창으로 나를 면박했다. 정말 아무도 없는 무 연고지였다면 만판 되짚어 돌아갔을지 모른다. 상처뿐인 상추밭이 마음을 더욱 아프게 한다. 상추는 한여름 우리 식구의 밥반찬이다. 아내는 나보다 몇 배로 상추를 좋아한다. 그는 아예 상추를 주식으로 여름을 보낸다. 이남박 가득 분량이 한 끼 몫이다. 올해는 4종류의 상추를 심었다. 뚝섬붉은축면, 뚝섬푸른축면, 붉은치마상추, 푸른치마상추 재미있는 이름이다. 아내가 제일로 좋아하는 상추는 뚝섬붉은축면인데, 이들 모두의 원산지가 중국이란다. 놀라운 일이다.

▲ 제주도 천년숲, 수풀과 나무가 한 몸이다.

아내는 몸무게를 줄이기 위해 상추를 먹고, 나는 병을 치유하기 위해 상추를 먹는다. 1년에 몇 차례씩 '위산역류현상'이라고 하는 위병을 앓

▲ 인제의 보고, 자작나무숲

는다. 일종의 노인성 질환이라고 하는데, 치유가 어려운 병인 모양이다. 약으로는 잘 다스려지지 않는다. 그런데 오이 먹고, 토마토 먹고, 아사기라는 안 매운 고추 먹고, 밥을 상추에 싸서 먹고, 호미 들고 땅을 파며 지내노라면 의사가 내린 처방전의 알약을 장복하는 것보다 한결 효험이 있다. 어떻게 하든 상추밭을 복원해야 하는데 묘안이 서지 않는다.

이웃에 사는 전문 농사꾼에게 물어보았다. 왜 전에 없던 고라니가 나타나서 애써 가꾸어 놓은 채소를 훔쳐가느냐고. 농부의 답은 간단했다. 살던 영역을 잃었으니, 새 먹거리를 개척할 수밖에 없다는 것이다. 그러고 보니 마을 어귀 산 능선을 뭉개버리는 도로개설 공사가 해를 넘기고도 진행 중이다. 이미 헐린 면적만 수천 평에 이른다. 이 능선이 고라니가 살던 터전인데, 그곳이 헐리었으니 새 영역을 개척할 수밖에 없지 않느냐고 했다. 모두가 자연의 섭리를 거역하는 대가란다.

아직 어둠이 덜 걷힌 새벽 시간 상추밭으로 조심스레 내려갔다. 깡통과 막대기를 들고 내려갔다. 놈이 나타나면 놀라 질겁하게 쇠 소리를 내어볼 요량이었다. 허사였다. 나의 계책을 미리 알고, 놈은 한 발 앞서 상추밭을 손보고 이미 떠났다. 어제만 해도 잎을 키워낼 뿌리가 듬성듬성 남아 있었는데, 이제는 영 글렀나 보다.

더 이른 시간대를 잡아 내리 오일간 딸기밭을 감시했다. 놈이 딱 한 번 눈에 걸려들었다. 놀랍게도 나타난 놈은 새끼 고라니였다. 그런데 달아나는 고라니의 꼬리가 기형이었다. 중간쯤이 'ㄱ자' 모양으로 휘어 있었다. 그러니까 일전 견공부대와 대판 추격전을 벌리던 놈이었다.

고만고만 크기의 견공들이 마을을 주름잡고 다니던 지난해 겨울이다. 눈 쌓인 들판에서 고라니 한 마리를 두고 네 놈의 마을 개가 따라붙었다. 고라니는 운 좋게도 살아서 달아났다. 그러나 그놈은 견공들의 입에 꼬리가 물려 깊은 상처를 입었다. 저렇듯 'ㄱ자'형으로 기형이 된 것은 분명 그날의 상처 때문이었을 것이다.

어쨌거나 상추밭을 포기할 수는 없는 노릇이었다. 망사를 사 와서 둘러막았다. 마을 사람들이 그렇게 시켰다. 상추밭은 닭장 모양이 되었다. 청치마 씨앗을 덧뿌렸다. 철을 어긴지라 발아가 될 지는 미지수였다. 뚝섬적축면에 비해 맛은 덜하지만 청치마가 발아율이 더 우수하다기에 그것을 뿌린 것이다.

서울 다녀올 일이 또 생겼다. 나는 고속도로 주행을 싫어한다. 특히 영동고속도로가 그렇다. 차에 치어 벌건 피를 깔고 누워있는 고라니가 보기 싫어서다. 지난번은 사체 3마리를 보았다. 3마리 모두가 중앙 분리대에 머리를 처박고 죽어 있었다. 이들이 차에 치어 죽어있는 지역은 어김없이 '야생동물주의' 표지판이 붙어 있다. 그러나 이 구간에서 속력을 줄이는 차는 보지 못했다.

그런데 참 이상하게도 요즘에는 죽어 있는 놈들을 보고도 전같이 불쌍한 마음이 덜했다. 상추밭과 딸기밭을 습격당한 일 때문인가 보다. 인간의 마음은 이렇게 간사했다. 그깟 상추밭 공격당했다고…….

700년 묵은 씨앗이 꽃을 피웠다는 기사를 읽었다. 씨앗의 국적은 고려국인데, 꽃을 피운 곳은 대한민국이었다. 경주 땅 연못 안압지 퇴적층 4, 5미터의 토층에서 발견된 연꽃 씨앗이었다. 땅에 심었더니 싹이 돋고, 자라서 분홍색 꽃잎을 피워냈다는 기사다. 과학으론 설명이 되지 않는다고 했다. 이렇듯 자연은 인간을 초월하는 힘을 가지고 있었다.

고라니의 습격을 받아 쑥대밭이 되었던 상추밭이 일주일 만에 거짓말처럼 되살아났다. 자연의 위대함을 다시 깨달았다. 허리 잘린 상추가 곁가지를 뻗고 되살아났으며, 깊이 묻혔던 씨앗이 형님 씨앗의 뒤를 잇겠다며 싹을 틔운 것이다.

이제 상추 걱정은 아니 해도 좋았다. 자연의 이치를 모르고서야 어찌 농부가 될 수 있겠는가. 농사일 자연이 시키는 대로 따르면 되더라.

(2011. 10)

마지막 스승의 날

7년 동안 근속한 학교가 있다. 내가 들어가기 3년 전에 문을 연 남녀 공학의 상업계열 미션스쿨이다. 스승의 관심과 정을 특별히 필요로 하는 그런 특수학교였다. 불행하게도 이 학교는 제13회 졸업생을 마지막으로 배출시키고 문을 닫았다. 스승도 제자도 집 잃은 야생 벌처럼 뿔뿔이 흩어졌다. 참 허망했다. 졸업생 관리 일절은 정릉에 있는 대일외국어고등학교에서 취급한다니 세월이 흘러도 뿌리는 남아 있을 터, 그것으로 위안을 삼으련다.

이후, 어느 해부터인가 교회를 다니는 졸업생들이 주축이 되어, 목사 선생님을 모시고 사은회를 갖기 시작했다. 그러다가 총동창회가 구성되고 본격적으로 스승의 날 행사를 치르기에 이르렀다.

나는 세월이 꽤나 흐른 뒤 이 사은행사에 초대를 받았다. 아주 즐거웠다. 한껏 멋을 내고 조금은 흥분된 맘으로 행사장에 나갔다. 동료지간에도 서로 이름을 대고서야 알아볼 수 있는 모습으로 변해들 있었다. 손을 잡는 것으로는 모자라, 서로 부둥켜안으며 인사를 나누었다. 제자들도 마찬가지로 늙었다. 잡은 손을 놓지 못하고, 눈물을 보이는 제자가 여럿 있었다. 나도 덩달아 눈물이 났다. 애증이 교차했던 7년간의 직장, 이런저런 정이 얽혀있었나 보다. 서울시청 바로 앞에 있는 '텍사스'라는 큰 술집이다.

행사 진행을 맡은 사회자가 나를 앞자리로 불러내었다. 한 말씀 하라는 것이다. 참으로 보고 싶었고, 잊고 싶지 않았던 제자들 앞이라 흥분이 되었다. 나는 상투적인 말은 피하기로 마음먹었다.

대뜸 이런 내용으로 웅변했다.

"성공하려면 미쳐라. 자네들은 미쳤기에 자수성가할 수 있었다. 선생님은 자네들의 용기가 부럽다. 선생님에겐 많은 제자들이 있지만, 내 가슴속엔 자네들뿐이다. 자네들과의 만남은 남다르고, 자네들과의 수업시간은 진지했다. 우리들은 지금 장안에서도 유명한 '텍사스'에 와 있다. 텍사스는 개척자들이 만든 개척의 땅이다. 자네들은 개척의 성신으로 성공을 했다."

하고 보니 시시한 말 뿐이었다. 그러나 하고 싶었던 말을 했다는 생각이 든다. 고참 교사가 건배를 제의했다. 건배사는 "위하여!"였고, 우렁차고 당당한 후렴이 이어졌다. 분명 이 자리는 7전 8기의 정신을 가진 제자들이 모인 곳이라 여겨진다. 저들 또한 보고 싶었던 스승을 모셔놓았으니, 누가 뭐래도 기분 좋은 자리였을 터이다.

그 시절의 학습장엔 가정방문이라는 게 있었다. 그래서 담임 역할이 더 어려웠다. 가정방문은 학기 초에 이뤄진다. 여학생의 가정방문은 더 까다로웠다. 가족 중에 누구를 만나느냐, 시간 배정은 어떻게 하느냐, 심지어 대화의 내용까지 메모를 해서 들고 다녀야 했다. 쓸 데 없는 질문을 한다든지, 어느 학생의 집에서 특별히 긴 시간을 머문다든지 하여서는 아니 된다. 가정방문이 끝난 뒤에 이런저런 구설수가 따를 수 있다.

가정방문을 마치고 돌아서는 발걸음은 언제나 무거웠다. 억판으로 산다는 것보다 결손 가정이 않았기 때문이다. 불쌍하고 동정이 가는 학생도 있었다. 그네들에게 담임은 아버지가, 오빠가, 후견자가, 때로는 애인이 되어주어야 했다. 그렇게 보낸 7년여, 오랜 세월 교직으로 살면서 세 번 교단을 옮겼지만 이 친구들과의 정이 제1로 남는다. 사제지간의 정이 이렇듯 도타웠기에 부모도 아니오, 친척도 아닌 늙은 스승의 손을 잡고 놓을 줄을 모르며, 눈물을 삼키는 것 아니겠는가? 그 어려운 환경 속에서 학업을 이으면서도 사회에 대하여 부정적인 인식을 갖고 있거나, 그릇된 사상을 품고 있는 학생은 없었다. 품행이 바르고 건전했다. 이내들 대부분이 지금 이만큼의 위치를 점하고 있다는 것도 그네들 부모나 학생 스스로가 반듯한 길을 걸어왔기 때문이라 여겨 진다.

▲ 해맑은 웃음을 담고 있는 여고 3학년. 우측 책을 들고 있는 학생이 정숙 그는 시인이 되어 시를 빚고 있다.

소위 8학군의 명문고로 이적하여 대입시와 싸우다가 교단을 떠난 지금의 회포는 내가 제자들에게 해준 것이 없어 미안한 마음뿐이다.

이런 일이 있었다. 담임에게 골탕(?)을 먹여줄 방법으로 일주

▲ 전열 중앙 필자 옆이 주혜란 학생. 그는 의협심이 남달랐다.

▲ 좌측이 최종관. 우측이 한정섭. 종관은 멋진 악사. 정섭은 수필가. 사려 깊은 수제자다. 두 제자는 스승의 날이면 꼭 만난다.

일 넘게 지각을 이어간 내 반 학생이 있었다. 그것도 1분 지각 형태였다. 이상한 생각이 들어 담임 시간 종소리와 더불어 교실로 들지 않고 화장실로 먼저 갔다. 문제의 반 아이가 화장실에서 담배를 피우고 있었다. 교실로 불러들여 교단에 세워 놓고, 그동안 줄지각을 하게 된 연유를 말하고, 반 아이들에게 사과하라고 했다. 단골 지각생의 태도는 당당했다.

"내가 지금까지 ×학년 ×반에서 공부를 할 수 있었다는 것은 한마디로 기적이다."

이것이 사과의 내용이다. 가히 설명적이었다. 순간 학생들의 시선이 담임에게로 쏠렸다. 난 좀 당황스러웠다. 아니, 순간적으로 무서운 생각이 들었다. 분위기를 반전시켜야겠는데, 대안이 서지를 않았다. 우물우물하다가,

"김군 점심시간에 교무실로 내려오너라."

이렇게 얼버무렸다.

그날 오후 시간 가락동 시장에서 야채상을 하고 있다는 학부모를 만났다. 어머니도 그렇고, 아버지도 그렇고, 자식을 포기하고 있었다. 학교에서 돌아오면 방문을 안으로 걸어 놓고 두문불출한다고 했다. 대학생인 듯한 젊은이가 이따금 찾아와서 같이 외출을 한다고 했다. 중3 때부터 그런 행동을 하더라는 것이다. 예측대로 중3 때 담임이 전교조 교사였다. 나는 그 학생에게 긴 시간 정성을 쏟지 않았다. 전교조 교사의 사상에 한 번 젖어 들면 헤어나기 어렵다는 생각이 들었기 때문이다. 자칫 엉뚱한 일이 벌어질 수 있다.

얼마 전 서울의 한 대형 빌딩 앞에서 '아수나로'라는 이름의 단체가 '시험폐지궐기집회'를 열었다. 행동대원이 100여 명인데, 이들은 주로

학교 자퇴자이거나 대안학교 출신의 20대 청소년들이었다. '국가는 국민을 즐겁게 하고, 배 불리게 먹이고, 행동의 자유를 보장해줄 의무가 있다.' 이것이 저네들의 주장이다. 내 생각은 이 정도면 우리 청소년에게 국가가 잘해 준다고 믿고 있다. 전교조 교사들의 교육사상이거나 암과 같은 의학이다.

시간이 많이 흘렀다. 모임을 주선한 총무 옆자리로 갔다. 지난해의 행사는 어떠했었느냐고 물었다. 참가졸업생의 수가 지난해보다 배로 늘었다고 했다. 그런데 은사님은 지난해의 절반 정도라 했다. 80줄의 나이가 되었으니, 와서 자리를 지켜 주기에도 힘겨운 스승이 늘어난다는 의미다. 이들은 멀지 않아 스승없는 스승의 날을 맞이하게 될 터이다. 이들에게는 후배가 없다. 대가 끊어진다. 측은한 생각이 든다. 제자 둘을 옆자리로 불렀다. 시인이 된 제자와 수필가가 된 제자다. '모실 스승이 없어지면 스승의 날 행사를 어떻게 하겠느냐'고 물었다. 정답이 나올 수가 없는 질문이다. 이 좋은 날 분위기에 맞지 않는 질문을 했다.

사회자가 폐회를 선언하고, 이별의 노래로 아일랜드의 민요 '데니 보이(아- 목동아)'를 합창했다. 서로가 헤어져서 돌아서는 마음은 애틋하기 그지없었다. 귀갓길엔 지하철을 탔다. 덜커덩 덜커덩 지하철이 우는 소리를 내며 한강 물 위를 지나간다. 마치 이승과 저승을 갈라놓는 분기점을 통과하고 있는 기분이 들었다. 서러웠다.

'초대할 스승이 없다고 하여 스승의 날 행사를 못하는 건 아니다.' 국가행사에서도 식순에 순국선열에 대한 묵념이 있듯이, 돌아가신 스승을 추모하는 내용을 식순에 넣어 스승의 날 행사를 하면 된다. 또 위패를 만들어 놓는 방법도 있다. 패를 미리 제작하여 나누어 주고, 당신들의 친필로 생년월일과 함자를 쓰게 하면 된다. 태어난 출생지까지 기록해 두면 더욱 좋다. 이 위패를 모셔놓고 스승의 날 행사를 하는 것이다. 먼 훗날 제자들이 늙어 그마저 어려우면 이 패를 어느 뜻 있는 박물관쯤에 맡기면 된다. 철없는 생각을 해 본다.

스물일곱 분의 국왕이 518년간 나라를 다스린 조선왕조 이씨들은 지금도 위패를 종묘에 모셔놓고 제례를 올린다. 숭배문화의 표본이라며, 세계가 놀라서 이것을 유네스코 문화유산으로 지정했다.

▲ 가을 소풍 기념, 왼쪽 흰옷이 필자(담임).

▲ 김명홍·박옥균·은영생 선생님이 보인다. 마지막 스승의 날 주인공은 어느 선생님이 되실까? 사진을 보면서 문득 이런 생각이 들었다.

이런 경우가 있었다. 2003년 10월이다. 충북 청원군 한국교원대에서 초등·특수학교 교장 자격 연수생 289명을 대상으로 특강을 하던 해양수산부 장관 최낙정은 "몇놈 교장·교감 된들 의미있나", "초·중·고 12년 동안 존경하는 선생님 없어……." 이런 투의 말을 했다. 남의 이야기로 들리지 않는다. 이런 소리 들을까 겁난다. 자네들이 우리에게 최고의 제자이듯, 자네들에게 우리가 참스승이 되었으면 좋겠다. 특강 중 교사들이 퇴장하자 장관은 큰절로 사죄를 했다. 아무리 생각해 봐도 해양수산부 장관이 참석할 자리는 아닌 것 같다.

수상 유감

편지 세 통을 받았다. 거기 시흥예총에서 보낸 편지가 끼어있었다. 흥분된 기분으로 개봉을 했다. 문학작품당선통보다. 기분이 좋았다. 그러나 그 기쁨은 순간적이고 이내 마음이 무거워졌다. 문학작품상의 위상이 떠올랐기 때문이다. 사실 끼리끼리 주고받는 상이 대다수 문학상이다. 그래서 수상식장 가기가 민망스러울 때가 있는 터이다. 어느 동인의 시상식장 분위기가 하도 겸연쩍고 낯 뜨거워 이를 감추느라 짐짓 힘차게 박수를 친 일도 있었다. 턱을 내지 않으면 고지된 상도 취소되는 경우를 봤다. 지금은 유명을 달리했지만 참으로 보기에 역겨웠다. 언제 어디서 시상식이 있다는 주체로부터 연락을 받고, 부부가 한복을 새로 준비를 해놨는데 무슨 사유인지 그 상이 다른 사람으로 이관되더라는 것이다. 필자의 경우도 유사한 청탁을 경험했다. 심사료에 더해서 그날의 꽃장식 비용까지 얼마를 보내 달라는 것이다. 물론 여기에 응할 수 없었다.

▲ 서울시문학상수상기념, 옆은 집사람.

군계일학이라고 했던가요. 그러기에 '시흥문학상'은 받고 싶었다. 이 상에 권위가 붙음은 두 가지 이유다. 전국공모라는 점, 그리고 응모자격에 제한을 두

▲ 수필문학 등단 기념식　　　　▲ 제2회 시흥시문학상 수상식에서

지 않는다는 사실이다. 누가 보아도 심사가 공정했으리라 믿는다. 소설 장르가 빠짐에 아쉬움은 있으나, 수필 장르의 경우는 독보적이라는 사실에 자긍심을 갖는다.

내가 받은 상의 서열이 장원은 아니다. 참방의 윗자리인 차하에 불과하나 이는 본상의 성격을 띤다. 수상작품의 제목이 그러하듯, 당선통보가 세 통의 편지 속에 끼어있었으니 3은 가히 필자에게는 인연의 숫자이기도 하다. 3의 숫자는 많은 의미를 담고 있다. 3의 도상은 삼족기(三足器)에 해당된다. 세 발이 달린 그릇은 어디에 놓아도 안정적이다. 네 발보다 우수하다. 나는 대충 미리 다듬어 놓은 내용으로 수상소감에 대신했다. 시흥시가 주최하고 한국예총시흥지부에서 주관한 시흥문학상을 그렇게 받은 것이다.

'제2회 시흥문학상 전국공모안내'가 월간문학 통권 392호 11쪽에 광고되었다. 광고의 지시대로 날짜를 맞추어 4편을 응모했다. 그 중 「數字와 運命」이란 작품이 선정되었다. 딴에는 공들여 쓴 작품이었던지라 장원이 되기를 기대했는데 은상(銀賞)에 머물러 성에 차지 않았다.

그런데 시상식 당일 『文學賞 作品集』을 보고 아연실색 크게 놀랐다.

세 사람의 수필을 꼽았는데 이 중 수필작가는 한 사람뿐이고 두 사람은 시인이었다. 어이가 없었다. 운문 쪽도 사정은 같았다. 그쪽을 보았더니, 여기에도 부정선수가 끼어있었다. 시인 세 사람에 1명의 수필작가가 끼어 있었다. 엄밀한 의미에서 축구선수 틈에 야구선수가 한 명 끼어있는 격이었다. 차라리 피식 속으로 웃었다. 물론 주최 측의 안이한 생각이 불러온 실수였겠으나 스스로가 상의해서 자리를 옮겨 앉았어야 했다. 어찌 남의 장르를 넘보며 곡학아세(曲學阿世)하였다는 말인가? 난세일수록 반듯하게 처신할 줄 아는 것이 문사의 도리다.

어느 권위 있는 문학잡지의 경우다. 수필장르의 월평을 시인이 하는 것을 보았다. 별꼴이지요. 탁구코치가 축구 지도하는 난센스 격 아닌가요. 같은 감이로되 곶감은 곶감대로 감은 감대로 서로 독특한 단맛이 있는 법이다.

서울 강남구에서는 해마다 주부백일장을 개최하고 있다. 꽤 오랜 역사를 갖고 있는바, 시와 수필 두 장르에 수백 명의 예비 문사들이 모여 글 내기를 하는 참으로 아름다운 문화행사다. 심사위원으로 위촉되어 산문부문 당선작을 꼽은 일이 있었는데, 참으로 망신스러운 경우를 당했다. 운문을 심사하는 쪽에서 산문을 지적하며 귤이다 탱자다 하는지라 어이가 없었다. 30년 가까이 백일장에 참관하여 학생들의 작품을 선별하는 대열에 서서 보았지만 장르 침해를 당하기는 처음이었다. 아하! 수필은 아무나 먹는 개떡이구나, 이런 생각이 들었다. 어렵사리 작품을 가려 뽑아 서열을 정해 놓긴 하였지만 심사평을 쓸 기분이 나지 않았다. 딱히 내세울 작품도 없었거니와 규정을 무시한 글이 많았기 때문이다. 원고지 정서법을 전혀 모르고 있는 경우가 태반이었다.

김동리·안수길·박영준·최정희·손소희·유주현 교수님께서 소설을,

서정주·김구용·김현승·이영도 교수님께는 시를 공부했다. 그분들의 작가정신은 높았고 문학 강의는 매우 까다로웠다. 어색한 문장이 눈에 띄는 작품은 읽어주기를 거부하셨다. 김동리 교수님께서는 포개놓은 습작원고의 높이가 앉은키에 버금가야 한다고 했다. 이분들의 교훈이 자꾸만 되살아나서 심사 소감이 씌어 지지 않았다.

나의 작품이 시흥문학상에서 장원이 되지 못한 이유를 알았다. 4편 모두 25매가 넘는 분량이니 차하로 뽑아준 것만도 다행이란 생각으로 감사를 드린다. 세 분 심사위원의 총평 중에 200자 원고용지 12~15매 분량을 기준으로 삼는다는 원칙이 있었음을 확인했기 때문이다.

이제는 수필 장르를 아무나 넘보지 못하도록 착실하게 지켜나갈 것이다.

이 해의 소망이자 다짐이다.

(月刊文學, 2002. 4)

국회, '국민의 시 낭송의 밤' 유감

365일 바람이 이는 곳이 있다. 여의도라는 섬이다. 강바람이 불어와 그렇고, 의사당 선량들이 만들어 그렇다. 소망에 소망을 보태 보지만 결과는 언제나 노여움의 세월이다. 이걸 보다 못한 권(權) 아무개라는 시인이 있어 인정의 씨앗을 밭 갈듯이 뿌려놓고 수확의 계절을 만끽해 보고자 이름하여 '국회시 낭송의 밤'이라 방 붙이고, 여러 해 공을 들이고 있다.

대한민국국회와 한국문화원연합회가 주최하고, 문화관광부·한국예총·한국문인협회·국제펜클럽한국본부가 후원한 문화행사를 국회도서

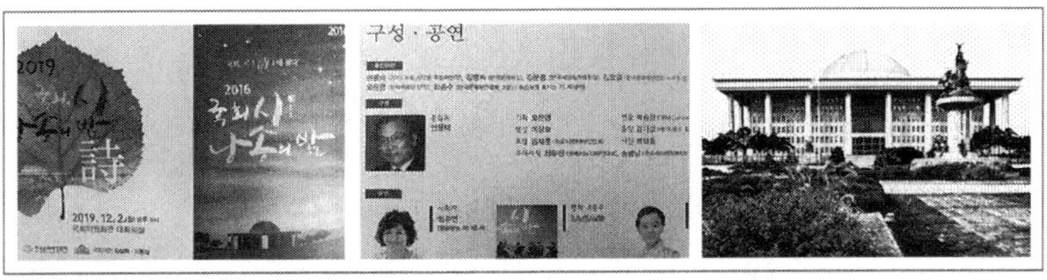

▲ 권용태 시인은 시 낭송의 전도사다. 정서를 살찌게 하는 힘의 장사가 시 낭송이라고 역설한다. 2003년 봄이다. 국회의장이 공감하고 민의의 전당이 호응했다. 권 시인이 한국문화원연합회 회장으로 재직하고 있을 때다. 「국회 시 낭송의 밤」은 그렇게 태동이 되고, 이 해로 18번째를 맞는다. 국회가 시정에 정화되고, 국민 정서가 시심에 젖어 인간 본연의 모습으로 되돌아갈 날을 기대해 본다.

▲ '국회 시 낭송이 밤' 팸플릿이다.

▲ 섭외, 구성, 공연 모두가 권용태 시인의 기획으로 '국회 시 낭송의 밤' 행사가 치루어 진다.

관 대강당에서 갖는다. '국민 문학의 밤'이다.

1962년 문화진흥법에 의하여 설립된 '지방문화원'은 2016년 현재 전국 234개의 자치단체 중 228개에 이른다. 이 단체를 통합 관리하는 부서가 '한국문화원연합회'다.

지방의 향토문화를 발굴·육성·보존하며, 민족문화의 국제적인 교류와 창달에 기여함을 목적으로 설립된 이 기구는 그간 이 땅의 문화발전에 기여한 바가 크다. 이들은 묵묵히 소임을 다할 뿐으로 누구에게도 얼굴을 드러내지 않는다. 이런 분들이 민족의 정서를 한 끈으로 묶어 보자고 국회의 선비 의원과 시단을 이끌어 온 원로시인에게 청을 넣어 '국민의 시 낭송의 밤'이라는 문화잔치를 국회에서 베푸는 것이다. 실로 반세기 만에 들어보는 '문학의 밤' 행사였다. 벅찬 맘으로 낭송 행사에 참여했다. 우리들 시절 '문학의 밤' 행사는 문학도들의 연례잔치였다.

국회의원 9분과 원로시인 6분 그 외 10여 분을 무대의 주인공으로 모신 이날의 잔치는 장장 120분간 이어졌다. 전국에서 모인 문화원 가족과 문인들이 모인 이날의 행사는 알찬 국가적인 행사였다. 참으로 아름답고 즐거운 120분간의 시간이었다. 행복했다.

팔순 원로 황금찬 시인이 맨 먼저 단상에 올랐다. 카랑카랑한 목소리로 「등대지기」를 읊었다.

> -밤이면 등대의 불을 밝히고 / 비가 오는 낮
> 안개 덮인 때 / 긴 고동을 울리며
> 배들이 무사히 / 귀향하기를 마음으로 빈다-

그리고 노령의 김남조 시인 역시 자작시 「사랑과 동참으로」를 낭송했다.

▲ 강남문인협회 행사모습이다.
▲ 전열 좌에서 두 번째가 이근배 시인이다. 대한민국학술원 회원이다. 회장의 중책을 갖고 있다.

-시대의 불행이 지평에까지 /줄지어 닿았다 한들
우리의 시력은/더 다른 좋은 것을 함께 보느니-

여기까지의 분위기는 옛날 문학의 밤 분위기가 감돌았다. 참 좋았다.

한데, 야당의 한 의원의 행동이 경망스러웠다. 난장의 정치 연설장으로 착각을 했는가. 나이 새파랗게 젊은 이 의원은 자기의 시도 아닌 남의 시 「오리는 백조를 부러워하지 않습니다」를 들고 단상에 오르더니 시는 낭송하지 않고, 지나간 정권 시절 “이 몸이 어쩌구 저쩌구”하며 운동권 행동을 재연하는 것이었다. 자기 버릇 개 못 준다고 꼭 그 모습으로 시간을 축냈다. 급기야 사회가 찬물 뿌리지 말라는 취지의 충고를 보내기에 이르렀다.

지난해의 이날 이 시각, 이곳에서 베푼 ‘제1회 국민의 시 낭송의 밤’에서와 사뭇 다른 분위기어서 모두들 언짢아했다.

“부디 오늘 이 시간만은 미움도, 원망도, 지역도, 당파도, 그리고 세속의 모든 고뇌도 다 벗어놓고, 그저 시심 속에만 깊이 묻혀 아름다운 가을 밤을 만끽하시자고, 국회의장이 격려사에서 신신당부했건만 허사였다.

이 잔치를 주관한 문화원연합회 회장은, "국회의원들께서 소속정당을 초월하여 원로시인 및 국민들과 한데 어우러져 시심을 나누는 이 밤이, 모든 국민들에게 꿈과 희망을 주는 뜻 깊은 시간이라 여겨져 더욱 아름답게 빛나리라 생각됩니다."라고, 모두에게 인사말을 올렸었다.

지역 문화원 원장이자 시인 조규영은 자작시 「파라호」에서,

-허리에 맨 띠치고는/가장 아픈 허리띠 휴전선-

이라며, 남북 분단의 아픔을 절규했고, 심재덕 의원은 천상병 시인이 좋다며, 그의 시 「귀천」을 읊었다.

-나 하늘로 돌아가리라/아름다운 이 세상 소풍 끝내는 날
가서 아름다웠더라고 말하리라-

낭송자의 다소곳한 몸가짐과 차분한 음성은 시심을 유발하기에 충분했고, 그리하여 시 「귀천」은 더욱 듣는 이의 가슴을 아리게 했다.

박찬숙 의원은 김남조의 시 「이십세기」를 품고 나와, 오랜만에 만난 남다른 인연의 은사 앞에서 응석이라도 부리듯 특유의 톤으로 낭송의 진수를 보였다.

-나는 이십세기를 사랑한다/결혼처럼 운명적으로 만나/
삶이라는 교육이 시작되었고/전쟁과 죽음의 홍역 밭에서/
순열한 연모와 삶의 존귀를 일깨웠다-

그런가 하면 성기조 국제펜클럽한국본부 이사장은 「꽃밭」을 읊었다.

-종일토록 구름이 흐르다가/코스모스 큰 대궁에 걸려/
마른 잎과 속삭인다-

그리고 '국민의시공모작품대상수상자' 이근자는 혼신을 다하여 수상시「선창」을 낭송하여 장내의 분위기를 이상향으로 몰입케 했다.

-사투리에 갯펄이 묻혀 있다/가서는 돌아올 수 없는/
바람이 떼 지어 잠들고 있다-

한국문화원연합회 회장 권용태 시인은 자작시「여의도 관찰」에 화두를 담아 이렇게 읊었다.

-한 해의 끝자락을 붙들고/처음 만났던 때의
설레임으로 빛났던/여의도의 바람은/한 곳에 머물기만 했네-

나는 이날 뜻하지 않게도, 수십 년 전에 안면을 익혔던 '四物 놀이'의 원조 이광수 상쇠를 이곳에서 만났다. 농악에 같이 미쳐서 사는 사람이니 얼마나 반가웠겠는가?

'일물일어설'이란 말이 있다. 하나의 사물을 표현함에 가장 알맞은 말은 하나밖에 없다는 뜻이다. '막말'이 참말이 되어버린 여의도 국회의사당, 그러나 이날의 의사당 넓은 뜰엔 함양미달인 그 젊은 국회의원의 운동권 몸짓을 빼고는 가슴 훈훈한 문학의 밤이었다.

좀 다른 이야기 하나를 추가하고 싶다. 성당의 장례미사 시간인데, 고인의 친구가 고인에게 바치는 고별사를 장장 20분이 넘게 대한민국을 저주하는 독설을 토해낸 일이 있었다. 명복을 비는 고별사가 아니라 꼭 전교조쯤의 정견 발표장 같았다. 잘못 배웠으면 잘 배운 자의 행실을 본떠 잘 배우면 될 터인즉, 당신도 잘못 배운 자가 되자고 절규하니 어디 어울리겠는가? 장례를 집전하는 신부님도, 고인을 추모하는 문상객도 이를 참느라 하나같이 젖 먹던 힘을 소진해야 했다.

신부님 곁에서 성수 봉사를 하는 나는 미사가 끝난 뒤에 '장례미사에 이런 일이 벌어질 줄은 차마 몰랐습니다.' 신부님께 대신 사과를 했다. 누울 자리와 앉을 자리를 가리지 못하는 철부지는 어디에나 있게 마련인가 보다.

〈(조선일보, 2004.11. 24), 퇴고하여 한국창작문학, 2016 여름호에 게재〉

'글방팔당호반' 방문기

지혜로운 사람은 물을 좋아하고, 어진 사람은 산을 좋아하며, 지혜로운 사람은 동적이고 어진사람은 정적이며, 지혜로운 사람은 즐기며 살고 어진 사람은 장수한다고 하였습니다.

지혜로운 사람은 사리에 통달하여 두루 막힘이 없는 것이 물을 닮았기 때문에 물을 좋아하고, 어진 사람은 중후하게 의리를 지켜 움직이지 않음이 산을 닮았기 때문에 산을 좋아한다고 했습니다.

산을 남달리 좋아했던 노산 이은상님은 '태백산'을 읊어,

"목단봉 어여쁠사 반기어드니
자단향 풍겨나는 태백산인데
황지로 공연으로 넘치는 물이
흘러서 낙동강을 이루다하네"라고 감탄하였습니다.

강원도 태백시 황지의 물은 남쪽으로 흘러들어 영남의 젖줄인 낙동강을 만들고, 금대봉 정상에 둘레 60cm, 깊이 20cm, 하루 용출량 3t, 연중 섭씨 9도 안팎, 작은 옹달샘 하나, 이름하여 '검용소', 이 물구덩이에서 솟는 물이 정도 600년 서울의 젖줄 한강을 만들고 있는 것입니다.

우리들의 건국 전설에, 국조 단군은 1천 500년을 치국하시다가 산신이 되어 이 땅을 수호하신다고 합니다.

지금 우리들이 머무르고 있는 이곳의 행정구역 명칭은 '退村'입니

다. 퇴의 훈을 속칭 '물러가다'로 풀이합니다. 그러나 이곳 퇴촌의 뜻은 그게 아닙니다. '겸양함을 아는 마을이오.' , '모순을 바로 잡고, 옳지 않음을 물리친다.'는 뜻을 담고 있는 마을이라는 것입니다.

두 물줄기가 모여 하나로 흐르는 한강물을 크게 보듬고 쉬어가라는 너그러운 팔당호를 곁에 두고. 이름도 정겨운 黔丹山 정기를 한 몸에 담은 이곳 퇴촌 마을은 천혜의 명당인 것입니다.

▲ 망중한의 시간, 이름을 대면 담박 알 수 있는 저명인사들이다.

언제부터인가 혼탁해진 이 나라 문단을 정화시키고, 사회로부터 추앙을 받는 문인 세계를 만들고자 주창하던 동문 권용태 시인이 이곳 명당 퇴촌에 아담한 二층 단독주택 '글방팔당호반'을 마련하였습디다. 二층 거실에 올라 밖을 내다보았습니다. 팔당호수가 노을을 담아 안고 일렁이고 있었습니다. 몸과 마음도 호수를 닮아 출렁이기 시작했습니다.

▲ 二층 거실에 올라 밖을 내다보았습니다. 팔당호수가 노을을 담아 안고 일렁이고 있었다.

1940년대, 동대문구의 충신동 월탄 박종화 댁에는 많은 문사들이 모여 문학 이야기를 나누고, 철학을 이야기하고, 인생을 논하며 한국문학의 새 장을 열었듯이, 분명 이곳 '글방팔당호반'을 기점으로, 태백시 황지의 물이 낙동강을 만들고, 금대봉 정상의 작은 '용소'가 한강의 발원지가 되듯이, 21기를 이끌어 갈 새로운 문예사조가 이 터에서 탄생되리라 믿어 의심치 않습니다.

문단정화라는 무거운 수례의 멍에가 권 시인의 어깨를 기다리고 있다는 엄연한 사실을 잊지 말아 달라는 부탁을 드리며, 초청의 답례사로 대신하였습니다.

〈중대 사화집, 2014. 11. 6 (2011. 3. 2작)〉

졸보기로 본 필화

소설 『갯마을』의 오영수 작가는 필화를 입고, 병이 더치어 세상을 떴다.

이중환(李重煥)이 본인의 저서 『택리지(擇里志)』에서 말하되,

'우리나라 8도 가운데 평안도 인심은 순후(醇厚)하여서 제일이오, 다음은 질실(質實)한 경상도 풍속이다. 함경도는 오랑캐와 접경하여 백성이 모두 굳세고 사나우며, 황해도는 산수가 험악한 까닭으로 백성들이 거개가 사납고 모질고, 강원도는 산골짜기 백성으로 몹시 불손하고, 전라도는 오로지 교활함을 숭상하여 그런 일에 움직이기 쉽다. 경기도는 도성(都城)밖의 야읍(野邑)은 백성의 재물이 시들어 쇠하였고, 충청도는 오로지 세도와 재리(財利)에만 따른다. 이것이 팔도 인심의 대략이다.' 하였다.

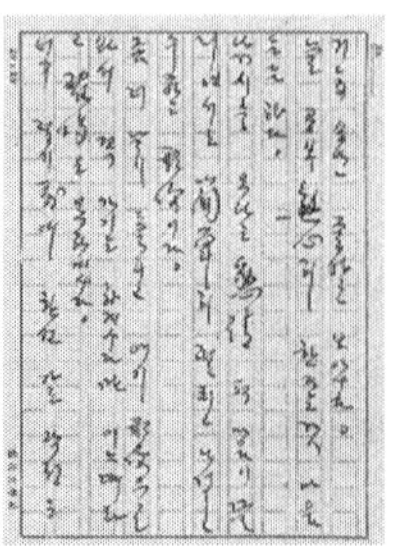

▲ 오영수 육필 편지　▲ 소설 속의 문장만큼 그의 외모는 단아했다.
▲ 울주군 언양읍 송대리 소재

이 택리지 내용을 인용하여 「특질고」란 제목으로 글을 써서 『문학사상』 지에 게재하였는데, 이것이 필화의 원인이 되었다.

8도 중에서 유독 전라도가 들고 일어난 것이다. 문단이 시끌시끌 하자 오영수는 곧바로 본의 아니게 문단에 피해를 끼쳤다며 사과문을 발표했다. 그러나 문제를 삼은 전라도 쪽에서 오영수를 용서할 수 없다며 제명을 요구했고, '문협'도 이를 수용했다. 그러자 마음씨 약한 오영수는 낙향하여 두문불출하다가 심해지는 병발을 견디지 못하고 사건 5개월 만에 이 세상과 결별하기에 이른다. 어제나 오늘이나 그쪽 사람 생각할 때면 같은 국민 맞는가, 이런 생각 들 때가 있다. 필자의 이 표현이 또한 문제가 될지 모르겠다. 오래 전의 일이다.

필자는 「선비들의 글잔치」란 제목으로 『사학연금』지에 오영수의 잘못에 비하면 열 배는 큰 죄에 해당하는 내용의 글을 실었다.

지난 연말, 대한민국국회와 전국문화원연합회가 주최한 '국민의 詩 낭송의 밤' 행사가 국회의사당 도서관에서 있었다. 천상병(千祥炳)의 자작시 「귀천」을 미망인 목순옥(睦順玉) 여사가 대독하였다. 낭독이 계속되는 내내 가슴이 찡했다. 돌아와서 두 부부의 이야기를 썼다. 시의 내용이 어쩌고 하는 내용도 담겨 있었다. 이건 분명 외설이다.

천 시인에게 목돈이 생겼다. 60만원이었다. 거금에 해당된다. 궁리 끝에 부엌 아궁이 속에 숨겨두기로 했다. 그날따라 날씨가 몹시 추웠다. 아궁이에 불을 지폈다. 지폐 60만원도 함께 타버렸다. 처음이자 마지막이 된 거금 60만원, 두 분은 그저 이 돈 60만원을 만져본 것만으로 족했다. 두 분을 두고 이런 일화가 회자된다. 필자가 기고한 「선비들의 글잔치」 내용이다.

세세히 캐어 봤더니 글의 내용이 엉터리였다. 돌아가신 천 시인에게 큰 죄를 졌다.

긴 비가 내린 뒷날의 늦은 오후 시간 필자는 집사람과 함께 문제의 글이 담긴 「사학연금」지를 소지하고 목 여사를 만나러 인사동에 있는 카페 '歸天'에 들렀다. '歸天'은 '수도약국'을 사이에 두고, 아래위로 벌려 양쪽에 있었다.

나는 그 자리에서 목 여사로부터 직접 화폐 사건을 전해 들었다. 화폐 사건의 전모는 내가 아는 것과는 생판 달랐다. 『사학연금』지에 올린 일화가 엉터리였음이 확인된 것이다.

액수부터 틀렸다. 60만원이 아니라 800만원이었다. 급료가 아니라 부조금이었다. 장작불이 불살라 버린 것이 아니라, 19공 연탄이 녹여서 없앤 것이다. 평생을 초등학생으로 살다가 간 남편의 부조금이 그렇게 많으리라고는 생각지 못했단다. 시인 천상병의 장례에 왔던 지인들이 놓고 간 부조금이 800만원이었는 데, 그걸 보관할 곳이 없었다. 궁하면 통한다고 장모(趙成大, 당시 81세)께서 고심 끝에 부엌의 연탄불 아궁이가 적격이라 생각하여 죽은 재를 들어내고, 그 바닥에 부조금을 차곡차곡 깔았다. 그리고 다시 죽은 재로 덮어두었다. 날씨가 쌀쌀했다. 노모를 찬방에 누이기 싫어 딸이 새 연탄에 불을 지펴 넣었다. 그리하여 밤이 새도록 화기에 시달린 지폐는 한줌 재 덩이가 되고 말았다. 아내와 장모가 합작으로 재물을 내치는 실수를 저지르고 말았다. 재 덩이를 싸안고 은행으로 갔다. 6시간여 감정 끝에 400만원을 교환받았다. 부조금의 절반을 건진 셈이다.

천 시인은 살아생전에 장모님을 끔찍이 위했단다. 천 시인은 늘 장모님의 장례비 걱정을 입버릇으로 했단다. 그는 입버릇대로 장모님의 장례비를 남겨놓고 간 것이다. 절반을 은행에서 보상받을 수 있었던 것도 남편의 영덕이라고 목 여사는 그렇게 믿고 있는 터였다.

목 여사는 체구가 그리 크지 못하다. 그러나 그의 담력은 누구나 따를 수 없다. 카페 '歸天'을 지켜 수십 년, 그것이 미망인이 된 목 여사의 생계수단이었다.

그는 '천상병문학상'을 제정하여 5회를 시상했다. 물론 모든 경비는 손수 마련했다.

긴 세월 시인 내외가 거주하던 의정부 장안동의 초가 3간 보금자리는 자연의 풍화를 이기지 못하고 흔적도 없이 사라졌다. 이를 애석하게 여긴 독자가 있어 문짝과 지붕을 외딴 섬 안면도로 온전히 옮겨 원상대로 지어 보존한다고 하니 다행이다.

이 해로 95세인 친정어머니 조성대님을 모시고 목 여사는 의정부시 호원동 단독주택에서 사신다. 노모는 매일 아침 카페 '歸天'을 지키러

▲ 목 여사는 남편의 시심을 지켰다.

▲ 귀천에는 늘 시인묵객이 붐빈다.

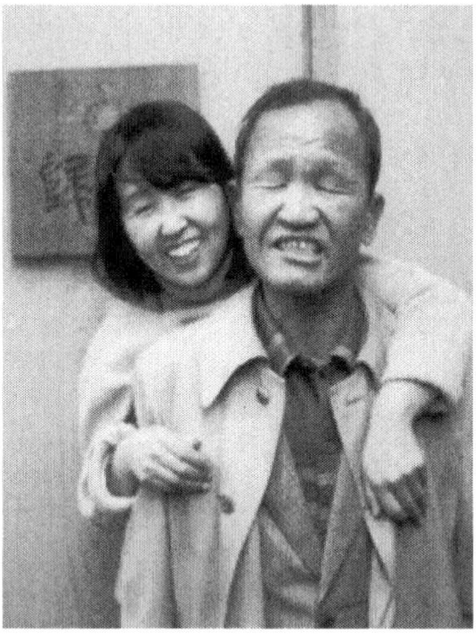

▲ 그들은 그렇게 서로 의지하며 살았다.
▲ 천상병 시인의 시집, 「귀천」에 들리던 날 목 여사님께 선물로 받았다.

집을 나서는 딸의 등 뒤에서 조심조심 다녀오라고 손을 흔들어 주신다.

나는 목 여사의 사연이 담긴 천상병의 시집 『요놈 요놈, 요 이쁜 놈』 한 권을 선물받고 흘가분한 마음으로 '귀천'을 나왔다.

이종환의 『택리지』는 전통시대의 유일한 구비전설집으로 가장 오래되고 신뢰할 만한 고전이기에 인용할 만한 가치가 충분하다고 보았다.

소설가 오영수의 후예 한 분과 통화를 했다.

봄이 오면 그분의 무덤가에 잔디가 돋느냐고 물어보았다.

목 여사는 필자의 경솔함을 탓하지 않았다.

(펜문학 2004, 가을 72호)

아주 천천히 행복해지는 길

57학번이 엊그제 신인문학상을 받았다. 소설부문이다. 한국문단 초유의 일일 터이다. 권위가 인정되는 월간 『문학저널』이 내린 상이다.

김동리 영감님 밑에서 소설 공부를 했다. 영감님 하고의 약속 때문이었다.

그분이 세상을 뜨실 때였다. 가족들만 모여 임종을 기다리는 급박할 즈음이다. 문상을 갔다. 대화는 전연 불가했다. 나는, 옆에서 병수발하는 아들이 시키는 대로, 크게 3번 관등성명을 외쳤다. 영감님의 얼굴에 시선을 멈춘 채 옆에 서 있던 아들이 나를 보며 아버지가 응답을 하셨다고 했다.

가실 무렵 영감님은 내 학교와 지근거리에 살고 계셨다. 영감님을 학교에 모셔놓고 문학의 밤 행사를 한지 얼마 안 되었기에 나를 쉽게 알아보신 모양이었다. 나는 그날 영감님 앞에서 늦었지만 다시 소설을 써 보겠다고 다짐했다.

재학시절이었다. 초회추천받은 동기가 추천완료 작품을 써서 영감님께 올렸나보다.

"추천완료 작품이라며 나에게 보내왔는데, 문단만 ××게 만든다며 거절했다."

영감님은 느닷없이 이런 말씀을 내게 하셨다.

지금도 그 식당이 그대로 있는지 모르겠다. 대학본부에서 빤한 거리,

그러니까 본부의 동북쪽에 있는 사잇문이다. 맛있는 칼국수 집이 있었다. 그 집으로 식사하러 가는 길에 그렇게 말씀하신 거다. 나는 그 말을 나에게 하는 것으로 여겼다. 그날 점심값은 영감님이 지불하셨다. 빚이라면 빚인데 갚지 못했다.

'저놈이 가로늦게 학업을 더 이어보자고 나를 찾아 왔는데 필시 작품을 보내올 것이다.' 이런 경고 같았다. 영감님이 무서웠다. 실례된 표현으로 걸이나 모를 문단에 등용시키는 요즘의 분위기를 그때 예견을 하셨나 보다. 영감님에게 추천받아 볼 생각을 그때 접었다.

『문학저널』 제위님께 감사드린다. 졸저를 추천시켜 주신 보답으로 열심히 써 보련다.

느림보를 소설 장르라는 장거리 경주의 출발 선상에 등판시켜준 [문학저널] 제위께 드리는 신인문학상 당선 소감을 이렇게 썼다. 건방지게 보일까봐 맘 조인다.

L 심사위원장님의 심사평을 떨리는 맘으로 읽었다.

-『지렁이 놀랄까봐 밭 못가는 농부』는 재미있는 작품이다. 지렁이를 모티브로 삼아 인간의 삶을 천착한 안목과 지혜가 돋보인다. ~생략~ 자연과 생명에 대한 특별한 애정까지 잘 아우름으로써 기꺼이 당선작으로 결정했다.- 이렇게 평했다. 일반적인 심사평의 경지를 넘어서지 아니했다. 가슴에 와 닿는 내용이 하나 있었다. '천착한 안목'이란 대목은 과분한 칭찬이고, '~특별한 애정'이란 지적은 자물통의 열쇠였다. 대학 졸업 후 소설을 지면에 발표하지 않은 건 아니다. 그러나 작품이 졸렬했다.

나는 자연을 사랑하는 축에 낀다고 생각할 때가 있다. 날짐승에 대한 애정, 물속에 사는 고기, 그리고 특히 나이 든 자연 그대로의 자연을 사랑한다. '풍경은 기억하고, 흔적은 간수하자' 어느 수필의 제목이다. 이것이 나의 자연관이다.

많은 평자가 욕심내어 서평을 쓸 수 있는 소설을 쓰고 싶다. 그 방법을 찾으러 경남 창녕 우포늪으로 갔다. 서울에선 청명한 날씨였는데, 목적지와 한참 먼 거리에서부터 비가 내렸다. 차내의 뉴스에서 장맛비라고 했다. 나는 긴장을 풀지 못한 상태인데, 버스는 그대로 빗속을 취한 듯 질주했다. 그렇게 4시간을 훨씬 넘기고서야 종착 터미널에 닿았다. 마산역이다. 나의 이 욕심은 어찌 보면 뜬구름 잡기다.

안내자 조정호(전국협의회) 회장이 미리 와 기다리고 있었다. 조 회장과의 친분은 국사편찬위원회의 연으로 해서다. 15년 가까이 호흡을 맞

▲ 우포늪의 하루는 시작과 끝이 다르다. 동물은 동물끼리, 식물은 저네끼리 약육강식의 치열한 질서가 있다. 그 아픔을 인간이 모르고 지낼 수 있음은 참으로 다행한 일이다. 좌측 우의 착용의 필자(2021. 7. ○○○)

▲ 복원사업을 통해 방사한 따오기가 국내에서는 42년 만에 처음으로 야생 번식에 성공하여 관계자들을 환호하게 했다. ▲ 멸종위기 팔색조.
▲ 가족애가 남달리 강한 물꿩 가족, 어미새가 경계의 눈초리로 전방을 응시하고 있다.

춘 분이다. 내가 서울시지회장이 되고부터는 서로 의론할 일이 부쩍 많아진 사이가 되었다. 조 회장은 이곳 지역의 터줏대감이다. 시청 총무과장을 지낸 분이기에 지역 사정에 대해선 복덕방이다. '60년 만에 다시 와보는 마산이라'고 했더니, 그 옛날에 여기는 왜 왔었느냐고 묻는다.

육군군의학교가 이곳에 있었다. 의무병과이기에 후방기 교육을 이곳 마산에서 받았다. 조 회장은 자기도 의무병이고 같은 곳에서 교육을 받았다고 했다. 그와 나는 닮은 데가 많았다. 그는 우의와 장화를 들고 있다가 나에게 건너 주면서 다짜고짜 착용하라고 했다. 나는 어리둥절했다. 옛날 생각이 났다. 우중에 논물보기 행차 같았다. 장마가 길게 이어지면 밤중에라도 논두렁을 살펴야 했다. 두터운 우의에 긴 장화를 받혀 신고, 밀짚모자를 눌러쓰고, 삽을 어깨에 메고 분주히 사립문을 나서는 일꾼의 모습이 떠오르는 것이다.

조 회장이 손수 모는 차를 타고 1시간 가까이 빗길을 달렸다. 나는 그저 마음이 조마조마했다. 내비게이션께서 빗길에 서행하라는 지시를 여러 번 했다. 고행 끝에 닿은 우포늪 관리사업소, 늦은 오후였다. 서로 명함을 주고받으며 수인사를 했다. 상대는 흔히 부르는 팀장이다. 노씨 성에 경영학박사이며, 생태춤 창시자라고 적혀 있었다. 시간에 쫓기는 몸이라 머리에 인식시켜 둔 그대로 요약해서 이곳 방문의 이유를 고했다. 1년간 머물 곳을 물색하러 왔다고 했다. 조 회장이 옆에서 거들었다. 이러이러한 사람이라고…….

팀장은 내 명함의 뒷면을 다시 살피는 터였다. 나는 조심스럽게 조건을 제시했다. 선 순위는 자취이고, 후 순위는 하숙이라고 했다. 작업 기간은 최소 1년이고, 작업의 주제까지 차분히 이야기했다. 특히 늪(沼)이 훤히 내려다보이는 곳이면 좋겠다고 했다. 노 팀장께서 숙연하게 경청

▲ 우포늪의 그루밍 하는 삵(살쾡이), 환경부 보호종 멸종위기 2급이면서 우리나라 최상위 포식자다.

▲ 생태계 파괴자 괴물쥐 뉴트리아, 설치목 포유류, 늪너구리라고도 한다. 아르헨티나, 칠레 등 주로 남아메리카 지역에 분포한다.

▲ 수리부엉이 올빼미과의 조류. 천연기념물 제324-2호이다. 어두워지면 활동을 시작하여 새벽해 뜰 무렵까지 활동한다. 쉴 때는 곧게 선 자세로 날개를 접고 나뭇가지나 바위에 앉아 있다.

▲ 우포늪의 봄과 여름과 가을 그리고 겨울

을 하시더니 늪 주변 마을의 몇 군데 이장 댁에 전화를 넣었다. 응하는 이장이 있었다. 팀장이 시키는 대로 인적을 기록했다. '따오기품은세진마을' 이장이고 성(成)씨 성을 가진 여자분이었다. 밤 9시 이후면 통화가 가능하다고 했다. '따오기품은세진마을'은 늪 관리사업소 입구 초입에 위치했다.

일단 우포늪부터 살펴봐야 할 시간이다. 조 회장이 앞장서고 나는 뒤를 따랐다. 비가 계속 내렸다. 장마이니 쉬 멎을 리가 없다. 카메라 셔터처리가 어려울 지경이었다. 제1전망대를 지나 제2관찰대에 올랐다. 빗줄기가 시야를 가려 관찰이 제한적이었다. 우포늪! 이를 소재로 소설을 써본다고 생각하니 가슴이 뛰었다.

오래전 유럽기행을 여러 날 한 적이 있다. 스위스의 어느 마을 풍경이 지금도 눈에 선하다. 지구의 일부가 함몰된 듯, 움푹 패인 곳에 물이 듬뿍 고여 있었다. 천혜의 호수라고 표현해야 할까? 문장으론 감정의 전달이 불가능했다. 높은 산들이 서로 어깨를 맞대고, 호수의 물이 넘쳐나지 못하게 지키고 있었다. 우포늪의 모습이 이와 약간 닮은 데가 있다는 느낌이 들었다. 그런데 그 호수 주변의 집들이 하나같이 평지를 벗어난 산의 중턱 높이 이상에 있었다. 높이 올라가 앉은 집일수록 고급주택이라고 했다.

그 아름다운 호수를 보며 내 생각은 엉뚱한 쪽으로 기울고 있었다. 저 많은 민가에서 배출되는 오물을 안아 담고도 어찌하여 이 호수의 물은 청정할 수가 있을까 하는 수수께끼를 푸는 일이었다. 고여 있는 물은 썩는다. 이는 자연의 진리다. 호수의 물은 면경지수였다. 그 바닥은 흐르는 시냇물 속을 보는 듯 깨끗했다. 눈 앞에 펼쳐진 우포늪과 스위스의 그 호수가 자구만 O.L(Overlap)되었다.

빗줄기의 위력에 쫓긴 두 사람은 우포늪을 등지고, 식당을 찾아 시내 쪽으로 차를 몰았다. 이제 볼거리를 찾아 나선 관광객과는 사뭇 다른 행색이 되어버렸다. 길가집 식당에 손님이 있어 빗물을 털면서 들어갔다. 중국식당이었다. 자장면 아니면 우동을 시켜야 했다. 조 회장은 자

장면을 먹었으면 하는 눈치였다. 나는 잠깐 머뭇거리다가 우동이 어떠냐고 물었다. 다 먹고 나자 조 회장은 "중국집에 오면 자장면을 먹어야 한다."고 말했다. 미안했다.

둘은 빗길을 뚫고 예약해 둔 '우포늪하얀펜션'으로 갔다. 방바닥에 온기가 있어 좋았다. 9시 좀 넘어 '따오기품은세진마을' 이장에게 전화를 넣었다. 폰으로 전달되는 목소리는 퍽 친절했다. 내일 아침까지 비가 그치지 않으면 서울로 그냥 올라가겠다고 했다. 그는 좋은 공간을 물색해 보겠다고 했다.

창녕군 사람들의 심성은 우포늪을 닮아 언제나 변함없을 것이란 생각이 들었다.

우포늪의 나이는 1억 4천만 년이라 했다.

(강남문학 25호, 2019)

제3부 곡식 머리 숙이기

- 수난의 伐採記
- 내가 버린 고향은 눈물에 젖고,
  나를 버린 고향은 가슴에 젖는다
- 서울놀이마당
- 겨울 까치
- 未堂 선생과 목탁과 순덕이
- 용사 우용암(禹龍岩)군 만세
- 흩어지면 살고, 모이면 죽는 사람들
- 백운산장

수난의 伐採記

나찌스 정권의 상징인 히틀러가 거수경례를 할 때 그가 엄지손가락을 코밑 털로 가져가는 것은 그 털 속에 모발충(毛髮蟲)이 있어 가려움을 잊어보자는 것이라고 했다. '허- 허-' 한 번 웃자고 하는 소리가 아니다. 충분히 가능성이 있는 이야기다. 그는 콧수염이 남달리 많았다. 그것도 서로 얽힌 모양이 기형적이어서 혐오스럽기까지 하다. 선천적으로 곱슬곱슬한 털이 나무의 잔뿌리처럼 서로 엉킨 채 풍성한 숲을 이루고 있어 모발충이 서식하기엔 딱 알맞은 환경 조건이었다.

히틀러는 치과의사를 가장 무서워했단다. 충치에 많이 시달렸던 모양이다.

그건 그렇고, 나야말로 몸의 가장 깊숙한 그곳의 거웃이 시도 때도 없이 가려워 곤욕을 치른 적이 있었다.

하루는 옷을 훌러덩 까 내리고 앉아서 거시기를 요리조리 눕혀가며 털 손질을 해봤다. 요놈의 거웃도 히틀러의 코밑 털을 닮아 숱이 좀 많은 데다가 서로 엉켜붙어서 헤집기가 그리 용이하지 않았다. 그런데 이게 웬 일인가요. 놀랍게도 거웃 이곳저곳에 깨알만 한 모발충이 착! 착! 달라붙어 살을 후벼 파고 있는 것이었다. 놈을 보는 순간 내 몸 전신에 닭살이 쫙 돋았다. 6·25남침전쟁과, 빙판이 된 압록강과, 거기 떼거리로 몰려오던 중국군의 군상이 오버랩되어 확 구토증이 일었다. 중공군은 이(蝨)와 모발충을 식구처럼 몸에 지니고 산다고 했다.

모발충은 에이즈처럼 이쪽 육신과 저쪽 육신이 서로 밀착될 때 옮겨 붙는 벌레다. 집사람이 어느 경로를 통하여 유산을 받았다는 추론이 가능하다. 그런데 저쪽의 정황은 전연 그렇지가 않았다. 눈여겨 살펴도 손을 움푹한 곳으로 가져가는 일이 없었다.

자다가도 가려워 잠이 깨고, 숟가락을 들고 있다가도 그곳을 문질러 대야 하니, 이거야 진정 고역이 아닐 수가 없었다. 약을 사서 발라볼까? 그러나 선뜻 내키지 않았다. 적을 섬멸하려고 고엽제를 뿌렸다가 후한을 남긴 월남전 용사처럼 두고두고 후회할 일을 안아맡을 것 같아서다. 아예 민둥산을 만들어 놈을 소탕해 버리는 것이 상책이라 마음먹었다. 어둠을 틈타 면도칼로 벌채작업을 시작했다. 벌채작업은 생각보다 난공사였다. 손이 부들부들 떨렸다. 순간 선우휘씨의 단편소설 「거울」의 한 장면이 생각났다.

이발사가 손님을 이발 의자에 누이고 턱수염을 깍으려 하는데, 뜻밖에도 누워있는 손님은 20년 전 자기의 팔을 꺾어 놓은 일제시대의 바로 그 순사였다. 이발사는 복수심이 불꽃처럼 일었다. 코앞에 누워 있는 저주의 이발 손님! 목덜미를 면도칼로 따놓을 수 있는 상황이었다. 그러나 이발사는 그 짓을 차마 하지 못했다. 이발사를 믿으며 마음 푹 놓고 눈을 감은 채 잠이 든 듯 누워 있는 손님의 모습이 퍽 평화롭게 보였다.

나는 이발사가 본심으로 돌아가 손님의 턱 밑 털을 깎듯, 마음을 진정시켜 가며 힘들게 벌채작업을 끝냈다. 그 이후 모발충은 내 몸에 다시 나타나지 않았다. 두 번 생각하기 싫은 사건이다.

모발충은 흔히 대중목욕탕에서 옮는다기에 조심하며 살아 간다.

그런데 이게 웬 일인가. 벌채할 일이 또 생겼네. 어느 날 우연히 확인한 것인데, 배꼽의 바로 하단에서 약간 우측의 위치에 새끼손가락 한 마디 크기의 이물질이 자라고 있었다. 의학명으로 탈장이라는 것이다. 심한 등산이 원인일 수도 있다는 진단을 받았다. 수술만이 정상적인 활동을 보장할 수 있다고 했다. 바로 입원을 하고 수술의 절차를 밟았다. 한데, 정작 환자를 당황하게 만든 것은 수술 전날 밤 그곳을 벌채하겠다며 간호사가 칼을 들고 찾아왔다는 사실이다. 나는 질겁하며 손수 제거하겠노라고 했다. 그리하여 혼자 힘으로 두 번째의 벌채식을 가졌다.

한데, 정말 기가 막힐 노릇이 또 발생했다. 놀랍게도 10년 전의 그것과 똑같은 증상이 온 것이다. 인연인가, 병원을 찾았더니 그때의 담당의사가 집도를 한다고 했다. 마음이 한결 놓였다. 칼을 댈 곳이 이번에는 저번의 반대쪽 부위였다. 수술 전날 밤이다. 예외없이 벌채꾼이 찾아왔다. 집에서 그렇게 하고 왔노라고 하자 그는 잘했다며 그냥 돌아갔다. 웬걸, 잠시 후에 그는 다시 나타났다. 직접 확인을 해야 된다며 막무가내 옷을 벗으라고 했다. 개방을 한들 튼실하게 생긴 물건 인지라 쪽팔릴 것은 없었다. 그는 이리저리 살피더니 수술 반대쪽 부위에 남긴 체모를 보며 핀잔을 준다. 마저 제거하라는 것이다. 나는 집도의가 실수를 하여 엉뚱한 곳에 칼질을 할까봐 그것에 대비하여 멀쩡한 쪽을 표시하느라 그렇게 남겨두었다고 했다. 그러자 간호사는 피식 웃으며, '용의주도하시군요.' 그렇게 말하고는 그냥 돌아갔다.

논산훈련소에 가면 대한민국의 국군이 되기 위한 제1차 신고식이 삭발식이다. 주먹 크기의 제모기를 머리에 대고 스위치를 누르면 요놈이 윙 - 소리를 내며 순식간에 민둥산을 만든다. 나는 낙엽이 되어 후루룩 떨어지는 까만 머리털을 보며 눈물을 치르르 흘렸다. 두 번째 흘린 공식 눈물이다.

그런데 이 무슨 팔자로 벌채를 세 번씩이나 하다니. 그곳 주인은 아마 내가 훈련소에 입대하여 삭발식을 하며 눈물을 흘리듯, 호위병을 일시에 소탕당하고 매우 서러워 가슴을 쳤을 것이다. 만약 그놈이 권력깨나 쓰는 장군이었다면 수많은 호위병을 일시에 잃었다며 군법에 회부되어 양어깨의 별을 날리고 이등병의 신세로 강등이 되었을 것이다. '신체 발모는 수지부모'라고 했다.

그리고 세월이 흘러 늙은이 신세로 살다가 암 환자 판명을 받고 병원에 입원했다. 이번에는 제법 큰 수술이다. 배꼽부터 시작하여 거시기가 돋아 있는 부위까지 몽땅 개복하고 수술을 한다고 했다. 이제 거웃 따위가 제거되는 일에는 관심이 없어졌다.

수술 전날 밤이다. 남자 간호사가 왔다. 벌채를 위해서다. 논산훈련소 입소 때의 삭발을 빼고서도 4번째 벌초가 된다. 그는 치약같이 생긴 끈적이를 그곳에 치덕치덕 발라놓고 갔다. 그가 시키는 대로 5분쯤 기다렸다가 휴지로 닦았다. 절반은 녹아버린 모발이 뭉개진 채 묻어나왔다. 벌초의 방법도 이렇게 변해 있었다.

1970년대 초『문학』이란 종합문예지가 나온 적이 있다. 그 잡지에 「文房四友」란 제목의 재미난 수필이 있었다. 내용은 익히 알만한 음담패설이다.

> -우리나라에서 전무후무한 음모필(陰毛筆)이 발견되었으니 여기에는 포복절도할 외설과 낭만과 해학이 서려 있다. 그 희귀한 붓을 가진 주인공은 Y씨였는 데 그는 두 자루나 그런 붓을 소장하고 있었던 것이다. 오직 전래의 비보(秘寶)라고만 우기는 그는 내가 그의 수제품임을 눈치채고 끈질기게 다그쳤던 바, 파안대소

왈 목로주점에서 요정에 이르기까지 기녀(妓女)나 작부의 고간(股間)에서 채집을 하여 이를 집대성한 것이라며 실토를 했다. 세상 엽색행각에서 모은 것을 신주보다 소중히 간수하였다가 거룩하게 제필(製筆)을 하였다는 것이니 기가차다고 하기보다는 기절할 노릇이었다. 그것이 마치 수난을 당한 여성들의 원혼이 뭉쳐진 것으로만 느껴져 몰골이 숙연하였건만 그는 천연덕스럽게 그 붓 끝을 혀로 날름거리며 희희낙락하는 것이었다.-

수필의 내용이다.

털붓의 자료에 쥐수염털, 노루겨드랑털, 족제비꼬리털, 배냇머리털, 양털, 말털, 고양이털, 표범털, 스냥이털, 인두털, 담비털 등속이 있으니, 노루겨드랑털로 만든 붓을 장액필(獐腋筆)이라 하는데, 이는 한글 쓰기에 알맞고, 족제비 꼬리털을 뽑아 만든 붓을 생모필(毛筆)이라 하는데, 이는 한자 쓰기에 제격이다. 다루어본 사람이면 다 아는 사실이다. 또한 표범과 승냥이털을 섞어 만든 붓으로 표랑필(豹狼筆)이 있으니, 이

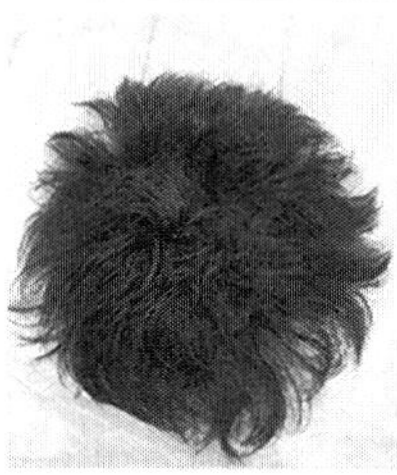

▲ 가발도 털은 털이다.

▲ 폭군의 상징, 히틀러 그는 분명 경례를 할 때 엄지를 코밑 털로 가져가곤 한다.

▲ 필자가 소지하고 있는 붓이다. 이 붓으로 1천 명 가까운 졸업생도들의 졸업장과 45개 학급의 급훈을 매년 썼던 터이다.

는 고급품인 바 중국 사람들이 귀히 여겨 아낀다고 하였거늘, 과연 Y씨 소장의 음모필은 어디에 씀이 적합한지…….

네 번씩이나 벌채하여 버린 체모를 한군데 모아 음모필(陰毛筆) 아닌 양모필(陽毛筆)을 제작할 안목이 없었음은 나의 아둔함이었던가.

웃음이 절로 나온다.

아니, 두고두고 웃으며 살 노릇이다.

(강남문학, 2017. 1. 17)

내가 버린 고향은 눈물에 젖고, 나를 버린 고향은 가슴에 젖는다

수인사를 할 때 고향이 어디냐고 묻는 경우가 있다. 대한민국에서 두 번째 산골이라 대답하며 웃는다. 상대는 첫 번째가 어디냐며 의문을 품는다. 무주구천동쯤이 아닌지요? 그렇게 답한다.

내 고향 문경은 그런 곳이다.

조선시대에는 9개의 간선도로가 있었는데, 그중 부산 통영 등지에서 한양에 이르는 제4로인 새재길鳥嶺이 문경에 있다. 주흘관, 조곡관, 조령관을 넘어서면 충청도 땅이다. 관문 셋을 합치면 이 십리 길이다. 조령관에는 신립 장군이 원귀의 간계로 패전을 하였다는 뼈아픈 전설이 남아있다.

햇볕도 인색하여 관문에 이르면 발이 빠르다. 가을을 등지고 떠날 때와는 달리, 봄을 안고 돌아오는 데는 게으름을 피운다. 저-어-쪽, 땅끝 마을에 비해 겨울이 두 달 가까이 짧다고 보면 된다. 북극곰이 동면에서 깨어나듯 고향의 봄은 그렇게 느릿느릿 찾아온다. 허기에 지친 새끼 노루가 굴뚝 온기에 코를 녹이는 삼동이 오면 인심 후한 김 아저씨 사랑방에서 내기 윷판이 벌어진다. 배추뿌리나 무 아니면 연시를 서리해 와서 승자에게 바치는 내기 판이다. 나이든 형들이 모이면 닭서리도 해 온다. 내 기억에 가장 진하게 남아있는 추억은 감 홍시 훔쳐 오기였다.

늦가을 감을 따서 지붕 위에 날날하게 깔아놓은 홍시를 서리해 오는 일은 정말이지 고단수 아니고선 불가능한 일이다. 홍시는 겨우 삼동 할아버지 간식이자, 해소기침을 멈추게 하는 약이기도 했다. 닭서리 또한 쉽지 않은 일이었다. 닭장의 닭은 사람 손이 닿으면 놀라서 꼬댁이고, 지붕 위에 홍시는 사닥다리가 필요했다. 편을 갈라 물 마시기 내기도 한다.

우리 군내 인구가 지금의 두 배인 16만 명이 살 때의 이야기다. 지금은 그 절반도 되지 못한다. 고향을 갈 때마다 눈에 띄게 빈집이 느는 것을 보면 내가 태어난 마을이 죽기 전에 폐촌되어 없어질지 모른다는 생각이 들곤 한다. "성공하여 돌아오리라" 큰 바윗돌에 새겨 동구 초입에 석비를 새워 놓고 떠난 젊은이도 있었다.

마을의 모습을 풍수지리에 맞추어 보면 흥미롭다. 배산이 있고, 좌청룡 우백호에 받쳐주는 안산도 있다. 안산에 비해 배산이 너무 빈약하기에 뒷줄(back)이 약해 성공하는 후손이 귀하다고 했다. 우백호는 민둥산인데 묘지가 많았고, 좌청룡은 제대로 된 산세를 갖추었다. 봄이 되면 시집간 누나들까지 모여와 화전놀이로 법석이던 곳도 이 좌측 산이었다. 할미꽃은 배산에서 많이 피었고, 안산에는 진달래가 피었다.

나는 20대 초반에 고향을 등지고 대처로 나왔다. 그리고 60년의 세월이 흘렀다. 나이가 들고부터는 고향을 그리는 마음이 짙어져 밤잠을 설칠 때가 많다.

"서울 동생 왔는가!"

마지막 남은 두 분 형은 그렇게 반색을 하며 반기곤 했다. 이제 형이라 부를 수 있는 윗분이 없다. 콧속이 찡해온다. 홀로라는 설움이 눈물을 자아낸다. 흙 묻은 손으로 덥석 악수를 청해오던 죽마고우도 없다. 그 친구들 눈물겹도록 보고 싶다. 사방을 둘러봐도 어제의 고향이 아니었다. 태어난 고향은 항상 그곳으로 기억되는데, 그곳을 채웠던 물상들은 그대로인 것이 하나도 없었다. 인걸따라 산천도 간데없이 사라져 버렸다. 산천은 언제나 그대로이기를 나는 바보처럼 바랬다. 잔뼈가 굵도록 뛰놀던 동산, 어느 한 곳이라도 낯익은 곳이 있으련만. 능선을 헐어 버스길을 내고, 시냇물을 막아 댐을 만들고, 민둥산은 깔보고 밀어내어 밭을 만들기도 했다. 농수로를 내느라 산자락을 파헤쳐 뒹굴며 놀던 낯익은 묘역들도 흔적없이 사라졌다. 동목(洞木)이라 하여 섣달이 되면 금줄을 매어놓고 치성을 드리던 노송의 그늘 밑에 원두막을 지어놓기도 했다. 소유권 행사한다며 농로를 없애는 통에 맹지가 되어 농사짓기가 어려운 땅도 생겼다. 이엉을 벗어버리고 슬레이트로 갈아입은 마을엔 참새 소리가 들리지 않았다. 두터운 이엉을 겹겹 포개어 덮고 풍성한 모습으로 고향을 지켜주던 내 어릴 적 초가의 그 지붕도 보고 싶다. 정초가 되면 흰옷 입은 세배꾼이 두루미처럼 줄을 지어 어르신을 찾았고, 윷가락 던지는 소리로 마을이 법석이었는데, 초상친 뒷날처럼 풀 죽어 있었다. 세배꾼이 줄로 서던 그 길을 혼자서 걸었다.

애동지 날이었다. 일곱 마지기 봇들 논에 가보고 싶었다. 빠른 길로 간다며 학교 다니던 산길을 택했다. 낙엽 진 동절이라 쉽게 넘을 수 있으리라 생각했다. 어림없었다. 잡목과 아카시아 나무가 뒤엉킨 그 길을 전투병처럼 포복 자세로 진전을 했다. 소 풀 먹이러 다닐 때는 고삐 묶을 나무 한 포기 없던 산이다. 산 중턱까지 갔을 때 거기 전선주 하나가 옛날의 모습으로 서 있었다. 어찌나 반가웠던지. 우리가 어지간히도 괴롭혀 주던 전선주다. 전선주가 넘어지지 않도록 고정시켜 놓은 철사줄을 썰매 만든답시고 한 가닥 한 가닥 끊어버려 한쪽으로 기울어진 그 모습대로 서 있었다. 그런데 그 전선주 바로 아래 개 크기의 독수리 한 마리가 몸에 상처를 입은 채 떨어져 죽어있었다. 전선에 감전이 되어나 보다. 정을 끊기로는 논밭도 마찬가지였다. 남양군도의 어느 섬처럼 예쁘게 생긴 논밭을 농지정리한다며 바둑판을 만들어 놓았다.

마음이 서로 통하던 아주 가까운 친구 집을 먼저 찾았다. 그는 장을 보고 오던 날 오토바이 사고를 당했단다. 논두렁에 처박힌 채 동사를 했다는 것이다. 시체가 발견된 것은 다음 날 아침이었고, 오토바이 동체가 가슴이 누르고 있더라고 했다. 우리 가족과는 사연이 많던 집이다. 이 친구의 가정은 넉넉하지 못했다. 주로 타인의 논을 임대하여 소작하는 그런 농가였다. 그런데 임대로 농사를 짓던 그 집 논을 우리가 사들였다. 일곱 마지기가 넘는 큰 농토였다. 하루아침에 소작권을 빼앗긴 그 친구네는 우리 집 식구와 3년간을 지극(인사안하기)하며 지냈다. 그런 와중에서도 나와는 의사소통을 이어가던 친구다. 양반이고 호인이었다. 나를 만나면 빼놓지 않고 고향에 내려와 같이 살자고 권하던 친구다. 나는 수필집 한 권을 친구의 부인에게 선물했다. 책의 안 갈피에 '다정한 벗 황희식 혜존, 김영탁 근정'이라 정식으로 사인을 해서 정중하게 드렸다. 책을 주는 사람의 손도 책을 받는 사람의 손도 떨렸다. 책을 받아든 부인은 내 얼굴 대신 수필집 표지로 눈길을 돌렸다. 『가는 歲月 남은 情』 수필집의 제목에 관심을 보였다.

비명에 간 다정한 친구가 또 있었다. 초등학교 졸업이 학력 전부인 그는 일찍 장삿길을 택했다. 윷판 크기의 멍석 한 자락을 장터의 귀퉁이에 깔아놓고 의류 몇 벌이 전부인 장물(場物)판을 지키며 진종일을 기다리다가 해가 지면 단봇짐을 옮기듯 자전거에 싣고 산까치처럼 집으로 들어 눈을 붙였다가 다음 날이면 또 다른 장터를 찾아 나서는 장돌뱅이였다. 40년을 그 짓 하다가 갔다. 그럭저럭 형편이 조금 좋아진 뒤에는 경운기에 장짐을 싣고 다녔다. 그게 화근이었다. 비가 내리는 오밤중 뒤에서 트럭이 추돌하는 바람에 그는 공처럼 나가떨어지고 즉사를 했단다. 가해자가 뺑소니를 치는 바람에 보상은 한 푼도 받을 수가 없었다. 인간이 살다가 명이 닿으면 저승으로 가는 게 당연하지만 죽음이 너무나 애석했다.

▲ 박달나무

▲ 물박달나무

▲ 가침박달나무

▲ 까치박달나무

나는 속절없는 실향민이 되고 말았다. 반겨줄 친구도 기다려 줄 자연도 내 곁에는 없어졌다. 고향이란 말은 살아있으되 실제의 고향은 나의 고향이 아니었다.

내가 버린 고향은 눈물에 젖고, 나를 버린 고향은 가슴이 젖었기에 나는 오늘도 한을 삭이는 나그네가 되어 외길을 걷는다.

▲ 이화령전투·조령전투

▲ 문경조령산(1,017m)

▲ 문경새재 아리랑비

▲ 박달나무도마

80의 나이를 넘긴 대문호 톨스토이는 마음의 고향을 찾아 방황 길에 올랐다가 40일을 넘기지 못하고 횡사했다.

조령산 중턱에 박달나무 시비가 있다.

문경새재 물박달나무 홍두깨 방망이로 다나 간다
아리랑 아리랑 아라리요 아리랑 고개로 넘어간다
홍두깨 방망이 팔자좋아 큰애기 손길에 놀아난다
문경 새재 넘어갈 제 구비야 구비야 눈물이 난다

(2010. 12)

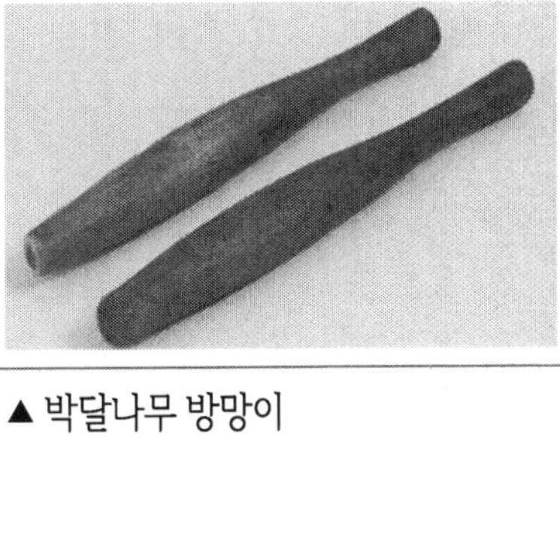

▲ 박달나무 방망이

▲ 박달나무 홍두깨

서울놀이마당

농악의 굿마당에는 뒷마당이라는 것이 있다. 앞마당에서 남아난 여흥을 관객이 풀어주는 난장마당을 말한다. 이 마당이 때로는 앞마당보다 푸짐할 때가 있다. 뒷마당의 주인공은 왕년에 놀이판에서 한가락 하던 농악동호인들이다.

서울 잠실의 롯데백화점 뒤쪽에 '서울놀이마당'이라고 하는 아담한 야외공연장이 있다. 이 공연장은 서울시의 예산을 일부 지원받아서 송파구가 운영하는 문화행사 마당으로 1985년에 개관하여 농악놀이, 고전무용, 창, 전통혼례 등 주로 민속놀이 위주로 우기와 혹한이 끼어 있는 동절기를 빼고는 연중 잔치를 연다. 언제나 인기 독점은 나이 든 어르신네다. 공연은 토요일과 일요일 양일에만 있다.

노천 구조라서 신문지를 깔고 앉아서 구경을 하다가 비를 맞기도 하고, 놀이마당이 흥건히 젖을 때는 흙이 튀어 놀이꾼이 제 기량을 보이지 못할 때도 있는 터이다. 한데 지붕을 덮고, 계단식 좌석을 의자로 대치하는 등 야외놀이마당으로 개조하여 더없이 좋은 명소가 되었다. 공연의 주된 볼거리는 농악놀이다. 구청에서 섭외를 하거나 자진 출정을 하겠다는 팀을 종합해서 여유롭게 조를 짜 운영을 하고 있다.

봄 내움이 물씬 풍기는 4월 어느 날 석촌호수공원 놀이마당은 대성원을 이루고 있었다. 이날의 주인공은 호남우도농악의 꽃인 고창농악(전라북도무형문화재 제7-6호)이었다. 이 농악단은 폐교된 초등학교를 임대하여 개관하고, 고창농악보존회를 조직하여 본격적으로 농악을 전수하고 있다. 놀라운 것은 군내 14개 읍면 모두가 농악팀을 가지고 있다는 사실이다.

도처에 산재한 농악팀은 300여 개에 이른다. 이 중 문화재로 지정되어 보조를 받고 있는 팀은 33개〈보유자 인간문화재 사망으로 해제된(2003. 4. 18) 진안군의 진안농악 제외〉이다. 전라북도는 문화재지정 팀이 7개로 전국에서 제일 많다.

고창농악이 제공하는 볼거리에 잡색놀이가 있다. '망구'로부터 '중광대'에 이르기까지 잡색만 13명이나 된다. 이 팀이 오는 날에는 특히 잡색놀이를 보기 위해 공연장이 초만원을 이룬다.

둥더둥실 남정네의 멋스런 어깨춤에 맞서, 이쪽 여인네가 깨끼춤을 춘다. 거릿기생의 연풍대에 전문춤꾼의 자반뒤지가 어울리자 박수 소리가 요란하다. 7채굿에 정신이 홀린 한량들의 어깨가 풀석인다. 아무래도 오늘의 뒷마당은 푸짐히 벌어질 듯하다.

언제 들어도 싫지 않은 우리 농악가락은 흥을 불러들인다. 4물소리를 천둥(꽹과리), 바람(징), 비(장고), 구름(북)에 비유한다. 신화 속의 천둥은 권능, 바람은 호흡, 비는 축복, 구름은 풍요라 했다. 유추하면 절대자 조물주에 비견된다.

예인들은 춤마당에서 조물주와 호흡하고, 조물주와 더불어 신나는 놀이에 함몰된다. 4물 가락에 빠져드는 춤마당의 대원들도 하늘에서 노니는 천상여가 된다. 그 순간을 위하여 쇠를 울리고 소고춤을 춘다고 했다. 순간 해괴한 일이 벌어지기도 한다. 웃다리농악의 어느 상쇠는 파정(破精)의 경험을 맛본다고 했다. 그 쾌감이 있기에 다시 태어나도 쇠잡이가 되겠다고 했다. 필자가 직접 들은 얘기다. 판굿을 놀다가 아랫도리가 축축해지면 슬며시 자리를 뜬다고 했다. 그리되면 부쇠는 얼른 눈치를 잡고 대원을 리드한다고 했다.

꽹과리와 징과 북과 장고가 어우러져 그야말로 절묘한 음률을 이룰 때 발동이 되고 파정의 쾌감을 맛보는데, 그리 쉽게 이뤄지지는 않는다고 했다. 필자는 수많은 농악 예인을 접하면서 그 소리를 단 두 분의 상쇠에게서 들었다.

구경꾼들이 우- 마당으로 내려간다. 동양춤과 서양춤, 그리고 족보에도 없는 막춤까지 어우러져 놀이마당은 순식간에 대형 무도장으로 변했다. 고창농악의 상쇠는 빼어난 미모를 지닌 노처녀다. 그는 많은 단골을 몰고 다닌다는 소문이 퍼져 있다. 쇠 다루는 솜씨 또한 독보적

▲ 고창농악의 상징 이명훈 상쇠. ▲ 끝난 다음 기념촬영.
▲ 고창농악의 상징, 이명훈 상쇠와 김민현 회장

▲ 미인 중광대의 모습. ▲ 포수와 그리고 조리중

*고창엔 전국농악의 으뜸인 12잡색(대포수, 양반, 망구, 참봉, 각시, 중광대, 조리중, 좌창, 우창, 동방치마 아가씨,비리쇠, 홍적삼)이 있다.

이다. 딱 짜여진 체구가 일구어내는 쇠가락은 50여 명 대원의 춤사위를 해군의 군악대처럼 절도 있게 요리하는 힘을 갖고 있었다.

어느 누구의 지시도 없었건만 드디어 왕년의 놀이꾼들이 4물을 넘겨받았다. 물론 필자도 예외 일 수가 없다. 부징수에게 꾸벅 절을 하고 징을 넘겨받았다. 꽹과리를 다루어 봤던 솜씨라 징을 치는 일은 누워서 떡먹기다. 북을 넘겨받고, 장고를 넘겨받고, 꽹과리마저 넘겨 받았다. 뒷마당이 제대로 짜였다. 그러나 도처에서 모인 놀이꾼인지라 타법은 각자도상 서로 맞지를 않는다. 필자는 이런 경우를 여러 번 겪었다. 그래서 징을 크게 울려 리듬을 조정해 준다. 헝클어진 리듬이 제길 찾는 시간은 잠깐 동안이다. 타법은 그대로 척척 맞는다. 벌써 뒷마당이 앞마당의 흥을 앞질렀다. 이쯤에서 뚜거비(소고), 번개(상모), 청나부(무동)는 실실 앞자리를 비켜선다. 자리를 내어주면서도 싫은 내색을 않는다. 빨강·노랑·흰색 꽃이 달린 고깔을 쓰고, 적색·황색·녹색물이 곱게 든 색드림을 한 소고수는 한 발 뒤에서 원형으로 감싼 채 흥을 이어준다. 놀이마당을 꽉 메운 뒷패들은 땀에 젖는 콩나물(쇠, 북, 장고)의 수고로움 쯤은 안중에도 없다. 먼 곳에서 시작된 너울의 앞머리가 출렁이듯 놀이마당 군중의 몸짓은 멈출 줄을 모른다.

일정한 직업없이 헐렁하게 돌아다니며 소일하는 사람들이 모이는 놀이마당, 양손을 뒤로 포개어 허리에 걸치고 갈지자걸음을 걷거나, 몸의 무게를 지팡이에 실은 채 땅만 내려다보고 걷거나, 아니면 손주를 앞세우고 그 뒤를 힘겨운 듯 뒤따르거나, 아무튼 그런 군상들이 모이는 주말 마당이다. 단골 중엔 외짝이 많은데 그들은 주로 소싯적 농악 4물을 다루어 보았던 사람들이다. 한복차림의 안노인도 어울린다. 이들 또한 왕년에 우리 춤께나 추던 멋쟁이들이다. 넥타이에 정장으로 차려입은 노신사도 있다. 대개 군 제대 용사이거나 공무원 출신으로 고향에서 온 농악대원을 환영하러 나온 사람들이다.

뒤풀이를 멀리하는 장외 사람들은 주로 원두막 신세를 진다. 이쪽 원두막에서는 서로 자식 자랑하느라 시끄럽고, 저쪽 원두막에서는 십 원짜리 화투판이 벌어져 소란스럽다. 공연장 담 너머 호수 가에는 의자에 우두커니 앉아 시간 흐르기만을 기다리는 사람도 많다.

어쨌거나 나는 이곳 놀이마당의 오랜 단골이다. 주말이면 주로 이곳에서 시간을 보낸다. 이제는 제법 아는 사람도 있어 눈인사를 하기도 하고, 혹은 손을 잡고 안부를 묻기도 한다. 선뜻 자리를 양보하는 사람까지 생겼다. 왠지 긴 시간을 앉아 있어도 지루하지 않다. 사귄 사람 중에는 농악에 귀신이 씐 사람도 있었다. 그는 꽹과리는 이렇게 쳐야하고, 징 채는 여기를 잡으며, 장고는 맬끈이 단단해야 되며, 북은 둥글게 처야 제소리가 난다는 등, 소위 문화재급 예인들 앞에서 일장 연설을 늘어놓기도 한다. 그는 고척동에서 살고 있다. 양해를 구하고 방문을 했다. 시골의 어느 농악전수관을 옮겨놓은 것처럼 그의 집에는 구석구석 사물이 놓여 있었다. 무엇보다도 그의 아내가 남편의 취미생활을 깊이 이해를 하고 있는 듯했다. 그것만으로도 그는 행복한 사람이다.

상쇠가 마무리 굿을 쳤다. 쇠 소리와 징 소리와 북 소리와 장고 소리가 둘둘 멍석마리가 되어 하늘로 높이 높이 퍼져나갔다. 뒤풀이 꾼들이 삼삼오오 놀이마당을 빠져나간다.

조개껍데기처럼 텅텅 속을 비워낸 놀이마당, 그러나 다음 주 이 시간이 되면 그들은 어김없이 이곳을 찾아와 빈속을 채워줄 것이다.

놀이마당이 있기에 그들은 진정 외롭지 않다.

(문경문학, 2014, 9집)

겨울 까치

서울 까치가 겨울 집을 짓는다. 도회지 풍에 옮아 계절을 무시한다고 하지만 너무 한 것 같다. 내일이면 섣달이다. 군불없이 지내려면 흙벽도 치고, 털도 깔아야 한다. 세 들어 살다가 내침을 당했는가, 무허가라 헐렸는가 애처롭다. 인정을 집배하는 너는 분명 길조다.

눈을 품은 먹구름이 삭풍에 파도처럼 밀려온다. 공기 서둘러 집들이를 하자꾸나!

이 겨울 신축공사를 하겠다며 삭정이 몇 개를 걸쳐놓고, 깍! 깍! 깍! 깍, 부부가 주고 받으며 기공식을 하더이다. 12시를 넘기고 1시쯤에야 겨우 빛이 드는 '볕 쬠 권리' 나쁜 곳이다. 내일 따라 영하 13도로 추워진단다. 체감온도는 17도, 밤사이 행려병자의 동사 소식이 전해질지

▲ 머리에서 등까지는 검고 윤이 나며 어깨와 배는 희다. 봄에 5~6개의 알을 낳는다. 이 새가 울면 반가운 손님이 온다 하여 길조(吉鳥)로 여긴다.

모르겠다. 바깥 날씨가 대낮부터 차다.

까치 부부가 공사판을 벌인 곳은 내 방 창틀과 지근거리다. 졸지에 나는 이 공사판의 도감독이 되었다. 다행히 신축공사는 속성으로 진행이 되었다. 비교적 건축자재가 여유로운 강변이고 고목이 된 느티나무, 버드나무, 벚나무, 은행나무 등속의 삭정이가 많았다. 그러니 자재 구해 오는 일은 어려워 보이지 않았다. 부부간 손발도 척척 맞았다. 짓다가 떨어뜨린 나뭇가지가 보이지 않는 것으로 보아, 건축을 많이 해본 솜씨가 분명했다. 초반에 잘 떨어지지 않도록 진흙을 조금씩 바르기도 하는데 그런 절차를 생략하고도 거뜬하게 얽어나갔다. 고도의 기술을 발휘하여 무작위로 쌓아가며 재밍(jamming)을 기다려 볼 틈도 갖지 못하고, 기소 과정에서 포기해 버린 까치집을 흔히 볼 수가 있었다. 나뭇가지가 계속 쌓일수록 서로 얽히면서 점점 움직이지 않는 재밍 현상이 나타나야 그때부터 속성으로 지어나가는 것이 까치의 집짓기다. 한 놈이 자재를 구해 오는 사이 다른 한 놈은 뒷 손질을 했다. 그러다가도 자재를 구해 오면 그걸 얼른 받아서 옮겨 쌓는다. 까치집 설계에도 안토니 가우디가 놀랄만한 과학이 있다고 한다. 가우디는 곡선미를 살리고 섬세한 장식과 색채를 사용하는 건축가였다. 우리는 그분의 역작 스페인의 '성가족성당'을 기억한다.

부부의 솜씨는 고산 마을에서 길러낸 가을배추를 던지고 받으며 트럭에 쌓는 농부의 숙련된 일손처럼 척척 맞았다. 저렇듯 쉬지 않고 강행군을 하다가 몸살을 앓을까 걱정이다. 공기에 쫓기어 날림공사가 되면 큰일이다. 가시가 날카로운 대추나무 가지를 중간중간에 찔러 넣고 다져야 엉김이 강해지는데, 거기까지는 신경을 쓸 여력이 없는 것 같았다.

푸슬푸슬 눈발이 꽃비처럼 흩날리더니, 하늘이 터진 양 함박눈이 쏟아진다.

오늘이 공기 4일째다. 절반의 공정은 넘긴 듯했다. 정말이지 숙련공의 솜씨였다. 그간 까치집 역사를 여러 번 보았지만 이렇게 속성으로 짓는 집은 처음이다. 혀가 내둘린다. 세상에 이렇듯 부지런하고, 죽이 맞고, 금슬 좋은 부부가 어디서 무엇을 하다가 이 추운 엄동설한에 집 짓기를 한다는 말인가?

우리의 장례에 천광(穿壙)이라는 것이 있어 사토제가 끝나면 땅을 파서 광중(壙中)을 하게 된다. 광중을 할 때는 금정기(金井機)를 땅위에 놓고 역사(役事)를 시작한다. 금정기는 나무막대기 4개를 가지고 정(井)자 모양으로 만들어 놓은 틀을 말함인데, 관의 크기를 짐작하여 반듯하게 놓고 네 모퉁이에 말뚝을 박아 표시한 뒤 그 모양대로 파들어 간다. 이를 외광(外壙)이라 한다. 외광을 한 다음 관이 들어갈 정도 크기로 더 파서 곽(槨)을 만든다. 이를 내광이라 한다. 까치의 집짓기와 까지 집의 안팎 생김새가 이와 비슷하기에 광중의 절차를 생각해 봤다. 그러니까 까치가 알을 낳고 품어서 부화를 시키는 방은 곽 못지않게 탄탄해야 한다. 석회가 아니더라도 흙을 이겨서 벽을 치고, 털을 깔아야 비바람을 피하고 온기를 간수할 수 있다. 언 땅 어디서 진흙을 파온단 말인가. 그게 걱정이다.

이해의 겨울은 기상 역사상 드물게 강추위란다. 여름 태풍 무색하게 세찬 바람이 연일 불어온다. 놈들이 지어놓은 까치집은 아파트 8층 높이의 고공이다. 서로들 촘촘하게 터를 잡고 자라느라 모양새나 견고성이 약한 나무들이다. 콩나물처럼 키만 훌쩍하다. 바람이 조금만 불어도 서로 부대끼며 상처를 입는다. 온전할까. 동강 부러질까 염려된다. 어디 놈들은 지관 못지않은 안목이 있을 터이니 믿어보자.

한데, 나의 염려가 결국 현실로 나타났다. 놈들이 애써 지은 집이 산사태를 당한 초집처럼 허물어져 내렸다. 꼭 도토리나무에 붙어사는 '겨우살이'가 뭉텅 내려앉은 모양새를 하고 있었다. 공기에 쫓기더니 부실공사가 되었고, 세찬 바람을 이겨내지 못한 것이다. 까치가 높은 곳에 터를 잡는 건 순전히 긴 짐승 때문인데 아파트촌에도 그놈이 산다는 소리다. 이달을 넘기면 뱀(巳)의 해가 된다.

먹이사슬이란 참으로 놀라웠다. 바람이 불고, 부러진 나뭇가지가 화단 위에 떨어지고, 어수선한 분위기 속에 피골이 상접한 도둑고양이란 놈이 고슴도치 모양 까칠한 털을 곤두세운 채 떨어져 내린 까치집 주위를 맴돌고 있었다. 먹이를 찾는 듯했다. 무슨 냄새가 나나 보다. 놈은 내가 가까이 접근을 해도 자리를 양보하지 않았다.

놀라운 정경은 연이어 벌어졌다. 신축공사를 하던 까치 부부는 포기하지 않고 이웃 나뭇가지에 걸려있는 폐가를 헐어서 아직 기소가 남아있는 집을 증축하기 시작했다. 놈들에게는 금기가 있어, 집을 지을 때 아래로 떨어뜨린 재료는 절대 다시 주어 쓰지 않는다. 금기가 깨어지는 모습이었다. 땅에 떨어진 것이 아니니 재건축용으로 결함이 없다고 생각을 하는 모양이다.

섣달을 목전에 두고 공사를 시작하더니, 준공을 앞두고 그만 허물어진 까치집, 수해당한 민가를 보는 듯 가슴이 아리다. 건축술이 발달하고, 기찬 장비를 가진 인간도 겨울 집은 못 짓는다.

허물어져 내린 가치 집의 건축 자재를 살펴보았다. 은행나무 일색이다. 은행나무도 하치는 아니다. 낙엽이 진 자리에 두툼한 혹이 붙어 있어 약간의 재밍 역할은 가능했다. 공기 서둘러 집들이를 하자고 청을 넣었던 내 생각이 잘못이다.

폐가를 헐어서 증축에 열을 올리던 까치 부부가 결국 집짓기를 포기했다.

"깍깍! 깍깍!"

듣기에 아주 애잔한 소리로 울어대더니 어디론가 훌훌 날아갔다. 다른 한 놈도 자리를 뜬다. 둘의 방향은 분명 서로 달랐다. 그리곤 까치 우는 소리가 들리지 않았다.

(월간시조, 2021. 2)

未堂 선생과 목탁과 순덕이

1982년의 하절기였다. 미당 선생께서 부인 방옥숙 여사와 더불어 경북 울진군 평해읍 월송리 소재 월송초등학교 뒤편에 있는 월궁사(月宮寺)를 찾으셨다. 큰 절은 아니지만 호젓하고 아늑한 곳이어서 불도장으로 좋은 곳이다. 월송리에는 가까이 월송정이라는 정자가 있는데, 이 정자는 관동팔경의 하나로 주변의 경치가 돋보인다.

월궁사의 주지는 법명이 정법연화로 내 대학 동기인 소설가 김기억의 장모가 된다. 필자는 그 인연으로 이 사찰에서 한 달 가까이 머문 적이 있다. 철도청 공무원이던 김기억은 훗날 경기도 의왕시 월암동에 있는 철도박물관 초대관장을 지낸다. 박물관 개관은 김기억의 힘이 컸다. 그 박물관 앞마당에 들어서면 '鐵道文化殿堂'이라 쓴 큰 비석이 보인다. 비석의 기단 오석에 쓴 글씨는 필자의 자필이다.

미당 선생께선 평소 당신이 나이 들면 서울을 떠나 강원도 어디쯤에 은둔하며 여생을 보내겠노라고 했다. 누구보다도 선생을 가까이에서 모셨던 김기억은 이 말을 새겨 두고 있었다. 그러다가 장모에게 청을 넣어 장소를 물색했다. 월궁사 서쪽 편에 있는 300평 크기의 밭이었다. 누가 보아도 한눈에 드는 명당이었다. 그러나 선생께선 그곳에 집 짓는 계획을 바꾸었다.

"내가 그곳에 가 있으면 자네들이 들르기에 불편하지 않겠는가?"

이것이 이유였다.

어렵사리 터를 잡아 놓고, 납시기를 기다리던 월궁사의 주지 정법연화 승은 오래전에 입적했다. 지금은 이끼 낀 그의 공덕비가 가신 스님을 대신으로, 대웅전 뜰에서 불심을 지키며 서 있을 터이다. 그 시절 미당 선생과 동리 선생은 우리들에게 우상이었다. 두 분만 가까이 하면 시인이 되고, 소설가가 되는 줄로 여겼다.

선생님은 서대문구에 있는 어느 마을에 사셨다. 그게 적산가옥이었다. 일자식(一字式) 와가인데 아주 조그만 집이었다. 동행자가 5인이었다. 어찌어찌하여 이 적산가옥에서 살게 되었다고 설명을 하셨다. 그런데 훗날 이 적산가옥에서 머물렀던 이력이 선생님을 친일인사로 만들었다.

선생님을 모시고, 문학의 밤 행사를 치른 적이 있다. 많은 학생이 참석했다. 총평시간이 되자 질문이 쏟아졌다. 어느 여고 졸업반 학생이 선생님의 친일사상에 대하여 질문을 했다.

"나는 일제가 한 100년간은 우리나라를 지배할 것이라 믿었네. 변명같이 들릴지 모르나 항일을 하다가 모두 죽는다고 치세. 나는 살아남아야 나라를 지킬 수 있다고 생각했네."

선생님은 이런 요지의 답을 주셨다. 당장의 항일이 필요했다. 그러나 장기전에도 대비할 줄 알아야 된다. 친일파 인명사전이 만들어 지고, 선생님께선 친일파로 분류가 되었다. 이것이 정당한 판정인지는 잘 모르겠다. 가까이에서 그를 모셨던 우리들의 눈에는 대한민국에 반역하는 모습은 엿볼 수 없었다.

그날 문학의 밤 행사를 끝낸 뒤 선생님을 술집으로 모셨다. 선생님에겐 동국대 국문과 제자가 되고, 나와는 같은 직장의 동료로 유명한 평론가인 姜 아무개 선생님과 세 사람이 자리를 같이했다. 맥주를 좋아하시는 선생님의 주량은 보통이 넘는다. '술 너무 권하시면 안돼요!' 신년 세배 차 들리면 입버릇처럼 하시던 사모님의 근심 담긴 타이름이 귓전에서 맴돌았다.

이야기의 주제가 김동리 선생님과 김춘수 선생님께로 옮겨갔다. 미당 선생님보다 먼저 문학의 밤 행사에 모신 분이다. 미당 선생님의 동리 선생님에 대한 매도성 발언이 약간 있었지만 거론을 않기로 한다. 김춘수 선생님의 호는 대여(大餘)이시다. 크고 넘친다는 뜻이다. 이 호를 선생님께서 직접 지어주셨다고 하셨다.

문학 이야기를 줄이신 선생님께선 오랜 시간 머물지 않고 일어나셨다. 세 사람 모두가 취중인 상태였다. 선생님께선 딸꾹질을 심하게 하셨다.

"볼일들 봐!"

▲ 영광의 상패 ▲ 국립극장에서 열연중인 영동고풍물패, 최우수상 획득.
▲ 6월 3일(개교기념일) 문학의 밤 행사에 오신 날 농악반 생도들과 기념촬영을 했다. 농악반 지도자는 필자.

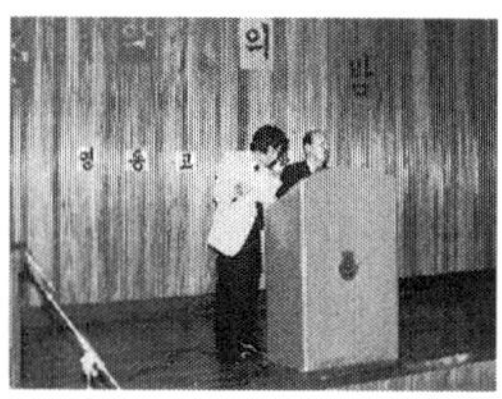

▲ 권득용 시인이 사비로 지었다(2018. 121. 1).
▲ 미당 은사님을 모시고, 필자. ▲ 동리 은사님을 모시고, 필자.

술집에서 나오신 선생님의 호령이셨다. 선생님을 큰길가로 모시고 나가서 택시로 모셔야 한다.

"자네들 자꾸 성가시게 굴면 나 집으로 안가!"

우리들은 주춤주춤 뒷걸음으로 물러섰다. 결국 배웅을 포기했다. 어둠이 가리어 선생님의 모습이 흐릿하게 보였다. 그날의 실수는 지금도 잊을 수가 없다.

말년에는 관악산 턱밑에서 오래 사셨다. 한동안 내외분이 곧잘 산을 오르셨다. 그러다가 기운이 달리자 관악산을 아예 집으로 옮겨 놓았다며 좋아하셨다. 관악을 닮은 분재 수반을 구하여 당신의 거실에 놓으시고 그 산을 벗하며 사셨던 것이다. 선생님께선 '우공의 이산(移山)' 얘기를 자주 하셨다. 이를테면 선생님은 영생사상의 신봉자이셨다.

"지금 자네들은 내 제자이기 때문에 나를 알고, 나를 따르고, 나의 이야기를 하는 것 아닌가. 내가 죽고 나면 자네들은 내 이야기를 자네들의 제자에게 할 것이며, 또 자네들이 죽고 나면 자네의 제자가 내 이야기를 할 것이네. 그렇게 미당이란 사람의 이름은 입에서 입으로 전해

▲ 미당 선생님고희기념. 좌로부터 : 김기억(철도박물관초대관장, 소설가)·필자·최두유(철도기관사, 시인)·김정호(김소월 시인 차남)·서정주(시인)·김동리(소설가)·문하생(의사). ＊2013. 11. 25. 조선일보 '한국문학 1번지' 기사에 제공한 사진임.

▲ 목탁! 그분이 불공 올리는 것은 보지 못했다. ▲ 영동고 문예반원

지는 것이지. 이게 바로 영생이라는 것이네.”

이렇듯 미래지향적이셨다.

선생님이 계셨기에 우리들의 원단(元旦)은 한동안 참으로 행복했다. 스승에게 세배를 드릴 수 있어서 행복했고, 그날 많은 동문들을 만날 수 있어서 행복했고, 또 좋아하는 술을 마실 수 있어서 행복했다.

이런 일화가 있다. 정초가 되면 세배 오는 제자가 많았다. 그래서 먼저 온 순서대로 자리를 양보해야 한다. 옆방으로 옮겨 앉는다. 문제는 선생님 곁을 벗어나면 술 보급에 차질이 생긴다. 생각 끝에 비밀 병기인 목탁을 구해서 아예 따로 가지고 다녔다. 선생님의 목탁 용도는 단순했다. 한 번 치면 순덕이를 부르는 신호이고, 두 번 치면 술상을 차려서 오라는 명령이다. 비밀 병기를 순덕이가 알아차리고 있었는지는 모른다. 암튼 우리에게 유용한 보물이었다. 하례는 二층에서 받으시고, 술상을 차리는 곳은 一층이었으니 二층의 분위기를 一층의 순덕이가 알아차리지 못했을 터이다. 술상 위에 놓이는 안주는 강정 아니면 배추뿌리다. 강정은 경주에 사는 시인이, 배추 뿌리는 강원도에 사는 시인이 각각 보낸다고 했다.

이해의 12월 24일은 미당 선생님께서 가진지 10주년이 된다. 기념사업회가 만들어지고, 많은 행사가 준비되어 있다고 했다.

선생님은 가셨지만 그 멋스러움은 항상 우리 곁을 맴돈다. 살아생전에 하신 말씀대로, 영생을 하고 계시는 것이다. 달라진 것은 목탁 소리와 순덕이가 우리들의 곁을 떠난 것뿐이다.

선생님께선 치매 예방을 하신다며 살아생전에 1,625개의 산 이름을 아침저녁 외우신다고 하셨다. 아- 은사님! 진정 보고 싶습니다.

(월간문학, 2012)

용사 우용암(禹龍岩)군 만세

-6·25남침 시인하는 사과라도 들었으면-

6·25전쟁 유품을 모아 놓고 '진품명품'을 가리는 장면을 생중계하는 좀 이색적인 프로그램이 있었다. 김정일의 눈치를 보며, 또 그를 두둔해야 고급 자리가 보전될 수 있었던 정권하에 그런 기획을 하였다는 것은 여간한 용기가 아니다. KBS 사상님께 존경의 맘을 갖는다. 6·25남침전쟁을 평화전쟁이라 미화하며 남침을 인정하지 않는 일단의 권력 집단이 지금도 있으니 말이다. '진품명품'을 보는 동안 이 프로그램을 담당한 사회자나 보는 사람이나 가슴 조이기는 매일반일 터였다. 그 자리엔 '천인공노할 북괴의 도발을 상기하자!'고 나서서 외쳐야 할 인사의 얼굴도 보였다.

이날의 최고 명품은 무명천에 그려진 54년 전의 낡은 태극기였다. 그 명품 태극기를 보는 순간 나는 끓어오르는 감정을 제어하지 못하고 그만 펑 눈물을 쏟아놓고 말았다. 때 묻은 태극기엔 벗을 떠나보내며 각혈하듯 쏟아낸 죽마고우들의 친필 휘호가 어지럽게 씌어 있었다. '용

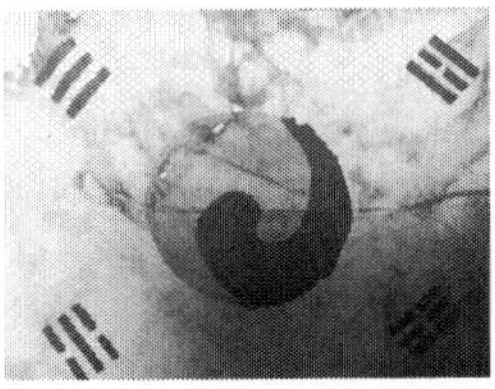

▲ 태극기는 우리 민족이다. ▲ 6·25 민간인 학살지 진주시 문산
▲ 국립서울현충원 천병만의 묘지, 집사람의 양오빠다.

사 우용암군 만세(勇士禹龍岩君萬歲)', '충의(忠儀)', '임전필살(臨戰必殺)' 이런 격문도 있었다.

무명천의 낡은 태극기는 마을 사람들이 우용암을 전쟁터로 보내며 생환(生還)의 애원을 담은 이를테면 부적(符籍)이었다. 막걸리 두 말 받아 놓고, 슬퍼하는 하늘을 쳐다보며 우용암이 살아서 돌아오라고 친구들이 그렇게 서로 돌아가며 친필 휘호를 넣어주었노라고 했다. 생존 동지(정태준)의 말이다. '충의'라고 써준 벗은 전사했단다. 여럿 중 4명만이 살아서 돌아왔다고 했다. 그 무렵 내가 살던 향리에선 12명이 입대하여 살아서 돌아온 사람은 3명뿐이었다.

'초콜렛', '양담배', '식수 소독약' 등속이 이날 전시된 '진품명품'이었는데 사회자가 이것들을 하나하나 설명하는 동안 나는 입 안에 침이 말랐다. 만에 하나 사회자가 누구의 눈에 밉보이는 실수를 하지 말아야 될 터인데, 하는 초조함 때문이었다. 까딱 실수하여 공산주의를 매도하는 말을 했다가는 그날로 아나운서란 직을 잃을 테니까 말이다.

주인공 우용암은 결혼 3일 만에 입대를 했다. 결혼 3일 만에 홀로가 된 여인은 시댁으로 들어가 남편을 기다리며 한을 품고 살았다. 그러다가 남편이 돌아왔다고 했다. 돌아온 남편의 집은 병원이었다. 남편은 옆구리에 총상을 입고 침대에 누워 있었다.

상이용사가 되어 돌아온 우용암, 그는 불구의 몸을 추스르며 29년간을 살다가 부인 곁을 떠났다. 더 불행하게도 친구 집에서 놀다가 돌아오는 길 넘어져 뇌진탕을 입은 것이다. "국가도 어렵겠지만 좀 도와주었으면 좋겠습니다." 부인 하재옥씨의 절규였다. 상이군인으로 인정이 되지 않아 그동안 한 푼의 보상도 받지 못했다고 했다.

근자의 일들을 둘러보며 이 밝은 하늘 아래 이런 법도 있는가 싶어진다. 국군포로가 북에 생존됨이 확인되면 연금을 중단하겠다는 것이 정부의 입장이었다. 그 무렵 그 정부는 시너 뿌리고, 불 지르고, 경찰관 7명을 숨지게 하고, 11명에게 중화상을 입힌 동의대 사건 주동자에게 민주화 운동의 열사라며 월계관을 씌워 아주아주 파격적인 포상도 했다. 민주화 운동의 최적 주제는 양키 고 홈에 김정일에게 보내는 호의적 태도면 오케이였다. 이럴 수는 없음이다. 그때 죽은 경찰관은 무슨 무슨 민주화로 인정받았으며, 또 얼마의 포상을 받았는지 아무도 모른다. 공권력을 행사하다가 죽은 경찰의 죽음은 개죽음이고, 시위자가 죽으면 나라가 법석이다.

지금 이 땅은 6·25참전용사가 자부심을 잃어 가는 분위기에 싸여있다. 그러기에 치욕의 날 6·25가 코앞으로 다가왔는데, 누구 하나 입도 벙끗하지 않는다. 방송사가 그렇고 신문사가 그렇다. 가령 세종로 사거리에서 6·25가 북침이라고 외치며 다니는 사람은 생명이 보전되지만 김정은을 욕하고 다니다가는 어느 손에 맞아 죽을지 모르는 분위기다.

지식인이 많아야 삶의 질이 높아지고, 바른 소리하는 지식인이 있어야 세상이 맑아지는 법인데 지식인이 다 죽었다.

그날 진품명품을 진행하던 사회자의 모습은 사뭇 진지했다. 이를 지켜보던 시청자의 마음은 무거웠다. 사회자는 말조심을 하느라 표정이 굳었고, 시청자는 울분을 참느라 가슴이 터졌다. 사회자의 입에서 공산당의 비위를 건드리는 말이 끝내 나오지 못했다. 아니 어쩌면 그런 말이 나올까 싶어 지켜보는 쪽의 마음이 더 조였다.

6·25남침을 시인하는 사과 한 마디는 끝내 들을 수 없는 것인가?

그 말 한마디 듣는다면 막 퍼주어도 덜 아깝겠다.

(2004. 6. 24, 조선일보 게재 후 퇴고)

흩어지면 살고, 모이면 죽는 사람들

남새밭을 지나 왜개연꽃이 피는 작은 연못을 끼고 돌면 산자락에 안긴 집성촌이 덤불 속의 송이버섯처럼 머리를 내민다. 일곱 가구가 전부인 속칭 감박골이다. '흩어지면 살고, 모이면 죽는 사람들'이 사는 마을이다.

희한한 일은 이 외통 길 농로에서 정작 마을 사람 만나기가 쉽지 않다는 것이다. 상대적으로 낯선 사람들의 모습은 심심찮게 보인다. 그중에서도 특별히 관심을 끄는 사람이 있다. 50년 전 아주 먼 곳으로부터 이곳에 시집와 줄곧 한 집에서 살고 있다는 여자분과, 허리가 ㄱ역자로 굽어 발등만 내려다보고 걷는 농부와, 5체 만족이라 해서 TV에 한 번 나왔던 불구자가 타고 다니는 서쿠터라고 하던가, 그런 동력 휠체어에 몸을 싣고 나타나는 선비풍의 중늙은이와, 카우보이 모자에 발 크기 갑절이나 되는 슬리퍼를 질질 끌고 나타나는 남정네가 그 주인공이다. 관심이 갈 수밖에 없다.

50년 전에 이곳으로 시집와서 평생을 살고 있다는 여자분은 일당벌이를 위하여 하루 한 번씩 이 길을 왕래하는데, 묻지도 않는 마을의 대소사를 주문을 외듯 술술 풀어놓는다. 허리가 ㄱ자로 굽어 자기 발등만 내려다보고 걷는 농부는 담을 사이에 둔 밭에서 산다. 이 부지런한 농부는 왕년에 서울의 D대를 기차 타고 다니며 졸업을 했다는 충실 청년이었단다. 연이나 제 뜻을 제대로 펴보지 못하고, 정신적 충격에 저렇듯 실어

증 중환자의 신세가 되어버렸다는 것이다. 일당 받고 잡일을 한다는 여자분과는 그쪽에서 먼저 말을 걸어와 서로 인사하는 사이가 되었고, 허리 굽은 농부는 그분이 끙끙대며 안고 가는 들깨 모종을 내가 달래서 밭까지 두어 번 날라다 준 관계로 그저 아는 척 지내는 사이가 되었다. 짐을 두 번씩이나 날라다 주고도 역시 고맙다는 인사말을 들을 수가 없을 정도로 그는 입을 닫고 사는 사람인데 아주 뒷날 딱 한 번, "베어버리라고 했잖아유?" 이 한마디 들어본 것이 처음이자 마지막이었다. 내 집 정원의 키 큰 나무들이 그네 밭에 그늘을 주어 밭농사에 영향을 주는 대도 아무 말이 없다가 그나마 사귀었다고 한 그루만 베어 버리자고 말을 걸어와 대답을 했었다. 그런데 하필이면 아끼는 사랑나무를 잘라낸 것이다. "상의없이 그냥 나무를 잘랐군요?" 했더니 그런 반응을 보인 것이다.

카우보이모자에 발 크기 갑절이나 되는 슬리퍼를 질질 끌고 나타나는 남정네와, 유난스레 챙이 넓은 밀짚모자를 눌러쓰고 스쿠터를 타고 다니면서도 자세를 반듯하게 가졌던 중늙은이와는 인사할 짬을 갖지 못했다. 하여튼, 이들은 각자가 정한 시간에 맞추어 같은 길을 오르내린다는 공통점을 갖고 있었다.

상추밭에는 주둥이를 보이던 잡풀이 여러 날 내리는 비를 맞으며 몰라보게 자랐다. 두 날이 달린 정원용 호미로 잡풀을 파내고 있는데, 카우보이모자가 어제의 모습으로 비닐봉지에 무언가 담아 들고 슬리퍼를 질질 끌며 그 시간에 나타났다. 천하에 바쁠 것이 없는 듯한 그는 그늘이 좀 두터운 논두렁 끝자락에 이르러 주춤주춤 보폭을 줄이더니 털썩 궁둥이를 땅에 붙이고 앉는다. 나는 벼르던 끝이라 용기를 내어 꾸벅 머리인사를 했다. 이를테면 수인사였다. 그저 그만 며칠이 지났다. 이번에는 저쪽에서 인사를 해왔다. 역시 차림은 같았다. 내가 그쪽으로 가까이 갔다. 나눔의 시간이 필요했는지 그는 잠깐 일어났다가 다시 길바닥에 쪼그리고 앉는다. 성씨가 어떻게 되느냐고 물었다. 윤이고 이름은 무엇이라고 했다. 그러면서 들고 있던 새장을 길바닥에 내려놓는다. 새장은 제법 고급품인데 오랫동안 쓰지 않은 것이어서 녹이나 있었다. 내가 새장을 만지며 관심을 보이자, 그는 안 동네 아무개가 들 새 한 마리를 잡았다며 연락이 와 얻으러 간다고 했다. 손에는 까만 비닐봉지가 들려 있었는데, 막걸리병이 비닐 밖으로 목을 내밀었다. 언제나 이 길을 지날 때면 손에 비닐봉지가 들려 있었거늘 그게 술병이었음을 오늘에야 알게 되었다.

나는 약주나 한 잔 나누자고 했다. 놀랍게도 그는 나에 대하여 많은 호감을 갖고 있다고 했다. 아마 내가 연장을 들고 밭에서 서성이는 꼴이 하 엉성하였는지라 그게 머리에 각인이 되어있었나 보다. 외모와는 달리 그는 언어가 무척 순화되어 있었다.

물론 내가 어디에 사느냐고 물었고, 그는 손으로 방향을 가리키며, 저쪽 끝 단독에서 산다고 했다. 얼마 전 어머니를 여의고 혼자 산다고 했다. 나이가 이해로 53세요, 두 달 전에 어머니가 돌아가셨단다. 여든 한 살을 사셨단다. 병원에 오래 계셨는데, 간병비가 한 달에 백만원씩 들어갔다고 했다. 장례는 수목장이라고 했다. 집 뒷산에 있는 고목 밑에 산골하고, 당신이 생전에 즐겨 피우던 담배였기에 틈만 나면 산에 올라 담뱃불을 피워 드린다고 했다. 개를 50마리씩이나 길러봤다고도 했다. 그는 스스로 기구한 운명을 지고 태어났다고 했다. 이 마을에서 몇 년이나 살았느냐고 물었다. 마을 태생이란다. 술 없인 못 산다고 했다. 술이 친구요, 끼니요, 술 마시는 것이 일과라고 했다. 그러면서 그는 자리를 떴다. 쓸데없는 내 질문이 싫었던 모양이다. 미안했다.

장마가 너무 길다. 지겹다. 그런데 요 며칠 윤씨가 보이지 않았다. 술이나 한 잔 나누자며 섣불리 해버린 약속이 짐이 된다.

구름이 비워준 틈새로 쪽빛 하늘이 보였다. 밭에 괸 물을 빼러 삽질을 하고 있는데, 윤씨가 지나가면서 인사를 한다. 저쪽 외딴집을 가리키며 그 집에 간다고 했다. 따라가도 되느냐고 물었다. 나는 소주 두 병과 적당한 안주를 비닐봉지에 담아 들고 윤씨를 따라 외딴집으로 갔다. 거기엔 10여 명 마을 사람들이 모여 있었다. 소꿉동무들이란다. 조금 전 집 앞 논에서 비료를 살포하던 부부도 와 있었다. 나는 소주잔을 한 순배 돌렸다. 이미 거나하게 취한 상태여서 분위기는 그야말로 짱이었다. 삼일이 멀다하고 이렇게 모인다고 했다. 모였다 하면 밤을 지새운단다. 그들은 '흩어지면 살고 모이면 죽는다.'고 했다. 모였다면 술을 퍼마시니 몸을 헤친다는 말이다. '사람이 술을 먹고, 술이 술을 먹고, 종당엔 술이 사람을 먹는다'고 하지 않았는가.

밀집모를 눌러쓰고, 스쿠터를 타고 다니는 신사풍의 중늙은이에 대한 이야기는 안들은 이만 못했다. 그는 이 동네에서 유지로 살았단다. 땅을 수천 평이나 가진 부자라고 했다. 그런데 얼굴이 좀 반반하게 생긴 부인이 하루아침에 거지를 만들어놓고 도망을 갔단다. 남편 몰래 땅을 처분하고 자식 둘을 껴안고 줄행랑을 쳤다는 것이다. 충격으로 오랫동안 두문불출했고, 결국 하반신 불구라는 폐인이 되었다는 것이다.

윤씨의 말대로 수목장을 치뤘다는 뒷산 고목을 찾아봤다.

'모이면 죽고 흩어지면 산다'는 사람들이 모여 사는 감박골! 문명의 이기가 이곳만은 제발 피해 갔으면 좋겠다.

이씨 부부가 사는 외딴 집, 바깥 마당에 서 있는 은행나무가 오늘따라 더 쓸쓸하게만 보였다.

〈월간문학 20008. 2호(통권 468호)〉

백운산장

체감 영하 30도로 돌변 강풍에 러프가 뒤엉켜 5명 꼼짝 못함. 체육복 한 겹만 입고 제때 못 먹어 하강 중 5명 이미 얼어붙음. 2명도 저체온증에 탈진, 사망자는 모두 7명으로 늘었다. 1971년 11월 28일 사고 당시 백운대 인수봉 현장을 생생히 겪은 어느 기자의 눈물나는 회상이다.

꼭 28년 전이다. 겨울방학 때다. 한적한 곳에 머물 요량으로 몇 군데 답사를 했다. 그러던 중 이 산장을 찾았다. 산장 가는 길엔 '깔딱고개'라 이름 가진 가파른 언덕길이 있다. 숨이 깔딱 넘어가고서야 다다른다고 해서 붙은 이름이다. 겪고서야 실감나는 영(嶺)이지만 이 고개의 속뜻을 가벼이 보고 오르다가는 큰코 다친다. 이 말랭이에 올라서면 백운대 인수봉이 보인다. 꼭 어머니 젖가슴처럼 맘을 포근히 녹여 주는 봉우리다. 저기쯤의 천길 절벽에 매의 둥지처럼 산장이 매어 달려 있다. 나는 30일 이상을 이 산장에서 머문다는 생각에 맘이 설레었다. 그러나 실망스럽게도 산장엔 사람을 받을 만한 따로 방이 없었다.

"아유! 멋스런 젊은 선생님 한겨울 같이 지냈음 나도 좋겠는데, 어쩌지요?"

후덕한 인상의 안주인이 얼굴에 난처한 표정을 지우며 말했다.

북한산의 대피소는 이 산장이 유일하다. 일주일이 멀다고 조난사고가 난다. 구조요청이 오면 오밤중에라도 남편 혼자 나가야 했다. 담요로 들것을 만들어 구조하기도 했고, 혼자 업어다가 방에 누이기도 했다. 그러니 신실한 청년이 한겨울 같이 있어줌 더없이 든든했을 터이다.

'94년간 일군 북한산 백운산장을 이제와 내놓으라'는 기사를 봤다. 산장이 소유권 소송에 휘말린 것이다. 산장은 국립공원관리공단과 1998년에 기부채납 약정을 체결했다. 기부채납은 국가나 지방자치단체가 재산을 무상으로 수용하는 것을 말한다. 공단은 지난 2017년 5월 산장 측에 산상의 소유권 이전 이행을 통보했다. 그러나 산장이 이에 응하지 않자 공단은 산장을 상대로 소송을 냈다. 재판을 앞둔 지난 9월 3일 산장지기 이영구(87)가 갑작스레 숨졌다. 이영구 부인 김금자(78)가 홀로 산장을 지키는 처지가 되었다. 산악인들에게 오아시스 같았던 백운산장, 1964년 이씨와 김씨는 이 산장에서 결혼식을 올렸다. 하객들이 많았다. 모두가 산악인이었다. 이 산장을 아끼는 지인들도 많았다. 부침개 부치고, 국수 말아서 손에 들려주고, 그날은 정말 북적북적했었다. 1992년 지붕이 죄다 불에 탔다. 98년에 2층으로 다시 지을 때 산악인들이 많이 도왔다. 손기정 선생은 현판 글씨도 써 주었다. 마당 턱이 좁아 터를 넓혔다고 남편 이씨는 일주일간 옥살이도 했다. 애들 학교에 보내자고 이 산장에서 국수, 막걸리를 팔았다. 큰아들이 다니던 학교 교장 선생님이 오셨다가 이 어려운 곳에서 학교를 다닌다며 교과서를 두 권씩 보내기도 했다. 한 벌은 산장에 두고, 한 벌은 학교에 두고 공부를 하도록 한 자상함이었다. 꽃필 때 벌어서 여름 나고, 단풍 들면 모아서 겨울을 살았다. 돈암동에서 미아리에서 장을 봐 지고 메고 먹거리를 날랐다. 전기불 밑에서 산 것도 겨우 4년 그런데 애들 짝지어주고, 이제 겨우 살만하거늘 공단에서 산장을 가져간다는 것이다. "1924년부터 할아버님, 아버님, 영감님이 산악인들과 맨주먹으로 일군 이곳 안 떠나렵니다."

부인 김금자의 하소연이다.

그 무렵 나는 광기 품은 이단아처럼 등산을 즐겼다. 매주 같은 요일이면 날씨에 상관없이 산에 오른다. 눈 쌓인 에베레스트 정상을 영감으로 길을 찾는다는 등산가 엄홍길의 기개는 못 지닌 위인이지만 산 내움에 취할 줄 아는 나름대로 산악인이었다. 내 경험으로는 눈 내리는 엄동에 노송 밑을 걸으면서 오도독 오도독 조여 오는 자국 소리를 듣는 것도 좋지만 우산으로 소낙비를 막아가며 정상으로 오르던 여름날의 등산이 더 좋았다. 운무가 산허리를 휘감을 때면 구름 속의 용이 되고, 그 운무가 사라지면 한 마리 청학이 되어 날개짓을 했다, 세속을 벗어난 듯 머리가 맑았다. 진달래 능선, 우이동, 도봉산, 정릉의 청수장 뒷길이 주 코스였다. 김영삼 대통령이 명하였다는 민추샘이 어디쯤 있는지도 익혀 알 수 있는 북한산과 정이 들었다.

시조를 쓰는 동인 한 분이 『일천산의 시탑』(김은남, 1,114쪽, 一千山詩塔) 이란 아주 두툼한 시집 두 권을 보내왔다. 부제가 '시로 오르는 일천 명산'이다. 거기 이런 내용이 나온다.

-방방곡곡 조국의 산을 찾아서 그 감흥을 시조로 읊조리는 『일

▲ 백운산장! 인명구조의 역할도 한다. ▲ 북한산의 원경

천산의 시탑』을 쌓기 시작한 지 많은 세월이 흘렀다. 그동안 세상의 온갖 명리를 멀리하고 오로지 '시탑 쌓기'에 몰두한 결과 천 사백을 헤아리는 산을 올랐다. 원래는 북한의 산을 망라하는 『일천산의 시탑』을 계획하였다.-

▲ 인수봉! 이날의 사고는 이곳에서 일어났다.

14년 전의 회고이니, 지금쯤은 몇 천의 산을 올랐는지 계산이 서지 않는다.

100에 6이 모자라는 나이를 일구어 온 백운산장, 공단은 산악인들의 염원에 귀 기우려 숙박을 허용하고 산장을 존치하는 방향으로 가닥을 잡았다고 한다.

내가 이 산장을 찾은 것은 방학 내내 박혀 앉아 소설을 쓰기 위함이었다.

(2015. 10)

제4부 안다는 죄 값

- 혼자 사는 즐거움
- 新 김삿갓 방랑기
- 학생 왕따! 그 책임은 1백 번 담임에게 있다
- 며느리밑씻개를 조심하라
- 漢江八景
- 정의구현사제단 조명연 신부 답하기
- 問字의 참주인
- 오빠의 철학

혼자 사는 즐거움

앉은키 높이의 돌탑에 고추잠자리 한 마리가 늦잠을 자고 있다. 수컷이다. 날개의 끝을 돌탑에 찰싹 붙이고 잠들어 있는 모습이 너무나 처연했다. 참 이상하다. 이놈은 언제나 혼자다. 놈들의 생김새가 거기서 거긴지라 구별이 가능할까마는 이놈의 잠버릇에는 특징이 있었다. 착륙한 전투기 모습으로 수평은 잘 유지하고 있는데 자세히 보면 꼬리 쪽이 왼쪽으로 휘어있다. 불구인 셈이다. 찬 기운 도는 날씨이니 돌탑의 온기에 혹했겠지만 어쨌거나 그는 혼자 사는 즐거움을 누리는 평화의 화신 모습이었다. 연못 주변에 거처를 둔 동갑네와 어울려 진종일 군무를 즐기더니 피곤했나 보다.

돌탑이라야 장난스럽다. 여기저기서 모아 온 잡돌이다. 내 집에 놀러 왔다가 고기잡이에 동참한 벗들이 주어 온 강돌도 섞여 있다. 물을 뿌리고, 자주 닦아 반들반들 윤기가 돈다. 나는 탑돌이 온 불자처럼 우두커니 탑 앞에 서서 있을 때가 많다. 마이산 탑사의 돌탑을 생각하기도 한다. 마음에 평정이 오는 위안을 받을 때도 있었다. 한데, 이참에는 고추잠자리가 저네들 쉼터로 여기고 찾아와 논다.

이 탑이 원래는 정원의 중간쯤에 있었다. 사찰의 대웅전 앞에 세워놓은 석등처럼 서 있던 탑이다. 그런데 여염집 안뜰에 돌탑 조성하는 일은 옛날부터 금기시한다며 다른 곳으로 옮기자는 것이다. 나는 그게 아니라며 우기지 않았다.

▲ 석등은 서울집 정원의 것을 옮겨놨다.

▲ 석답의 온기가 좋은 모양이다.

▲ 오래도록 방치한 연못 닮은 연못의 수초.

▲ 뒷마당이다. 그늘이 두터워 시원하다.

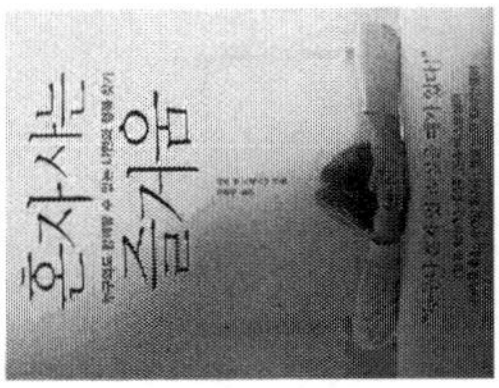

▲ 표제에 속아서 구입했다. 내용은 F학점.

▲ 늦겨울의 탄천, 애수에 젖은 외짝 갈매기의 모습이 안쓰럽다.

우리나라가 주최한 '88서울올림픽' 때, 참가국으로부터 돌덩이 하나씩을 가지고 오게 하자는 안이 있었다. 그 돌을 모아서 올림픽 선수촌에 상징물의 하나로 석탑을 쌓아 놓자는 뜻이었다. 그러나 이 계획은 어느 종교단체에서 반대하여 수포로 돌아갔다. 상징물인 돌덤을 토템시한 것이다. 불교에서는 신앙의 맥을 이어주자고 천지신의 존재를 인정하여, 사찰의 경내에 칠성각과 산신각을 지어 두 분 신을 모시고 있다. 가족들의 생각이 여기엔 미치지 못하였나 보다.

새로 옮긴 석탑의 위치는 정원의 초입, 이곳은 생각하기에 따라 공유지인 도로일 수도 있다.

-수집가는 눈가리개를 하고 다닌다. 수집하는 물건 외에는 아무 것도 못 본다. 획득의 본능과 아름다움을 감상하는 자세는 공존할 수 없

다.- '사라 밴 브레스낙'이 쓴 서책 『혼자 사는 즐거움』에 나오는 내용이다. 작가 정신에 딱 맞아떨어지는 지적 같아 공감이 간다.

-혼자만의 시간이 주어진다면 오래된 묘지에 가야 한다. 묘지는 고요하고 잠잠하다. 파란만장한 삶이 끝난 후 얻어진 적막함은 우리에게 행복의 의미를 일깨워 준다.- 이런 주장도 담겨 있다.

늦여름의 볕이 벼 포기를 뽑아 올릴 기세로 따갑다. 고맙게도 목련나무가 잔디 위에 두터운 그늘을 깔아주었다. 나는 몸과 마음을 잔디 위에 부려놓고 벌렁 누웠다. 뒷마당이라 나다니는 행인들의 눈에 잘 띄지 않는 곳이다. 세상 편했다. 죽어 저승에 가서도 이렇듯 포근한 자리에서 쉴 수 있었으면 참 좋겠다.

하늘이 푸르다. 조각구름이 끈 풀린 방패연처럼 떠 있다. 어디선가 낮별이 숨어있을 터이다. 잔디 싹을 입에 물리고 하늘을 쳐다보면 토끼구름이 보이는데, 그게 대한민국의 모습이라고 속이던 마을의 형들이 보고 싶다.

얼마나 지났을까. 산새 우는 소리가 멀고 가까운 곳에서 들린다. 목련나무가 그늘을 사려갔다. 대열을 이탈한 빨간 고추잠자리 한 녀석이 발등에 앉아 있다. 말만 잘 들으면 낮별을 보여 준다고 속이던 마을 형들, 그 형들은 한 번도 내 꿈에 나타나 주지 않았다.

지역 농악의 형성사를 연구한다며 전국을 이 년여 돌아다닌 적이 있다. 많은 농악 예인을 만났다. 그분들이야말로 혼자 사는 즐거움을 소유한 분들이었다. 여기, 두 분 상쇠의 '혼자 사는 즐거움'만 발설해 본다. 기흥읍의 '민속촌농악' 상쇠와 '대전웃다리농악' 상쇠가 그 주인공이다. 민속촌농악 상쇠는 일흔을 훨씬 넘겼고, 웃다리농악 상쇠는 쉰을 넘겼다. 민속촌농악 상쇠는 아직 총각의 몸이다. 이들 두 예인에게 공통적인 삶의 목포가 있었다. 이런 질문을 했다.

-연예인이 되려면 미쳤다는 소리를 들어야 하는데, 농악의 매력이 도대체 어디에 있습니까?-

두 분 상쇠의 대답은 전연 예측 못한 내용이었다.

"농악에 대한 매력이 있을까! 앞에서 말씀드린 그 네 개가 합쳐서 예를 들어 전라도 식이나 영산처럼 재-재- 잰잰-재재잰- 잰잰- 재재잰- 궁구구- 궁구구- 궁궁- 구구구-. 그러면 안 돼요. 그런데 미친 사람도 있겠지만 제가 생각하는 거는 '궁- 궁따궁- 궁- 궁따궁- 궁-궁-궁따구- 궁-.'하고 속을 탁 터주고 쉬면 어떼요? 합치자고 손을 딱 칠 때는 뭐라고 그러겠어요? 사람들이 얼씨구 하거던. 그때 내가 들어갈 수 있는 공간이 생기지요. 그게 진짜 농악이요. 기분이 고도로 흥분되어 박수치고 소리 지르는 거 그게 농악의 진수가 아니여! 나를 던져 버리는 순간! 나는 평생에 한 번밖에 못 했어요. 참 불행한 농악인이여."

답변이 아리송했다. 나중에 되물어 얻은 답과 합쳐보니 이런 말뜻이었다. 관객이나 대원을 의식하지 않고, 오로지 쇠 소리에 심취해 무아의 경지에 이르면 여유가 보인다. 그 빈틈의 여유가 혼자 사는 나를 즐겁게 해준다. 그 빈틈을 찾는 매력을 버릴 수 없어 농악을 한다는 얘기다.

그리고 웃다리농악 상쇠가 숨겨 놓은 이야기는 이렇다.

"아- 그것은 어떤 심리적 현상일 수도 있는데요, 힘이 들다가도 악기가 순간에 잘 맞아 떨어지면 흥이 돋우어져요. 자기도 모르는 사이에. 나 혼자만이……. 다른 사람도 그런 경우를 느끼고 했는지는 모르겠어요. 흥 때문에 소변이 나온다 이거예요. 찔끔! 그래서 도중에 의상을 벗고, 소변을 보러 갔었잖아요. 연주하는 동안에 그런 흥 때문에. 그런 것을 제가 몇 번 느꼈어요."

그가 배설하는 것은 소피가 아닌 정액이라는 사실을 알았다. 일에 대한 몰입없이는 혼자가 될 수 없다는 사실을 확인할 수 있는 대목이다.

이렇듯 상쇠 두 분의 '혼자 사는 즐거움'이 내가 추구하는 '혼자 사는 즐거움'의 한참 높은 차원임을 알았다.

'혼자 사는 즐거움'은 분명 재미있는 화두다. 이 서책을 읽게 된 동기는 제목에 마음이 끌렸기 때문이다. 완독하느라 힘은 들었다.

먹지 않은 술에 취한 기분이 듯, 의도성 없이도 혼자 사는 즐거움을 맛볼 수 있었다. 독서는 이리저리 몸에 이로운 약이 되나 보다.

해가 설핏 기울어 있었다. 늘어지게 잠을 잤다. 돌탑에 앉아 집을 지켜주던 고추잠자리도 졸고 있었다. 그가 조는 사이 그의 등살은 한 겹 더 그을렸다.

(월간문학, 2006. 3)

新 김삿갓 방랑기

김삿갓을 두고 시선(詩仙)이라 부른다. 여기에 토를 달 사람은 없을 듯하다. 그는 그렇게 한평생 시를 빚으며 살다가 간 사람이다. 그가 간지 200년 세월, 그럼에도 그가 보고 싶어 영월의 하동면 노루목 옥동천 개울가 둔턱에 누워있는 무덤을 찾아가는 이가 많다. 영월 사람들은 이곳을 '김삿갓계곡'이라 부른다. 국내에서 유일하게 조선민화박물관도 지어놓고, 그의 거주지도 복원하고, 그를 기리는 문학관도 만들어 놓았다. 고마운 일이다.

순간의 선택이 평생을 좌우한다고 했던가. 천재 시인 김삿갓이 바로 그런 사람에 속한다.

수 백 편의 시를 빚으며 원망의 세월을 살다가 간 그의 운명은 백일장의 한편 시가 화근이었음을 세인들은 알고 있다. 23세의 천재 소년은 백일장에서 이런 시를 썼다.

왈이세신김익순(日爾世臣金益淳)/정공불과경대부(鄭公不過卿大夫)
장군도리농서락(將軍挑李隴西落)/열사공명도말고(烈士功名圖末高)

-말하노니 세신 김익순은 들을 지어다/정공은 경대부에 불과한 벼슬의 몸으로 충성스레 죽었거늘/당신은 농서에서 적에게 항복한 한 나라의 이능(李陵)과 같으나/정공은 그 공명이 열사로서 길이 빛나게 되리라-

김삿갓은 이 시를 지어 장원이 되었다. 그러나 그는 이 시로 하여 평생 삿갓을 쓰고 살았으니, 이 또한 인간의 운명인지 모른다.

기구(起句)의 김익순이 선천(宣川) 부사요, 홍경래 난 때 투항한 죄인인바, 이 사람이 친조부라는 사실을 알 까닭이 없는 삿갓은 조상을 욕되게 하였음에, 이를 자책하고 참회한다며 스스로를 불경죄인이라 방하고 8도를 유람하는 방랑 시인이 되었던 것이다.

시 '탄음야점(嘆飮野店)'을 볼작시면,

천리행장부일가(千里行狀付一柯)/여전칠엽상운다(餘錢七葉尙云多)
낭중계이심심재(囊中戒爾深深在)/야점사양견주하(野店斜陽見酒何)
라, 하였거늘,

-천리 갈 머나먼 행장 지팡이 하나에 의지하고/남은 돈 7푼이 오히려 많은 편/너만은 주머니 속에 깊이깊이 있으라 타일렀건만/들주막 석양에 술을 보니 어이하리-

이렇듯 그는 이내 끼를 드러내고 만다.

그리고 그는 시 '삿갓(笠)'에서

-실속없이 방황하는 주인을 따라 함께 떠도는 삿갓도 실속없는 빈배와 같다. 본래 삿갓은 비를 가리기 위해 쓰는 것인데, 우연히 쓰고 난 뒤 40평생 한 번도 벗은 일이 없다. 그러나 다른 어떤 세속의 의관보다 좋은 것은 억수같이 퍼붓는 비바람이라도 삿갓만 있으면 아무 걱정 없기 때문이다.-

이렇듯, 스스로가 방랑자임을 확인해 주고 다녔다.

그러나 우리는 '이십수하(二十樹下)'라는 칠언절구에서, 가출을 후회하고 있는 그를 만날 수 있어 다행이었다.

이십수하삼십객(二十樹下三十客)/사십가중오십식(四十家中五十食)
인간기유칠십사(人間豈有七十事)/불여귀가삼십식(不如歸家三十食)

-스무나믄 살 아래인 서러운 나그네가/마흔 놈 집에서 쉰밥을 얻어먹으니/인간 세상에 어찌 이런 일이 또 있으리요/집에 돌아가서 차라리 선 밥 먹는 것만 못하네-

이렇듯, 속절없이 인간 본성을 드러내기도 했다.

또 삿갓은 어느 고을을 지나다가 길가에 변사한 거지의 시신을 보게 된다. 이 거지의 죽음을 보고 쓴 시가 '견걸인사(見乞人屍)'이다. 7언율시(七言律詩), '견걸인사'를 다음과 같이 의역해 본다.

-이름도 성도 고향도 모르는/그대는 어느 산 밑이 고향인고/아침에는 썩은 몸에 파리와 벌레들이 득실거리더니/저녁에는 까마귀 있어 외로운 혼을 달래네/이 세상에 남긴 유일한 유산이라고는 한 자 남직한 짧은 지팡이뿐이며/몇 되 되지 않는 곡식은 구걸해온 먹을 양식인가 보네/내 앞마을 청년에게 부탁하여/한 삼태기 흙을 옮겨 묻어줄 터이네-

그는 아마 거지의 주검에 자신의 주검을 포개어 보았을 것이다. 그리고 인간의 주검은 한 줌 흙으로 돌아가는 과정이라고 생각했을 터이다. 그러기에 인간이란 결국 바람이오, 구름이라고 하지 않았는가.

그는 시 '竹'으로 달관의 세계를 읊기도 했다. 경련(頸聯)과 미련(尾聯)

을 감상해 본다.

빈객접대가세죽(賓客接待家勢竹)/시정매매세월죽(市井賣買歲月竹)
만사불여오심죽(萬事不如吾心竹)/연연연세과연죽(然然然世過然竹)

-손님의 접대는 집안의 형편대로 하고/시장에서 매매하는 것은 시세에 따를 것임에/세상만사 뜻대로 되는가/다 그런 세상 그런 대로 살자구나-

그리고 그는 '벌목(伐木)'이란 시를 지어 자연의 소중함을 웅변하기도 했다.

호거천년수(虎踞千年樹)/용전일석공(龍顚一夕空)
두남전후무(杜楠前後無)/환부고금동(桓斧古今同)

-호랑이가 꿇어앉은 듯한 천 년 묵은 고목이/용이 넘어지듯 하룻밤 사이에 없어졌구나./'두보' 정원에 녹나무는 한 그루뿐인데/ '환퇴'가 쓰던 도끼는 옛날이나 다름없네-

그는 또 어느 길거리에서 '처음 만난 여인(街上初見)'에게 수작을 건네기도 했다. 시인에게 여인이 금기일 수는 없었나보다.

-7월의 은은한 바람 타고 노랫소리 들려옴에/나그네는 길을 멈추고 서서 정겹게 듣노라/빈집에 밤이 깊어 아무도 모르니/달도 기울어 삼경인데 찾아간들 어떠리-

이렇듯 시인의 애절한 구애에 여인은 다음과 같이 화답했다.

-먼길 가는 데는 뭇사람 눈 피하기 어려운 법/정이 있으되 말이 없으니 무정한 줄 아소서/담을 넘고 벽을 뚫는 것은 어려운 일 아니나/이미 농부와 맺은 맹세 다시 어찌 하리요-

퇴짜를 맞은 삿갓은 화가 날 수밖에 없었을 것이다. 그렇게 하여 지은 시가 '증모녀(贈某女)'였다. 스스로의 정열을 달래기 위하여 쓴 시였다.

-낮에 만난 아리따운 과부가 눈에 선해서 잠을 이룰 수가 없구나/가을 하늘에 밝은 달이 뜨니 마음은 더욱 간절할 뿐/소나무와 대나무는 굳은 절개 천년을 지켜도 늘 그 꼴인데/도화와 오얏꽃은 봄마다 다시 피어도 곱기만 하구나/그렇게 귀하던 왕소군의 귀한 몸도/양귀비도 죽으면 한줌 흙이 된다/인간의 성품 본래가 무정한 것 아니니/살아 있을 때 산 사람에게 인정 쓴들 죄 될 일이 있으랴-

이렇게 하소연을 해보는 것이다. 그러나 진정이 되지를 않는 터. 육

▲ 영월 김삿갓계곡의 김삿갓 동상

▲ 삿갓은 갔으나, 계곡의 물은 오늘도 흐른다.

▲ 김삿갓 시집

두욕을 담은 음탐시를 작하여 회포를 푼다. '연유(嚥乳, 젖을빨다)'가 그것이다. 차마 원문만 게재한다.

> 父嚥其上 婦嚥其下 上下不同 其味則同
> 父嚥其二 婦嚥其一 一二不同 其味則同
> 父嚥其甘 婦嚥其酸 甘酸不同 其味則同

그는 '언문진서(諺文眞書)섞어 작(作)'이라는 파격시를 지어 사대주의 사상에 물든 선비들을 꼬집기도 했다.

> 언문진서섞어작(諺文眞書섞어作)/시야비야개오자(是耶非耶皆吾子)

> -국문과 한문을 섞어서 지은 나의 시를 보고 옳으니 그르니 하는 놈은 모두 내 아들놈이다-

진한 독백을 해보았자 스스로의 고독을 감내하기 어려웠다.

시 '추풍방미인불견(秋風訪美人不見)'과 '마도(馬島)'에 담긴 그의 심정을 헤아려 보자.

> -가을바람 불어오는 어느 날 옛날 사귀던 아름다운 여인을 찾아갔다. 그러나 늦었다, 그녀는 이미 이 세상의 사람이 아니었다. 그녀가 보던 거울도 주인을 잃어 쓸쓸하기만 하고, 불던 퉁소도 소리가 끊겨 적적하기만 하다. 김삿갓의 가슴은 찢어질 듯 아팠다. 한 번 이별했다고 쉽게 잊혀지지 않는 것이 사람의 마음인데, 함께 부르던 노래가 생각난다. 이제는 다시 돌아올 수 없는 먼 길을 가버린 여인아! 차라리 들꽃에 마음 두며 시름 달래고 살겠노라.-

이렇듯 나락으로 떨어진 스스로를 다랬다.
그리고 이어,

-친구를 찾아 '마도'에 갔더니, 친구는 변방으로 가 버리고 없다. 쓸쓸한 마음 달랠 길이 없어 시 한 수 읊으려 하니 하늘에서 눈이 내린다. 친구가 간 곳은 그 옛날 임금님이 피난갔던 그 길이고, 김삿갓이 온 길은 '마도'의 뱃길이다. 변방으로 떠나는 친구를 송별 못했으니 마음이 허전할 뿐, 시를 쓰려 해도 가슴이 말을 듣지 않는다.-

이렇듯 먼저 떠난 친구가 너무너무 그리웠다.
그의 명시 '자탄(自嘆)'은 우리 모두의 자탄이 아닐까 싶다.

차호천지간남아(嗟乎天地間男兒)/지아평생자유수(知我平生者有誰)
평수삼천리랑적(萍水三千里浪跡)/금서사십년허사(琴書四十年虛詞)
청운난력치비원(青雲難力致非願)/백발유공도불비(白髮惟公道不悲)
경파환향몽기좌(驚罷還鄉夢起坐)/삼경월조성남기(三更越鳥聲男技)

-40평생 부평초처럼 삼천리 방방곡곡을 떠돌아다니면서 시를 짓고 거문고에 노래를 담아보았건만, 돌이켜 생각하니 모두가 부질없는 일뿐인 것을. 아무도 알아주는 이 없는 인생 이대로 흘러가는 수밖에. 청운의 큰 꿈 억지로 안 되니 버린 지도 오래고, 귀밑에 다가오는 백발이야 천지간에 공평한 도리이니 슬퍼할 까닭이 없지 않는가. 다만 그리운 것은 멀리 떨어져 있는 고향뿐이로세-

김립과 더불어 잠시나마 시성이 되어보았다.

(월간문학)

학생 왕따! 그 책임은 1백 번 담임에게 있다

탁상공론으로 되지 않는 것 두 가지가 있다. 종교와 교육이 그것이다. 은총을 받았을 때 믿음이 더 깊어지듯, 제자는 스승의 사랑 밑에서 바르게 자란다. 아이들의 모방심리는 취미생활을 바꾸기도 한다. 그러기에 모방심리가 언어순화의 역할도 한다.

왕따 책임을 두고 지금 우리 사회는 두 패로 갈려 있다. 학교 교육의 불평등을 원인으로 주장하는 전교조와 이의 동조자들, 그리고 교권 박탈이 불러온 예고된 현상으로 보는 교총과 그쪽 집단이다. 천하의 교육무지인 이해찬이 교육부 수장이 되더니 제1성으로 학교 복도에 소원수리 우체통을 제작해 놓으라는 것이다. 효과는 급진적이어서 사제지간의 신뢰성은 일순간에 와르르 무너졌다.

때를 만난 전교조는 자기들의 입맛에 맞는 두 정권의 비호 아래 체력을 다져 난공불락의 성역구축에 성공했다. 이제 누구도 이들의 주장을 거역하고는 자리 보존이 어려운 실정이 되고 말았다. 이를 부인하는 세력이 있다면 그들은 교육 행정에 무지이거나 교육에 관심이 없는 무지렁이들이다. 무소불위의 이들 세력은 입법·사법·행정의 공권력이 먹혀들지 않는 이방지대 세력이다. 어느 정부에서는 실증법상 살인범도 민주화란 포장으로 둘둘 말아 애국열사 만들고, 돈도 등짐에 실어 주었다. 지금 대한민국은 형식상 하나의 국가일 뿐 같은 헌법 아래 두 개의 집단이 공존하고 있는 형국이다. 국회의원부터가 창과 방패를 나누어

▲ 김형목 이사장님의 미수(1999. 6.3) 기념으로 찍은 교직원 사진이다.

* 8학군의 종주라 불렀다. 교정부지 3만 평 가까운 터전에 45개 학급, 3천 명 가까운 재학생과 120명에 가까운 교직원이 상주했다. 특수고교를 제외한 일반고에서는 대학 진학률이 전국 으뜸이었다.

들고 격투를 한다. 죽기 아니면 살기다. 이들의 정의는 우리가 심봉하는 정의와 다르다. 오죽하였으면 『정의란 무엇인가』라는 책자가 한국

서점에서 판매순위 1위에 올랐을까. 물론 책의 내용은 영 아니지만….

리카오가 떼를 지어 물소 잡는 것을 보았다. 소름이 돋는다. 시의회라는 곳이 전교조 앞잡이가 되기도 한다. 전교조가 그토록 원하던 '집회 자유'와 '소지품·일기장 검사 금지' 등의 '학생인권조례'를 생색내듯 통과시켜 주었다. 김정은 집단에도 이런 조항이 있는지는 모르겠다. 일기장 몇 쪽만 들쳐 봐도 왕따 냄새를 맡을 수 있는데 그걸 막았다. 일기장 몇 줄만 봐도 문제아 가릴 수 있는데 그걸 막았다. 한 반 학생 65명을 데리고 담임했다. 그 학생들의 동태 한 달 안에 파악된다. 희한한 이야기를 일기장에 쓰고 끼리끼리 돌려보는 그런 것도 저지 못하게 한다. 모두가 자기에게 이득 되는 일이기 때문이다.

전직 교사란 분이 중학생 180명을 인솔해서 '빨치산 추모제'에 참석한 일이 있다. 현직 교사도 하지 못할 일을 해낸 것이다. 사상교육이란 이렇게 무섭다. 추모제 현장에서 6·15선언문을 외워 바치는 치적을 쌓게 했다. 임실군의 한 작은 읍촌에서 있었던 일이다. 필자는 전교조 집단을 저주한다. 내 반에서도 전교조 사상에 물든 제자가 있었다. 참교육 실천이 걔네들의 교육목표다. 참교육의 정의는 걔네들만 안다. 걔네들 눈에 대한민국 교육은 참교육이 아니다.

해양부장관이란 자가 교장자격연수장에 나타나 특강을 했다.

"초·중·고 12년 동안 존경하는 선생님이 내겐 없었다. 몇 놈 교장·교감 된들 의미가 있겠나?"

연수장에서 해양부장관이 한 말이다. 이쯤 되면 대한민국 교육 현장의 끝판 아닌가?.

이북의 국민 소득은 이남의 19분의 1쯤이라 한다. 이북집단이 이남보다 우위일 수 없다는 통계다. 통계는 과학적 근거에 입각한다. 이러한 통계가 그들에겐 소용이 없다. 그냥 이북은 다 잘 사는 천국일 뿐이다. 스승의 거짓말은 떠난 뒤에도 제자들의 가슴에 못이 되어 박혀있다.

'학교폭력 해결방안모색'이라는 주제의 긴급진단 프로그램이 몇 차례 방영되었다. 모두의 말씀이 하나같이 지당했다. 그러나 처방책 강구의 방법이 서툴러 보였다. 교육 담당자들이 경험담을 털어놓고, 이를 근거로 법을 다루는 사람들이 처방전을 만들면 된다.

필자는 대담을 경청하면서 이런 생각을 했다. 내일 '은하수유치원'에서 소풍을 간다. 소풍 놀이의 일과를 짜는데, 그 자리엔 유치원 선생님은 보이지 않고, 원장님이 뒷전에 앉아 있었다. 대신 저명하다는 대학교수, 족집게 별명을 가진 학원 강사, 대입 참고서의 명 저자, 입시 삼수생, 이런 인사들이 모여서 원생들의 놀이계획을 짜고 있는 꼴이었다.

왕따 처방전 기사를 여러 일간지에서 읽었다. 필자의 마음에 와닿는 기사가 있었다. 피해 학생 부모인 홍 아무개 선생님의 말씀이다.

"못본척·못들은척·벙어리인척, 이 3不 교사들이 있는 한 왕따에 괴로운 학생 30만 명 줄지 않을 것이다."

맞는 말씀이었다.

필자가 처음 교단에 선 것은 이승만 정권 말기다. 뒤에는 45개 학급을 가진 대형 사립 고등학교에서 다년간 근무하다가 명예퇴직을 했다. 3천 명에 가까운 학생들과 한 울타리 안에서 지냈다. 한 학급의 인원이 많게는 65명에 이른 적도 있었다. 그간 학교에서 보고, 듣고, 겪은 현장 사연을 말로 한다면야 책 몇 권 분량이다.

이런 일이 있었다. 학생을 두 번 때렸다. 한 학생은 뺨을 맞고 어금니에 문제가 생겼고, 한 학생은 안경알이 깨어졌다. 한 학생은 특활시간에 있었던 일이고, 한 학생은 복도에서 있었던 일이다. 안경알이 깨어진 학생의 어머니가 다음날 학교로 왔다. 복도에서 만났다. 수업 종이 울려 입실하던 중이었다. 여럿 선생님이 같이 있었다.

"아유! 선생님 미안해요. 전 화가 나서 왔는데, 선생님을 뵈니 제가 너무 경솔했다는 생각이 앞서네요. 저렇게 인자하게 생기신 선생님이 오죽이나 화가 났으면 뺨을 때렸을까."

이 정도의 이야기를 나누었다. 나에겐 잊혀지지 않는 사건이었다. 이를 다쳤다는 학생의 집에서는 아무런 항의가 없었다. 내교 해주기를 기다렸다. 학생에게 손을 대었으니 사과를 드려야 한다. 그리고 그 학생의 잘못을 알려 다시는 그런 일이 없도록 주의를 줄 필요가 있었다. 소위 말 많은 8학군의 중심에 있었던 학교의 학부형들이다. 요즘의 학생 인권으로 치면 나는 파면감이다. 학부형의 교육 수준이 높았기에 학생을 훈도하기가 쉬웠다고 생각한다. 제자들은 스승을 따랐다. 그리고 스승은 제자를 사랑했다.

후배 교사들을 자주 만난다. 그때의 교육환경은 천국이었다고 한다. 나는 이 주장에 절대 공감하지 않는다. 그때는 그때에 맞는 교육을 지금은 지금에 맞는 교육을 하면 된다. 지금의 반 학생 수는 그때의 2분의1 수준이다. 대가족 시절 한솥밥 먹는 식구보다 조금 많은 숫자다.

나의 가슴 속에 찡하고 남아 있는 사연이 있다. 초등학교 선생님이 자기 반 아이를 벌준다며 빈 창고 안에 가두었다. 깜박 잊어버린 담임은 새벽녘에 창고로 달려갔다. 열 손가락에 피멍이 든 아이는 죽어있었다. 유치원 원생이 학교 버스 안에서 질식하여 죽었다. 운전수가 버스 뒤쪽 좌석에 앉아서 잠이 든 학생을 그냥 두고 문을 닫아버린 것이다.

"오늘 예쁜이가 보이지 않네요."

유치원 선생님이 집에 전화 한 통만 보냈어도 학생은 죽지 않았다.

기사가 목을 빼고 뒤쪽을 확인했어도 사고는 나지 않았다. 이 모두가 스승의 제자 사랑 결핍으로 생긴 일이다.

지방의 어느 교육감이 자기 집 대청마루에 목을 매어 자살한 사건이 있었다. 지금으로 말하면 전국일제고사 격이다. 그 시험지가 사전에 유출되었는데, 그 책임을 지고 교육감은 그렇게 간 것이다. 이것이 교육자의 양심이다. 그런 양심 없다면 교단에서 물러나야 한다. 왕따의 존재는 교육업자가 있기 때문이다. 교육자 담임이라면 왕따 학생 만들지 않는다.

파렴치 교육자 부부를 옆에 두고 산다. 그것도 대학의 교수다. 법을 가르치는 조 아무개라는 자다. 대한민국 국민이 부끄러워할 일이다. 그런 자가 장관까지 했다. 우리 정상인의 눈에는 잘잘못을 가릴 줄 모르는 저능아 정도로 인식된다. 촌지 10만원 받고 파면된 교사도 있었다.

서울시 교육감이라는 어떤 자는 죄인이란 판결을 받고도 이에 굴복하지 않는다. 그는 형이 억울하다며 항소하여 무죄를 입증하겠다고 했다. 정말 죄가 없다면 누명을 벗고 집무실로 돌아가면 된다. 이것이 호모사피엔스의 처신 제1차 방정식이다. 그는 운 좋게도 벌금형을 선고받고, 미소 띤 얼굴로 출옥하여 국민에게 사과 한마디 없이, 제발로 걸어서 집무실에 나가 16개 지역 교육감을 모아놓고, 꿋꿋하게 할 일 하겠다고 얼굴을 세웠다. 이쯤 되면 이런 자에게 더 이상 바랄 것이 없다. 130만 학생과 학부모님들의 얼굴 대하기 미안할 뿐이다.

암탉은 보통 20수 개의 알을 20여 일 품어서 새끼병아리를 만들어 낸다. 꿩은 그보다 훨씬 많은 제 새끼를 품어 키운다. 품고 있는 동안 온몸으로 알을 돌려 온기가 골고루 퍼지게 한다. 지금 초·중·고교의 반 학생 수는 꿩이 품고 있는 알보다 조금 많거나 그 수준이다.

"왕따 책임 나에게 있다."

하루에 열 번씩만 외쳐보라. 아니 되면 100번씩 외쳐라. 그런 애정으로 제자들을 보듬어 봤는가.

최근 한국교총이 전국 126개 초·중·고교를 대상으로 실시한 왕따 실태 긴급 설문조사를 했더니, 전국의 왕따 추정 학생이 30만 명에 이른다고 했다. 가해 학생을 피해 학생과 물리적으로 분리시키는 방안으로, 왕따 가해 학생을 따로 모아 대안학교를 만든다고 했다. 만약 이 대안학교에서 교사를 공채한다면 필자는 기꺼이 이력서를 넣을 것이다.

왕따 책임 담임에게 백 번 있다. 왕따 피해를 보신 학부형님께 현직 교사를 대신하여 머리 숙여 사과드린다. 입이 열 개라도 변명하지 않겠다.

(2013. 7)

며느리밑씻개를 조심하라

사람의 촌수 중에 가장 껄끄러운 것이 고부지간이고, 식물의 이름 중에 가장 악랄한 것이 '며느리밑씻개'인 듯싶다.

딸이 과년하면 남의 집으로 시집보내어 며느리가 되게 하고, 그 며느리가 자식을 낳으면 또한 남의 집 딸을 데려와 며느리로 삼건만 고부지간의 촌수는 야릇하게도 물과 기름인 채 서로 어우름이 쉽지 않아 보인다.

곤충세계에서 보듯, 고부지간(姑婦)은 더러 천적과 같은 속성을 들어내기도 한다. TV의 멜로드라마에 그런 장면이 나온다.

▲ 며느리밑씻개 - 갈고리가시에 걸리면 못 빠져 나간다.
▲ 며느리배꼽 - 며느리밑씻개보다 조금은 연하나 날카롭기는 마찬가지다.
▲ 며느리배꼽 열매 - 잎의 가운데쯤에 1개가 달려 자라는 모양을 보면 배꼽을 빼어닮았다.

고부를 고식(姑媳)이라 칭하기도 한다. 그런데 고부든 고식이든 이 말은 어원부터가 예사롭지 못하다. 고부를 파자해 보면 이렇다. 고부의 고(姑)자는 훈이 '시어머니'인데, 속뜻은 '세대(世代)의 사실을 입(口)을 통해 차례차례로 전하여 십(十)대가 이어짐'을 나타낸다. 여기서 말하는 십대(十代)는 무한의 뜻을 지닌다. 천지개벽이 없는 한 며느리는 친정의 가풍을 좇아 시어머니를 섬겨야 한다는 이치다. 그러니 남의 집 며느리로 사는 한 시어머니 앞에서 끽소리 못하고 참고 따라야 함을 불문율로 삼아야 된다.

고부의 부(婦)는 훈이 '며느리'인 바 추(帚)가 의미부이다. '손(又)에 헝겊(巾)을 들고 일정하게 정해진 경계 안(冂)을 닦는다.'는 데서 '쓸다'란 의미를 갖도록 뜻을 박아놓은 회의자(會意字)다. 시어머니의 명에 절대 복종하며, 손에 든 걸레를 놓지 말고 쓸고 닦으며 살라는 어명이다.

하고많은 이름 중에 '며느리밑씻개'는 무엇이고, '며느리배꼽'은 또한 무엇이던가. 며느리밑씻개나 며느리배꼽이나 이 둘은 공히 마디풀과에 딸린 한해살이풀로 주변에서 흔히 볼 수 있는 흔한 풀이다. 어린 잎은 식용으로도 가능하다. 며느리밑씻개는 잎이 호생하며 잎자루가 길고 삼각형이며 잎의 밑이 극형이거나 심장형이고 끝이 날카롭다. 줄기는 덩굴지며 네모났고, 가지가 갈라졌으며, 홍색의 꽃을 피운다.

며느리배꼽 역시 잎은 호생하며 잎자루가 긴 편이다. 앞뒤에 아래로 난 가시가 줄을 짓고 있다. 줄기는 가늘고 길며 덩굴지어 뻗으며 마디는 약간 융기가 있고 아래로 난 가시가 있어서 다른 것에 기어오르기 쉬운 구조를 가지고 있다. 꽃은 소형이고 밀착성이 강하다. 특히 갈고리 모양의 가시로 전신을 무장하고 있어 접근하기가 어려운 풀이다. 긴 잎자루가 잎 밑에서 약간 올라붙어 있다고 하여 며느리배꼽이라 불리게 되었다고 하나, 그보다 열매를 보면 불쑥 튀어나온 모양이 영판 배꼽이다.

그런데 며느리밑씻개는 왜 그런 악명을 달고 태어났을까. 우선 이놈의 가시는 며느리배꼽의 열 배나 강한데다 낚시 바늘처럼 휘어있어, 살찜에 한 번 달라붙으면 안으로 파고들어 피를 보고서야 떨어지는 구조다. 이렇듯 고약한 모양새를 하고 있는 풀이 며느리밑씻개다. 세상천지간에 며느리가 얼마나 미웠으면 손으로 만지기조차 어려운 이 가시풀로 밑을 씻으라는 것인가? 화장지가 없었던 시절 이엉 묶었던 썩은 새끼로 밑을 닦아내기도 했으니 며느리는 만판 눈물을 머금고 이 밑씻개로 그곳을 닦았으리라. 그러고도 며느리의 볼기짝이 남아난 것은 다행한 일이다. 호박잎으로 밑을 닦아내기도 했다. 며느리밑씻개로 밑을 닦고, 며느리배꼽으로 그곳을 훔쳐내며 살았던 여성의 모습이 우리들 어머니상이다.

며느리배꼽은 나팔꽃 모양으로 가장을 하고, 며느리밑씻개는 삼(麻)풀로 가장을 한 채 태어난다. 살기 위한 변장술이다. 깔때기 모양을 하고, 이른 아침 수줍게 피었다가 햇살이 돋으면 스스로 자태를 숨기는 나팔꽃을 미워할 사람은 없다. 삼풀은 삼베길쌈의 원료이다. 살림의 밑천이다. 이런 길쌈노래가 있다.

-하날에다 배를놓고 구름잡아 잉어걸고
짤각짤각 짜느라니 편지왔네 편지왔네
한손으로 받아들고 두손으로 펼쳐보니
시앗죽은 편질러네 올타고년 잘죽었다
고기반찬 비리더니 소곰반찬 고솝고나

무슨병에 죽었더냐 분홍치마 발키더니
상사병에 죽었다네-

여인네의 고뇌가 담긴 노랫말이기에 옮겨보았다. 며느리밑씻개보다 더 까칠한 분위기다. 시앗의 부음을 손에 들고 느끼는 카타르시스, 공감이 간다.

며느리밑씻개는 봄을 밀쳐내듯 새싹을 일찍 틔워낸다. 절실한 이유가 있었다. 이놈은 선천적으로 몸이 약하다. 먼저 태어나 자리를 잡지 못하면 억센 풀숲에 눌려 압살당한다. 시간을 다투어 줄기를 내뻗어야 한다.

며느리배꼽도 이치는 같다. 그러나 배꼽은 희한하게도 시달림을 받으면서 성질이 강해진다. 꼭 며느리의 품성을 닮았다.

며느리밑씻개는 다른 종의 몸을 휘감아 오르며 머리를 빳빳 높이 쳐든다. 자라면 자랄수록 줄기가 실해지고 잎도 무성해진다. 짧은 기간 내에 사람의 키 높이로 자라고, 길게는 5, 6미터를 훌쩍 넘긴다. 이쯤 자란 놈은 제거하기가 쉽지 않다. 완전무장이 필요하다. 긴팔옷부터 입는다. 두터운 장갑을 끼고, 목이 긴 신발을 신어야 한다. 놈의 갈고리는 키를 키우는 견인역할 외에도 문어 모양 착 달라붙어서 피를 빨아 먹는 빨대 역할도 한다. 뿌리가 잘린 채 몇 날을 싱싱하게 버티는 자양분도 생산한다. 며느리가 세력을 키우면 시어머니를 우습게 여기는 경우가 있다.

며느리배꼽은 딸기밭, 도라지밭, 부추밭, 원추리, 대추나무 가리지 않고 공격을 한다. 배꼽에 한 번 공격 당하면 그것으로 끝이다. 솟아날 방도가 없다. 잘못 걸리면 일 년 농사를 망칠 수도 있다. '개'자가 붙어

제대로 된 피사체가 없듯 '며느리'가 붙어 온전한 식물이 없는 터이다.

고부간 갈등으로 며느리가 세간을 나거나 그 반대의 경우를 본다. 비극이다.

봄의 계절이 가까이에 머물고 있다. 나팔꽃 모양이되 나팔꽃이 아닌 며느리배꼽, 삼이되 삼이 아닌 며느리밑씻개를 가려서 볼 줄 알아야 농부다.

이 풀의 생성분포는 한국, 일본, 중국이라고 했다.

(중대문학, 2015)

漢江八景

이태조가 한양의 금표를 위하여 성 쌓을 자리를 찾고 있었다. 어느 날 밤 도읍지의 변두리에 눈이 내렸다. 내린 눈은 성터 모양을 하고 있었다. 태조는 하늘이 마련해 주었구나 기뻐하며 그 자리에 성곽을 쌓았다. 여기서 설(雪)이 울(圍)을 이룬 곳에 성을 쌓았다는 '설울'의 어원이 생겨났고, 간음화되어 '서울'이란 지명이 탄생되었노란다. 민간어원설이다.

우리의 서울은 인구수로 따져 세계에서 4번째로 큰 도시다. 한 터가 줄곧 한 고을로 명맥을 유지했음에 그 나이의 서열로 가리면 세계에서 13번째가 된다는 고도이다. 그리고 서울은 조선 개국 이래 1,422대 시장을 배출하였으며, 정도(定都) 600년이란 화려한 역사를 안고 있다.

강을 끼고 있어 흥하지 않은 도시가 없다고 하였다. 우리는 천하제일의 한강을 소유하고 있으니, 이 또한 천혜의 복을 누리고 있음이다.

한강! 강원 태백시 창죽동 산 1의1 금대봉 정상 북쪽 경사면 바로 아래, 둘레 60cm, 깊이 20cm, 하루 용출량 3톤, 연중 섭씨 9도 안팎의 작은 옹달샘 하나, 이것이 한강의 발원지이다. 한강은 흐르며 흐르며 수많은 삶의 터전을 마련해 주고는 한양성에 이른다. 서울이 좋았던가, 머무르며 산모의 심정으로 천만 시민을 품어 안는다. 마지막 남은 기세는 서해 바다로 밀려나 장장 1천 2백 4십 오리의 긴 여장으로 막음한다.

한강 변엔 절경지가 많다. 시에서는 여덟 곳을 골라 이를 漢江八景이라 명명하고 단장하여 새 명소로 가꾸고 있는 것이다. 팔경은 강의 북쪽 암사동으로부터 시작하여 하구 쪽으로 내려가 성산대교까지 자리 잡고 있는 바, 암사동의 ①선사거주지를 일경으로 하였음에 그곳에 가면 6천여 년 전의 우리 조상과 대면할 수가 있다.

백제가 광주에 도읍하였을 때 고구려를 막기 위하여 쌓은 성 ②아차산성을 꼽았으니, 민담에 이르기를 시골의 한 선비가 청운의 뜻을 품고, 여러 날 강행군하여 한양 땅에 당도함에 이 산의 정상에서 궁궐을 바라보며 잠시 쉬는 바, 문방사우(文房四友)를 챙겨봄인데 붓을 빠뜨리고 왔던지라 너무 놀라 "아차!"하고 비명하였음으로 아차산이 되었노란다.

문화재위(文化財委)가 지난 1963년 성곽만을 사적으로 지정했던 ③풍납토성이 상체기를 드러내자 학회가 보존구역 재조정을 요구하기에 이르렀고, 이 주장이 설득력을 얻어 22만여 평 크기의 토성 전체가 보존지역이 되어 백제 위례성이 다시 성지(城址)로 태어남에 이 또한 일경의 반열에 올랐다. 강을 경계로 하여 동호대교 남단에 ④압구정지가, 성산대교 북단에 ⑤망원정이 있거늘 이를 또한 각각 경의 반열로 꼽았다.

압구정동엔 호화로운 정자가 있었으니 이는 당대의 권신 한명회가 70의 나이에 궤장(几杖)을 하사받고 물러나 여생을 보낸다며 지은 압구정이 그것이다. 주변의 경관이 빼어남은 겸재의 화필과 대동시선에 담겨 있으되 오당시에 이르기를 -강물의 기세는 동쪽 산기슭을 훑어오고 산악의 형태는 한양을 다 둘러쌌다-고 했다. 또 한명회의 권세가 하늘에 닿아 있음은 성종이 친히 압구정시를 지어 내렸고, 조정의 여러 문사들이 어제(御製)에 화운(和韻)하여 수백 편의 시를 빚어내었음으로 미루어 짐작된다. 한명회는 정자의 이름을 명나라 사신 예겸(倪謙)에 부탁하여 지었으니, 예겸은 자기가 지은 압구정자의 狎鷗 훈에 이르기를 겁이 많아 인적을 싫어하는 갈매기라 할지라도 진실로 사심없는 인간에게는 정을 준다는 날짐승임에 만년에 욕기를 버리면 그와 친할 수도 있다하였으니 이는 한 재상에게 인간 본심으로 돌아가라는 강한 경고의 뜻이 담겨 있음이 아닌가. 이 압구정자도 복원시킨단다. 그리고 한명회의 권세를 비호 해주던 정자 건너편엔 이 정자와 영욕을 같이했던 섬 저자도의 잔영이 있으니, 지금의 성수대교 중간지점 그러니까 삼표골재 하적장을 물고 아래쪽으로 꼬리를 내민 빈 땅이 저자도다. 이 섬은 고려시대부터 명승지로 중랑천과 한강 본류가 합심으로 만들어낸 삼각주였다. 동서의 길이 2,000m, 남북이 885m로 100여 가구가 살았다는 기록이 있다.

망원정은 세종의 형 효령대군이 지은 별장이다. 마포구 합정동 457번지 1호의 지번을 갖고 있는 이 정자는 13년 전에 복원되어 지역주민들의 사랑을 덤북 받고 있기도 하다. 망원정이란 성종이 붙여준 명칭이오, 이곳의 동명이 망원동인 것은 망원정이 있기 까닭이다. 이곳의 옛 경관을 회상하여, 서울의 도성을 동에서 서쪽으로 감도는 경강 가운데 용산강을 지나 마포 서강으로 이어진 서호에 양화나루가 트고, 나루 북쪽 언덕 동쪽 강가에 솟은 잠두봉, 그 서쪽에 자리한 망원정, 이 망원정 앞 건너 남쪽 언덕의 선유봉이 있어 주변의 경관이 동방 제일의 명승지였다고 읊었다. 망원정의 원래 이름은 희우정이다. 한발이 계속되어 기우심(祈雨心)으로 이 정자에 올랐던 세종이 때마침 비가 내리자 친히 희우정이라 명명하였던 것이다. 명나라 사신으로 이곳에 왔던 예겸이 이곳 풍광을 극찬한 싯귀에 '황성을 떠나오기를 사천 리 먼 길인데 신선의 배 여기에 띄울 줄 어찌 알았으리'라 했다. 그리고 그가 육십 년 뒤에 세워진 한명회의 정자 이름을 압구라 지어 주었다니 도대체 몇 살의 나이에 공인이 되었으며 얼마만큼 장수하였는지 의문이 생기는 대목이다. 압구정이 그러하듯 망원정의 팔자도 드세기는 마찬가지였다. 세종이 친히 납시어 명나라 사신에게 위로연을 베풀었는가 하면 성종은 이곳에서 군 사열을 받았으며, 연산군은 누각이 협착하다 하여 헐고 천 명이 앉을 수 있도록 개조하였고, 정자 위에서 보이는 건물이 거슬린다며 모두 헐어버려 양화진에서 마포에 이르는 사이가 빈터로 남기도 했었다. 단종이 명나라 사신을 이곳으로 안내하게 하였는가 하면 중종은 망원정 부근의 송충이 피해를 줄이도록 전교하기도 하였다. 이런 일화가 있다. 옛날 당태종 때 기전(畿甸) 안에 황충이 발생하였다. 태종이 황충을 잡아 삼키려 하자 신하들이 이를 만류하니 태종은 '네가 백성의 양식을 먹을진대 차라리 나의 폐와 간을 먹어라'하고 삼켰다고 했다. 예나 지금이나 송충의 피해는 막을 길이 없었나 보다.

여기에 더하여 ⑥새남터와 ⑦절두산성지를 각각 八경에 합산하였으니, 경은 경이로되 이곳의 경은 외경(畏敬)의 뜻을 지니고 있는 곳이다. 새남터엔 새남터순교성지가 절두산엔 절두산순교성지가 있다. 새남터는 '노들' 혹은 '사남기'로 불리우던 곳으로 조선조 군사들의 연무장과 국사범 등 중죄인의 형장으로 사용되었다. 앵베르 라우렌시오 주교와 김대건 안드레아 신부도 이곳에서 처형되었다. 조선조 세조 때 성삼문 등 사육신이 숨진 새남터를 문화유적지로 단장하여 이들의 충절을 기리는 장으로 삼겠다는 것이다. 그리고 이곳엔 1956년 '가톨릭순교기념탑'이 세워졌고, 이어 신축된 성당은 우리 고유의 건축양식을 취하고 있다. 또한 한복차림에 쪽을 찐 성모상이 있으니 이 여인상은 교황청의 허락을 받아 세운 것이란다. 새남터는 무녀들이 제사를 지내던 곳으로 죽은 사람의 혼령을 천도시키기 위하여 '지노귀새남'이라고 한데서 유래되었다는 설도 있다.

'서울대교구대희년전대사순례성당'으로 지정된 절두산성지는 그 역사가 말하듯 참으로 많은 우여곡절을 겪은 곳이다. 교통과 군사적 요지로 알려진 양화진이 병인박해를 겪으면서 절두산으로 지명이 바뀌었으니 얼마나 많은 신자들이 이곳에서 처형을 당하였는지는 미루어 짐작이 간다. 앞뒤로 대로가 포위하고 있어 성지에 이르기조차 어려운 실정이었던 바 성지확장 계획이 수립되고 시에서도 협조하여 새로운 모습으로 변모되고 있으니 순교자 현양탑이 건립되고, 교육관이 지어지고, 교회사유물공원이 조성되는 등 참으로 놀라운 성지로 탈바꿈하고 있다.

그리고 ⑧ 노들섬·밤섬·선유도를 묶어 일경하였음에 八경의 풍류는 예서 돋보인다. 신선이 노닐었다는 선유도는 인가가 있어 고기잡이와 밭농사 그리고 유기그릇 등을 만들어 팔면서 풍요롭게 살던 곳이다. 우리 국문학사에서 '황조가'와 함께 가장 오래된 시가인 '공무도하가'의 연원지로 전해지는 선유도는 해발 40여 미터에 27만 평이 넘는 큰 섬이었다. 그 경치가 빼어났음은 많은 풍류객들이 정자를 지어 기거하였음으로 입증이 된다. 일제의 한강치수사업을 계기로 허물어지기 시작한 이 섬이 2002년 월드컵을 계기로 참으로 다양한 새 명물로 태어났다. 화양대교 중앙 하중도의 선유도공원이 그것이다.

그리고 율도로 표기되는 섬 밤섬이 있다. 밤섬은 선유도 3배 크기의 섬이었다. 인씨, 마씨, 신씨, 석씨 성을 가진 사람들이 모여 살던 집성촌이었다. 한강 물을 식수로 살던 이들은 남녀가 서로 업히고 업고 강을 건너는 것을 수치로 여기지 않을 만큼 정답게 살았다. 당산목과 부군당의 보호아래 농사를 지었다. 배도 만드는 기술을 가진 72가구 450여 명은 17대를 그렇게 이 섬에서 살았다. 한강 수로에 도움을 준다며 섬을 폭파하자 이들은 고향 밤섬이 보이는 곳에서 살겠다며 인근 와우산 중턱으로 옮겨 앉았다. 63가구가 다시 모였다. 그들은 2천여 평의 국유지를 손수 깎고 축대를 쌓아 연립식 주택을 지었다. 꼭 34년 전의 사건이다.

장마 끝이라 한강은 흙빛으로 흐르고 있었다. 창전동의 와우산으로 그때의 밤섬 실향민을 찾아갔다. 마을버스를 타고서야 닿을 수 있는 곳이었다. 한강을 조망하기란 애초부터 불가능했다. 건물이 키 자랑을 하듯 솟고, 정작 밤섬 실향민이 살고 있다는 110동과 111동은 서로 엉겨 붙어 시야를 가리고 있었다. 경비원에게 물어보고, 통장댁을 방문하고, 노인정의 노파에게 질문해 보았으나 밤섬 이야기엔 귀를 닫아버린다. 모두들 날품을 팔러 갔으니 만나보려거든 저녁에 오라는 것이다. 다시 뵙겠다며 하직하고 물러났다. 2개 동의 총 세대수는 311세대라고 했다. 임대로 살고 있으며 15평 크기라고 했다. 이곳에 지켜 남은 밤섬 주민이 몇 명이나 될까.

귀향길 노들섬에 들렀다. 행정명으로 중지도인 이 섬은 버들이 많았다고 하여 노들인지 노량진의 고명이 노들나루여서 노들인지 어원이 확인되지 않는 터이다. 노들섬은 무거운 한강다리를 지고 사느라 늘 숨이 차지만 갈대숲을 선물할 만큼 여유가 있었던 곳이다.

李源登 상사의 동상 앞에 섰다. 두 손 합장 묵념하며 명복을 빌었다. 그는 고공침투훈련 중 부하의 낙하산이 펴지지 아니하자 몸을 던져 그를 구하고 스스로는 한강의 빙판 위에 떨어진 참 군인이었다.

-비취옥보다도 더 푸른/아름다운 조국의 하늘/이 하늘을 지키는/
젊은 육군용사 이원등/바람찬 창공을 뚫어/죽음의 부하를 구하다-
-1966년 2월 4일. 글 박종하-

빛바랜 비문을 읽으며 안경을 닦았다.
기울던 해가 배광이 되어 동상을 안고 붉게 타고 있었다.

월간『서울 사랑』

① 선사거주지

② 아차산성

③ 풍납토성

④ 압구정지

⑤ 망원정

⑥ 새남터순교성지

⑦ 절두산성지

⑧ 漢江三島(노들섬+밤섬+선유도)

정의구현사제단 조명연 신부 답하기

이른바 '천주교정의구현전국사제단'이란 단체가 있다. 이 단체는 공인되지 않은 교회 내 불법조직이다. 극 친북성향인 이 단체는 보수 정부가 하고자 하는 정치에는 이유 불문하고 앞장서서 방해한다. 성복(聖服)으로 가린 이들의 몸둥아리는 추악하기 그지없다. 이네들에게 피해를 본 사람 중의 하나이기에 고발하고자 한다.

'KAL858기가 폭파되었다는 아무런 증거가 없으니 가짜이고, 김현희가 자살을 시도했다는 그 어떤 증거도 없으니 가짜다.'

소위, 천주교 인권위원회와 정의구현사제단이란 단체의 115명 신부가, 김현희 'KAL858기' 사건이 조작이라며 여호와의 이름을 팔아 생떼를 쓰고 있다. 이 주장의 거죽과 속이 같은 맥락에서 나온 말이라면 우리는 이들을 정상인으로 인정할 수 없는 터이다. 조명연은 사이비 신부다. 신앙인으로의 양심을 저버렸기 때문이다.

KAL858기의 폭파로 어머니를 잃은 내 사랑하는 제자의 슬픈 마음을 담아, 유치원 아이들도 이해할 수 있도록 쉽게 풀어, 858기 사건이 가짜가 아님을 천하에 아뢰며, 스스로 이 사건의 증인이 되고자 한다.

제자의 이름은 홍필기(가명)이다.

-본적 : 충청남도 당진군 …. 현주소 : 강남구 압구정동….
입학 : 1981년 2월 25일. 졸업 : 1984년 2월 11일.

출석사항 : 1학년 개근. 2학년 개근. 3학년 모친상으로 상고 5일(개근). 1학년 담임 김영탁. 2학년 담임 강인상. 3학년 담임 김유기. 성격 명랑, 예의 바름 -

제자 홍필기의 생활기록부 중 초록한 내용이다. 이 생활기록부에 기재된 상고 내용은 858기에 탑승한 제자 필기 어머니의 사고사를 말한다.

반 학생 수 63명 내외. 1개 학년 15개 반. 합쳐 45개 학급. 전교생이 3천 명 가까운 8학군의 명문 인문고교, 이것이 홍필기 군 모교다.

KAL858기가 폭파되었다는 증거가 없으니 이 사건은 가짜라 괴변하며, 김현희 죽이기 선동에 앞장섰던 당시 사제단의 운영위원 조명연 신부에게, 3천 명의 이름을 담아 증거물로 제시한다. 당신은 이것마저 가짜라고 우기는가? 당신들 죽기 전에 밝혀두는 것이 비명에 간 영혼을 위무하는 일이라 생각했다.

카타르시스라는 심리 변이로 대리만족을 취하듯, 이들의 사이코패스(psychopath)에 버금어 위안을 삼는다.

1987년 12월 초순, 3학년 담임이셨던 김유기 선생님과 둘이서 인사

▲ 1987년 KAL기 폭파사건.

▲ 정의구현사제단 수원교구 시국미사, KAL기 폭파사건이 증거가 없다며 조작이란다.

동에 있는 홍필기 아버지의 사무실로 문상을 갔다. 내 자식 졸업한 지가 언제인데, 이렇게 잊지 않고 찾아왔느냐고 반색을 하던 학부형의 모습이 지금도 가슴을 저리게 한다. 김유기 선생님은 858기 피해보상에 대해 질문을 하였고, 나는, 가죽 목걸이에 묶인 채 눈을 부라리고 있는 등치 큰 '도베르만' 독일산 개를 멍청히 바라보았다. 115명의 생명이 불타는 비행기 안에서 겪었을 괴로움이 오죽했을까. 이런 생각을 하고 있는데, "저 개는 성질이 고약해서 매를 맞으면 머리에 담아 두었다가, 주인과 남을 가리지 않고 복수를 한답니다." 학부형은 묻지도 않는 이런 말을 내게 했다. 보상금은 아직도 받지 못하였다고 했다.

그 후 홍필기는 서울대로 진학했다. 지난해에는 홍필기 기수의 제9회가 스승의 날 행사를 주관했다. 그날 홍필기는 나오지 않았다. 스승의 날 행사와는 별개로 홈커밍데이 잔치가 따로 있다. 2년 후엔 홍필기 기수인 9회 졸업생이 이 행사를 주관할 차례다. 그때 내 제자 홍필기를 만날 수 있기를 기대한다.

두더지 모양 지하에서 암약하던 용공 분자들이 이제는 드러내 놓고 날뛴다. 속고 지낸 많은 국민들은 이들의 행패를 보며 혀를 내두른다. 김대중·노무현 정부가 이북에 차관으로 대여해준 식량이 돈으로 따져 68억 원이 넘는다고 한다. 상환일이 지난 6월 8일인데 오늘까지 가타부타 대꾸가 없단다. 이북이란 나라의 수준이 이 정도다. 한마디로 UN 가입국 자격이 없는 집단이다. 국가가 아닌 두목이 총칼로 다스리는 모리배 군집이라는 소리다.

이북의 3대 세습은 독재가 아니라, 3부자가 내리 통치력이 월등하여, 전 국민이 뽑아준 것이기에 신선하다는 진보당의 국회의원 이 아무개란 자는 김정일의 죽음을 전 국민이 눈물로 애도하는 것으로 보더라도 독해가 아니라고 KBS 방송국 대담에서 주장했다. 해군기지 반대를 위하여 제주도 강정마을로 내려가서 떼쓰는 신부, 훈련 중이던 미군 장갑차가 두 여학생을 일부러 깔아뭉개 죽였다며 미군 물러가라고 외치는 하치 직업데모꾼! 전 세계가 알고 있는 고약한 집단, 그 집단을 본받아 우리도 다 같이 거지꼴로 살자고 충동질하지 말고, 우리보다 더 잘 살고, 더 좋은 나라 앞서자고 부추기는 제발 그런 국민으로 돌아오길 바란다. 정의구현사제단이여, 당신들이 진정 성서를 바로 읽은 교인이라면 11억 명 가톨릭 신자 앞에 죄짓는 일 또다시 하지 말기를 바란다.

쓰다가 보니 예술문 아닌 실용문이 됐네요. 재직시절 대입 논술지도를 오래 하였기에 직업병이 도졌나 봅니다. 문인의 양심을 팔고, 문학의 영역을 한참이나 벗어난 비문(非文)을 꾸려놓고, 여기에 수필이란 이름을 달았으니, 문단의 선후배로부터 꾸중 들을 일만 남았네요.

불순단체 가담자 115명의 신부에게 참회하는 염치가 있기를 기대한다.

(중대문학, 2012)

間字의 참주인

2만 2천 년 전 인류는 라스코와 동굴 벽에 처음으로 그림을 그렸다. 그리고 1만 7천년 뒤, 가장 놀라운 업적을 남긴다. 문자를 만들어 낸 것이다. 전해오는 이야기를 보존하기 위해서 문자가 필요했던 것이다. 이와 같은 문헌상의 '문자와 역사'를 간추리고 유추해 보면 문자를 만든 배경에는 세속적인 이유가 있었다. 우리들의 문자를 나의 문자로 착각하는 사욕(私慾)이 자리잡고 있다는 사실이다.

일 예를 들어 보자.

한 국가에는 국가의 명칭이 있고, 그 국가를 상징하는 국기와 국가와 국화가 있다. 한 번 정해진 이것들은 나라가 망하지 않는 한 바꿀 수 없는 것으로 인식된다.

권위의 월간 순수문예지 『現代文學』은 창간호의 제호를 그대로 쓰고 있다. '朝鮮日報' 역시 창간 이후 한 세기를 그 제호 그대로 사용하고 있음이다. 현대문학의 제호는 손재형씨가, 동아일보의 제호는 김돈희씨가 각각 쓴 휘호다. '韓國文人協會'의 기관지인 대한민국 대표문예지 『月刊文學』도 손재형씨가 썼다. 그런데 '月刊文學'은 무슨 연유인지 그간 표지 글꼴이 몇 번 바뀌었다가 제자리로 돌아와 지금은 창간호의 제호를 되찾아 쓰고 있다. 천만다행이다. 아주 삐딱한 생각에 젖어 사는 일단의 무리가 우리 문인협회를 접수하지 않는 한 제호가 바뀌지 않으리라 확신한다. 손재형·김돈희 이 두 분은 당대의 명필가였다.

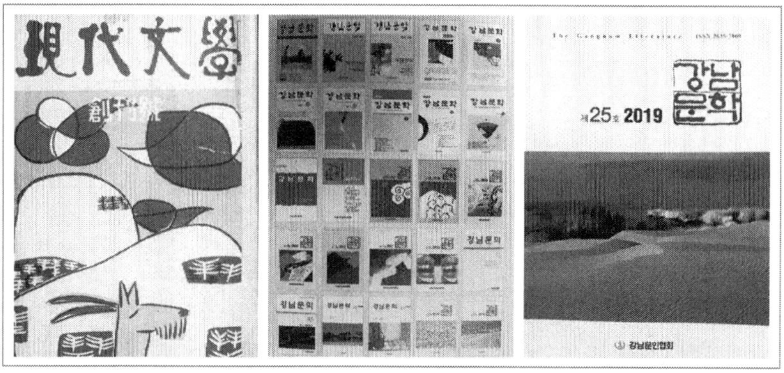

▲ 1955년 1월에 창간하여 제800호를 낸 월간 『현대문학』은 창간호의 글꼴을 그대로 쓰고 있다. 이것이 전통을 지키는 양심이오, 단독과 복수 소유에 대한 개념을 아는 선비의 식견이다.

▲ 강남문인협회 동인지 창간호(1996) 표제자형形字을 보자. 그간 여섯 번이나 바뀌었다.

▲ 낙관형의 표제는 서예가 예광 선생님의 친필이다. 기계 글자와 달라 육필엔 영혼이 담긴다. 낙관형의 로고를 그대로 이어서 사용했으면 좋겠다. 동인지는 개인 창작집이 아니다. 이제 누구 맘대로 바꾸지 말자.

그리고 올곧게 사신 분들이다. 혼신을 쏟은 육필제호, 예기(藝技) 넘치는 글꼴이기에 이분들이 쓴 글씨는 언제 보아도 정감이 간다. 전자필(電子筆)과 달리 육필(肉筆)엔 영감이 담기는 법이다.

문단 안목을 넓혀 거론해 보면 문학동인지가 꽤 많다. 이들이 만든 동인지를 많이 받는다. 얼추 100여 개의 동인지에 해당된다. 몇 개의 동인지가 눈에 익을 뿐 하나같이 제호의 글꼴이 바뀐다. 애석한 일이다. 전염병처럼 옮는 정당의 명칭이 바뀌듯 사주나 회장이 바뀌면 준비를 하고 있었다는 듯 냉큼 바뀐다. 지적해서 미안하지만 월간 『펜문학』 표지가 그 대표급이다. 그들의 행동이야말로 자가당착 아닌가? 필자가 이 단체로부터 멀어진 것도 이와 무관하지 않다. 개인 문집이 아니거늘 저렇듯 마구잡이로 바꾸는 것을 보며 증오심이 생겼다. 동인지의 주인공은 동인이다. 그러니 전엣 것이 눈에 좀 덜 차더라도 그냥 전통으로 인식하여 안고 가야 된다. 바람직한 것은 창간호의 제호를 고수하는 일이다. 내용물이야 편집자에 따라 특색이 있기 마련이다. 2, 3년 임기의 회장이 바뀔 때마다 표제의 글꼴을 바꾼다고 생각해 보자. 개인 창작집 겉표지에 옷 벗긴 마누라 사진을 내세운들 욕할 바 아니다. 만상은 질서에 의해서 유지된다. 사람의 다리가 둘인 것도, 소의 다리가 넷인 것도 마찬가지다. 성문율은 불문율을 인식할 때 더 가치가 있는 법이다. 동양철학의 바탕이다.

8년이 넘는 제주도의 유배지에서 벼루 10개가 닳고, 1천 자루의 붓이 몽당이 되도록 글씨를 썼다던 김정희의 글씨 중 추사체란 자형이 있다. 그의 호를 본떴다고 하는 데, 이 자형은 천하의 악필이다. 글자가 제 꼴을 잃었다는 소리다. 글자가 아니라는 것이다. 몇 번 강조를 했던 말이지만 글자가 제 꼴을 잃으면 공용성이 상실된다. 이 자형을 쉽게 판독하는 사람은 김정희뿐일 것이다.

언어와 문자는 합의적 가치로 이뤄진 창조물이다. 추사체를 두고 명필이라고 부추기는 이가 있다. 한동한 ET인형이 불티나게 팔린 적도 있다. 도마뱀인형도 나왔었다. 이걸 두고 예술품이라고 칭송하는 이치와 같다. 추사체가 당대의 명필이라고 한다는데, 대한민국 어디에도 추사체를 본뜨려는 후예가 없다. '글자(文字)'의 품사는 보통명사이고, 주체는 언중이다. 언중이 소유하기에 개인이 마음대로 매매할 수가 없다.

최근엔 조소로 맞이해야 할 논문을 자주 본다. 논문은 예술문 아닌 실용문이다. 실용문은 법적인 보호를 받는다. 그러기에 규정을 따라야 한다. 논문이 서론·본론·결론의 구성체를 이룸은 공식이다. 이에 거부

감이 간다고 마음대로 조작해 보라. 독자는 주제에 접근하기 어렵다. 한데 '서론'을 '들어가는 말', '결론'을 '나가는 말'이라 바꿔 놓은 경우를 본다. 여기에 맞추려면 본문은 '앉아 있는 말'쯤이 된다. 음성언어는 소리, 기호언어(?)는 문자형식을 취한다.

한 예 하나를 든다.

늙은 시인 고은이 잦은 '미투' 사건에 연유되어 목이 조여오자, 그 죄를 고백하는 과정에,

"지금은 언어가 다 떠나버렸다. 언젠가 돌아오면 그때 말할 것이다."

이렇게 한 마디 뱉었다. 7천만 국민을 능멸하는 자기만의 언어다. 사과문은 실용문이기에 뜻이 정확히 전달되어야 한다. 필자는 많은 동인지를 받아보며 추사씨의 추사체를 생각할 때가 있다. 이왕 말이 나왔으니 추사체의 글꼴을 지적해 본다. 한자 서체(전서·예서·해서·행서·초서) 어디에도 추사체의 유형은 없다. 일러, 럭비공을 그려놓고 이응(ㅇ)자라고 웅변한다면 이는 광자의 짓이 된다. 우리가 잘 아는 한자의 붓씀법으로 영자팔법이 있다. 측·늑·노·적·책·략·탁·책(側·勒·努·趯·策·掠·啄·磔)이 그것이다. 제대로 익혀 쓰라는 소리다. 추사체는 묘하게도 이 필법을 철저하게 비켜나갔다. 이렇듯, 일정 규칙을 일탈한 표제의 글꼴은 호감을 갖지 못하기에 단명하기 마련이다.

추사체의 족보없는 글꼴을 두고 현대미술의 시효라고 주장하는 정신 나간 사람도 있다. 통시적 개념을 무시한 역사를 인식은 이단이다. 문자의 시효가 상형(象形)에 근거한다고 하지만 추사체의 어디에도 상형을 바탕으로 한 획이 없다. 닭과 닭 알의 우선순위에서 닭이 앞이라는 결론이 나왔다. 이 합의에 동의하지 않을 일단의 무리, 그들은 거꾸로 흐르는 물도 있다고 주장하니, 시빗거리가 될 수 없겠다.

필자가 관계하는 문학회 동인지의 경우다. 1996년 창간 이후 제25호가 나오는 동안 표제의 글꼴이 무려 6번이나 바뀌었다. 1년짜리 생명부도 있었다. 한 사람이 두 번씩이나 바꾼 경우다. 표제의 글꼴이 바뀌는 이유는 서두에서 지적한 대로 문자에 대한 사욕(私慾) 때문이다. 서예(書藝)는 예술의 한 장르이다. 글씨가 예술품이기에 그에 대한 평가는 다분히 기호적(嗜好的)일 수밖에 없다. 복수의 소유를 단독의 소유로 주장하는 행위는 어떤 이유를 주어와 보태더라도 정당성을 갖추지 못한다. 우리 동인지의 경우는 창간호부터 모필 글씨를 사용했다. 얼마간 쓰던 장방형 표제를 인장형(印章型)으로 바꾸었다. 부득이한 사정이 있었다. 영혼이 빠진 컴퓨터 제작의 표제 글씨를 예광(禮廣) 장성연(張城燕) 서예가로부터 받아온 친필로 바꾸었다. 이분이 사는 곳은 서대문 밖이다. 필자가 두 번이나 찾아가서 제호를 받아왔다. 사례도 조금 했다. 글꼴이 예서체이고 구성이 특이해서 정이 간다. 8년간을 그대로 그분의 글씨를 써 왔다. 회장단과 고문이 모여 숙의하고, 전체 총회에서 인준을 받았다. 표제를 받으러 예광 선생을 찾아갔을 때 선생은 전주화선지에 곱게 싼 묵서를 펼쳐 보였다. 묵향이 방 가득 찼다. 중화민국의 조소공요천씨(曹素功堯千氏) 제작의 '第一國華'이거나, 서울 인사동의 동양당필방 감제품의 '國香'에 버금가는 묵향이었다. 그렇게 받아 온 제호다. 여러 장이니 마음에 드는 글자를 골라서 쓰라고 했다. 댓가를 제대로 올리지 못해 지금도 미안한 생각을 갖고 있다. 이렇게 하여 예광 선생의 친필을 사용하게 되었다. 그리하여 인장형의 제호가 우리 동인회의 로고로 사랑을 받기에 이르렀다. 드라마 '정도전'에 '도전'이 의사를 결정할 때 낙관을 내리찍었다. 그 낙관의 모형을 생각하면 된다.

70년의 역사를 자랑하는 서울 세종로 '보인당'의 인장은 지금도 내노라하는 인사들이 일점씩 소지하고 있다. 복인이기 때문이다. 낙관형 글꼴이 굳이 싫다면 전체 회원의 의사를 취합해 볼 필요가 있다. 그리고 창간호 휘호로 환원하는 방법도 있다. 창간호 표제의 글꼴이 결코 예뻐서가 아니다. 창간호이기 때문에 관심을 가져보자는 것이다. 표제의 글꼴은 예술성 아니면 대중성을 최소한 지녀야 한다. 지금 우리가 쓰고 있는 한자의 기본서체 해서자는 석봉체이다. 어디로 보나 아담하고 예쁘다. 월간 '샘터'의 표제자 글꼴이 예서체다. 글씨가 참으로 예쁘다. 이 제호의 글씨는 서희한씨가 썼다. 이분은 대한민국미술대전에서 서예한글부문 첫 대통령상을 수상한 분이다. 세종대에서 강의를 했다.

외출서 돌아와 보니 우편함에 서책 두 권이 꽂혀 있다. 그중 한 권은 『雲峴隨筆』이었다. 반가웠다. 이 수필집은 24호가 나오는 동안 한 번도 표제자가 바뀌지 않았다. 글씨체도 예쁘다. 글의 내용도 수준급이다. 차근차근 읽어볼 것이다.

『한글문학』이라는 곳에서 원고청탁을 해왔다. '한글문학' 정이 확 쏠렸다. 고마운 일이다. 이 글을 퇴고해서 우송했다.

내일이면 또 우체통에 서책이 담길 것이다. 눈에 익은 표제와 만나기를 고대한다.

묘사라는 토양 위에 감성을 먹고 자라는 것이 수필장르이거늘 타분한 잡문을 썼으니 꾸중들을 일만 남았다.

강남문학 21호 퇴고하여 『한글문학』(통권20호, 2020, 겨울호)

오빠의 철학

잘못의 정황이 객관적으로 밝혀졌는 데도 끝내 발뺌을 하다가 사실로 드러나면 오리발 내미는 파렴치범들을 이웃에 두고 산다. 이네들은 사과하면 죄가 되고, 오리발로 버티면 무죄가 된다는 논리를 법정신으로 삼는다. 심지어는 신성한 종교까지 팔아먹는다.

추잡한 파렴치 오리발 인사의 변을 들어본다. 당사자는 여러 형태의 미 투 사건을 저질러 놓고, 궁지에 몰리자 법원 울타리로 들어가서 아무 죄없는 사람 욕 먹인다며 손해배상을 청구하기에 이른다. 그러나 철석같이 믿었던 판사님으로부터 내침을 당하자 이번에는 더 큰집으로 들어가 결백을 주장한다. 역시 편이 되어주지 않자 5심이나 10심 제도가 없음을 탄하며 이젠 노벨문학상 물 건너갔구나 싶은 안타까움을 떨쳐내지 못하고, 버르장머리나 고쳐준다며 그 값으로 11억 가까운 돈을

▲ 賊反荷杖인가

▲ "지금은 언어가 다 떠나버렸다. 언젠가 돌아오면 그때 말할 것이다."

▲ 국립서울현충원과 고은의 시

내놓으라며 소송을 제기한 것이다. 이를테면 명예회손 죄를 묻겠다는 것이지요. 버르장머리 값이 이렇듯 고가인 것을 보면 시인 선생은 화가 많이 났던 모양이다.

"괴물선생 참 딱하군요. 마지막 용서받을 기회를 날려버리다니!"

블루덱스 북스(Bloodaxe Books)의 괴물* 선생 담당자인 네일 아슬리씨를 통해 받은 괴물 선생의 성명서 내용과 괴물 선생이 직적 발표한 성추행 입장 기사를 보다가 기가 막혀버린 최 아무개 시인이 토해낸 한탄은 이러했다.

그래, 혈투를 해 보라며 호루라기를 불어준 사람은 서 아무개 검사였다. 혈투는 괴물 선생의 오리발 작전에 밀려 자칫 최 시인의 패전으로 결판이 날번 했다. 계란으로 바윗돌 깨기였다. 아슬아슬한 고비도 넘겼다. 그러나 바위는 계란의 진실에 빠개지기 시작했다.

괴물 선생이 술집에서 지퍼를 열고 성기를 만져달라고 귀염을 토한 것은 1994년 어느 술집이었다. 술자리에 동석을 했다던 한 여성은 2008년에도 괴물 선생이 20대 여성을 성추행했다고 폭로했다. 괴물 선생은 "격려 차원에서 손목을 잡았으나 나쁜 의도는 없었다."고 말했다. 2008년 4월 괴물 선생은 지방의 한 대학 초청 강연회에 참석했다. 행사 후 뒤풀이 성격의 술자리가 열렸다. 괴물 선생과 문인 출신인 다른 대학의 교수, 여성 대학원생 3명 그리고 A 씨가 참석했다. 이 자리에서

---

* 괴물선생 : 최영미 시인이 미투왕 고은에게 붙인 익명.

괴물 선생은 옆에 앉은 20대 여성 대학원생에게 "이름이 뭐냐", "손 좀 줘봐라"고 말하며 손과 팔, 허벅지 등 신체 부위를 만졌다. 급기야 술에 취한 괴물 선생은 노래를 부르다 바지를 내리고 신체 주요 부위까지 노출했다. 한 여성은 놀라 울음을 터뜨렸다.

괴물 선생이 자신의 시집 출판 계약을 논의하는 자리에서 중소 출판사 여직원을 성추행한 사건도 있었다. 사건은 2천 년 서울 종로구 인사동의 한 술집에서 일어났다. 괴물 선생은 여성의 손과 팔, 허벅지 등 신체 일부를 더듬었다.

B씨는, "여직원은 출판 계약이 잘못될까 봐 저항할 수 없었을 것이다. 그저 자리를 피해 눈을 감아버리는 것 외에 내가 할 수 있는 게 없었다."고 말했다. 일부 문인은 사실상 괴물 선생의 추태를 간접적으로 돕는 역할도 했다. "괴물을 볼 수 있는 기회", "괴물과 술 마실 수 있다."고 말하며 술자리에 자신의 여성 제자를 부른 것이다. 40대 문인 C씨는 "그들은 괴물과의 술자리에 여성 제자만 불렀다. 여성을 같은 문인이 아니라 접대부로 취급하는 저급한 문화에서 비롯된 것"이라고 비판했다. 한 50대 시인은 "술과 도박, 여자는 남성 문인에게 '낭만'으로 치부되는 문단 내 분위기가 있었다. 성추행을 범죄로 느끼지 못하는 남성 문인이 많은 게 문제"라고 말했다. 50대 여성 시인 D씨는 "여성 문인 사이에선 '괴물 옆자리에 가지 마라', '손이 치마 안으로 들어갔다 윗도리로 나온다.'는 말이 퍼져 있었다. 그의 기행을 '시인다움', '천재성'으로 합리화하는 이가 많았다"고 말했다.

1992년 겨울에서 1994년 봄 사이 일어난 일이다. 종로구 탑골공원 근처의 한 술집이었다. 문인들이 자주 찾던 곳이다. 최 시인은 선후배 문인과 술자리에 참석했다. 그때 원로시인 괴물 선생이 들어왔다. 그가 의자 위에 등을 대고 누웠다. 그리고 갑자기 바지 지퍼를 내리고 자신의 아랫도리를 손으로 만졌다. 잠시 후 그는 최 시인과 다른 젊은 여성 시인을 향해 "니들이 여기 좀 만져줘"라고 명령하듯 말했다. 하지만 동석한 문인 중 아무도 그의 행동을 제지하지 않았다. 술집에 일행 말고 다른 손님도 있었지만 함께한 남성 문인들은 아랑곳하지 않았다. 오히려 재미있다는 듯 웃었다. 최 시인은 당시를 떠올리며 '누워서 황홀경에 빠진 괴물'이라고 표현했다.

작가 지망생 이 모씨(28)에 따르면 2012년 5월 광주에서 시인들이 참석한 행사가 열렸다. 괴물 선생은 초대시인으로 참석했다. 그는 노래방에서 술에 취한 채 테이블 위에 올라가 바지를 내렸다. 주최 측이 항의하자 괴물 선생은 도중에 서울로 돌아갔다고 했다. 이씨는 "괴물 선생을 조금만 가까운 거리에서 봤던 사람은 그의 행태를 몰랐을 리가 없다. 이제 와서 불거진 게 이상하다. 문인들이 여태껏 숨겨왔다는 게 가슴 아픈 일"이라고 말했다.

박모 시인은 10년 전 4월, C대학교에서 주최하는 시인 초청 강연회에 참석했었다며 "오후 5시쯤 뒤풀이에서 괴물 선생이 당시 참석자 중 옆자리에 앉은 한 여성에게 '손을 좀 보자'고 했다. 괴물 선생은 그 여성의 손을 만지다가 팔을 만지고 허벅지를 만졌다. 당시 20대였던 여성은, 단지 괴물 옆자리에 앉았다는 이유만으로 그런 '추행'을 당했다."고 폭로했다. 이어 박 모 시인은 "그 여성이 저항을 하자 무안했는지 자리에서 벌떡 일어나 지퍼를 열고 성기를 꺼내 흔들었다. 자신의 성기를 3분 넘게 흔들다가 자리에 다시 앉더니 '너희들 이런 용기 있어?'라고 말하더라"고 털어놓았다.

이렇듯 미 투 요지경이 장안에서 감상되고 있는 판에 괴물 선생은 외신에 성명서를 냈다.

"최근에 제기된 의혹들에서 내 이름이 거론된 것에 대해 유감스럽게 생각한다. 부끄러운 행동을 한 적이 없고, 집필을 계속할 것이다."

괴물 선생의 오리발은 닭발을 닮아 갔다.

점입가경 영국 일간지 가디언은, 영국 출판사인 블루덱스 북스(Bloodaxe Books)의 괴물 선생 담당자인 네일 아슬리씨를 통해 받은 괴물 선생의 성명서 내용을 보도했다. "최근에 제기된 의혹들에서 내 이름이 거론된 것에 대해 유감스럽게 생각한다. 하지만 나는 일부 인사들이 나에 대해 제기하는 상습적인 성추행 혐의에 대해서는 단호히 부인한다."고 밝혔다. 괴물 선생은 이어, "지금 나는 단지 한국에서 진실이 밝혀지고, 논란이 해소되기를 기다리고 있다."고 했다. "사실과 전후 사정을 잘 알지 못하는 사람들, 외국인 친구들에게 '나는 나의 아내와 나 자신에게 부끄러울 만한 행동을 한 적이 없다'는 점을 단언한다."고도 했다. "지금 내가 말할 수 있는 것은 내가 한 인간으로서, 그리고 시인으로서 명예를 유지하면서 계속 집필할 수 있을 것이라고 믿고 있다는 것." 이렇듯 괴물 선생은 자기가 한 행위에 대해서 잘못이 없었다며 자신감이 넘쳐 있었다. 이쯤 되면 가히 사이코 수준이다. 아슬리씨에 따르고 보면 괴물 선생은 지난달 종양 치료를 위해 입원했으며, 현재 회복 중이지만 수술로 인해 건강이 악화된 상태다.

'미 투' 훨씬 이전부터 괴물 선생을 욕했던 사람이 있었다. 동아일보 주×하 기자다. 괴물 선생은 2006년 1월 '겨레말큰사전남북공동편찬사업회초대이사장'에 올라 12년 넘게 자리를 지켜왔다. 이 사업을 핑계로 300억 원이 넘는 세금을 받아썼다. 사전 제작의 진척에 대하여는 본인만 안다. 「겨레말큰사전」을 왜 이 시점에서 만들어야 하는지, 그것부터가 동의하기 어려운 사업이었다. 한마디로 앞뒤가 맞지 않는 모순덩어리였다. 나쁜 손버릇이 미 투로 고발되기 훨씬 전부터 난 괴물을 '양심 없다.'고 욕했다. 김정일 앞에선 감격에 겨워 시를 낭송하고, 북한 인권은 "가보지 않아 모른다."고 대답한 이중성도 싫었지만, 진짜 이유는 그가 매달려온 남북 공동 국어사전인 '겨레말큰사전' 때문이다. 나는 겨레말큰사전을 생각하면 왜 막대한 예산을 쓰며, 왜 지금 꼭 만들어야 하는지, 누굴 위해서 만드는지, 이해가 되지 않았다. 2011년 1월에도 이 사전을 비판했었기에, '언어학 문외한'이란 비난도, '반통일론자'로 욕먹을 수 있다는 것도 안다. 그럼에도 할 말은 해야겠다. 지금까지 이 사전 만든다며 300억 원 넘는 세금이 들어갔다. 올해도 33억 원이 책정됐다. 괴물 선생은 2009년 11월에 사전편찬 작업의 50%를 진척했다고 말했다. 통일부는 지난해 3월까지 진척도가 75%라고 했다. 예산이 투입돼 3년여 만에 50%를 한 작업을 7년이 넘도록 고작 25% 더했다는 얘기다. 과거 정부의 대북정책 탓에 북한 학자를 6년이나 만나지 못했기 때문이라고 해명할 순 있다. 그런데 진척도는 5분의 1 이하로 떨어졌는데도 사업회 예산 중 인건비 액수는 오히려 계속 늘어나 현재 15억 원에 육박한다. 대체 뭘 하고 있는지 궁금해 사업회 홈페이지를 보니 북한 어느 옛 소설에서 찾아낸 '합태', '허두하다', '갈마붙다' 등을 '새로 찾은 겨레말'이라고 올려놨다. 이 용어들은 올림말 44만 개가 수록된 북한 '조선말대사전'에도 없다. 우리가 왜 북한조차 인정하지 않는 용어까지 세금을 들여 찾아줘야 하는지를 이해할 수 없다. 사업회는 지금까지 30명 미만이 일하는 사무실 유지비와 공과금으로 50억 원 넘는 세금을 썼다. 하는 일 거의 없는 괴물 선생의 번듯한 이사장실 유지비에도 세금이 꼬박꼬박 들어가는 것을 보며 "저 사람은 명성과 달리 참 양심이 없다."고 생각했다. "남북 공동 국어사전이란 업적을 만들어 노벨 문학상 타려는 욕심에 수백억 원의 세금이 탕진되는 것 아니냐"는 생각마저 들곤 했다. 주 기자의 하소연은 이랬다.

성추문 이후 국내 언론과의 접촉을 피해왔던 괴물 선생이 영국 출판사인 블루덱스 북스(Bloodaxe Books)에 이런 성명서를 발표했다.

"지금은 언어가 다 떠나버렸다. 언젠가 돌아오면 그때 말할 것이다."

그게 2018년 3월 9일이다. 누구도 풀지 못할 선문답이다. 그래놓고 가타부타 지금까지 답이 없다. 괴물께 묻는다.

"떠나버린 언어가 언제 돌아오나?"

명예회손죄보다 더 무서운 죄는 사기죄다. 고은은 한없이 억울할 것이다.

제5부 하늘 길

- 아기 무덤과 하늘나라
- 무궁화 꽃은 지지 않는다
- 이승과 저승 사이
- 친구타령
- 배신
- 12번째의 매장
- 세월호 시묘를 호곡하다
- 오늘의 60년 전 이야기
- 100세 노장과 90세 청년

아기 무덤과 하늘나라

삼칠일 금기도 넘기지 못하고 죽는 아기가 많던 시절을 살았다. 아기가 저승 가는 날 부모는 죽은 자식 앞에서 죄인이 된다. 이웃이 눈치 챌까 봐 땅거미가 내려앉는 때를 기다렸다가 보자기에 싸서 안거나, 거적으로 둘둘 말아 등에 지고 공동묘지의 구석 턱에 묻었다. 정이 빈터가 없을 땐 어느 이름없는 묘지 사이에 비집어 묻기도 했다. 단단히 묻는다고 하지만 어둠을 밟고 다니며 한 일이라 허술했다. 사기 밥그릇을 엎어서 살짝 묻어 표시를 해 두기도 하지만 돌아선 이후에 찾아가 보는 경우는 드물었다. 그 아기 무덤을 애총이라 불렀다.

애총에 묻힌 아이는 억울하게도 두 번 죽는 경우가 대부분이었다. 땅거미 사냥에 이골이 난 여우란 놈이 시신을 그냥 두지 않았다. 숙련된 도굴꾼의 솜씨로 아직 온기가 남아 있음직한 시신을 쪼아갔다. 다음 날 아침이면 갈기갈기 찢긴 배내옷이 무덤 위에 흩날렸다. 차마 볼 수 없는 모습이었다. 가까운 친척 한 분은 여섯 명의 젖먹이를 그렇게 보냈다. 내 누나도 둘이나 그렇게 갔다고 했다.

아침댓바람에 부고가 왔다. 핸드폰으로 온 문자 부고였다.

-서이연, 세례명 플로라, 5세, 입관 본당 영안실, 오늘 13시 00분-

나는 연령회장에게 전화를 했다. 5세가 맞다며 확인을 해준다. 유아세례를 받은 아이였다. 이달에 보낸 교우만 벌써 7명이다. 모두가 65세

이상이고, 가장 연장자는 93세였다. 여기에 다섯 살짜리 플로라가 끼인 것이다. 고약한 백혈병이라고 했다.

연도, 입관예절, 출관예절, 장례미사 이런 순서로 상례가 치러진다. 이것이 천주교 의식이다. 다섯살배기 플로라를 위해서 연도를 드리러 온 교우들이, 93세에 선종한 자매보다 더 많았다. 누가 시켰을까. 하나같이 검정 예복으로 차려입었다. 죽은 영혼이 지옥에 머물지 말고 연옥에 들기를 간구하는 기도가 연도다.

염습과 입관에 소요되는 시간은 보통 1시간 정도다. '하초싸게'부터 달관 시 '멧베'까지 합치면 염습에 필요한 품목만 28개에 이른다. 플로라는 이것들을 하나도 걸치지 않았다. 늘 입고 지내던 옷을 그대로 입고 갔다. 오렌지색 원피스였다.

'천금'을 덮었다. 듬성히 싼 이불이다. 플로라가 좋아하는 황금 색깔이다. 플로라는 개나리를 좋아했단다. 특별히 맞추어 온 목관에 넣었다. 시신이 움직이지 않도록 빈자리에 보공을 했다. 이 모두가 10분 이내에 이루어졌다. 플로라를 보내는 절차는 간소했다. 삼칠일 안에 어머니 곁을 떠난 여섯 살짜리 친척 아이들과 내 누나도 그러했을 것이다. 배내옷 그대로 보냈다니, 염습하는데 걸리는 시간은 분명 더 짧았을 것이다. 목관 안에 든 플로라의 시신은 땅거미 사냥 여우가 기습할 수 없는 안전지대다. 염습 내내 플로라의 부모는 석비가 되어 서 있었다. 형광등 불빛이 핏기 잃은 그들의 얼굴을 비추었다.

플로라를 보내는 나의 역할은 신부님 곁에서 성수반 시중드는 일이었다. 그런데 놀랍게도 나는 시중을 들면서 세 번이나 실수를 했다. 세 번째 실수는 용납될 수 없는 큰 실수였다. 성수반의 물을 시신에 뿌린 다음에 향합을 살라야 하는데, 순서가 뒤바뀐 것이다.

미사 집전은 플로라가 입원했던 병원 신부님이 오시어 직접 하셨다. 진지하고 경건했다. 시신을 한 바퀴 돌며 향합을 흔들었다. 향합이 흔들리는 궤적은 불알시계 모양의 좌우 반복운동이 아니었다. 소위 말하는 한자의 영자팔법(永字八法)에서 요구하는 노(弩)와 적(趯)이 합쳐지는 형국이었다. 뽀얀 연기가 궤적을 따라 안개꽃처럼 피어났다. 안개꽃은 엉기며 관을 감싸고돌더니 반구형 무지개를 만든다. 떠나보내기가 아쉬운 순간이었다. 나는 눈을 반쯤 감았다. 신자들도 대부분 그러했다. 향냄새가 마지막 머무는 곳이 천당이다. 청각을 통하여 여호와의 영을, 후각을 통하여 체취를 느끼고 싶었다. 향은 번제물이다. 신앙의 무게이자, 축성의 표상이다. 그리고 예배와 기도를 상징한다. 영혼은 연기로 몸을 가린 채 연옥 길로 떠난다. 신부님의 두 볼이 붉어 진다.

순간,

"컥! 컥!"

피를 토하는 울음소리가 들렸다. 플로라 엄마가 토하는 절규였다. 맞은편에 서 있던 플로라 아빠도 포개어 잡은 손을 떨고 있었다. 저 어린 것이 연옥을 지나 하느님 곁에 이르려면 얼마나 힘이 들까. 엄마 아빠

▲ 향을 사르고 성수를 뿌린다. 성수는 죄 씻음을, 향은 천(天)과 지(地)를 잇는 의례다.

▲ 필자는 왼쪽에서 성수 시중을 들고 있다.

는 그게 걱정스러웠을 터이다.

우리는 지옥도 연옥도 천당을 경험하지 못했다. 단테는 3당을 경험하는 소설『神曲』을 기술했다. 우리말로 풀어보면 귀신의 노래다. 나는 귀신의 노래를 읽으며 '공포와 평화의 교체'를 발견했다. 신곡을 읽으며 찾은 주제어였다. 실로 경건한 순간이다. 삼칠일 안에 죽은 친척 아이와 내 친누나의 모습이 플로라의 장례미사와 겹쳐지곤 했다. 이건 분심이다.

상여가 시신 운구의 수단이던 시절, 선소리꾼은 두부종을 쩔렁 - 쩔렁 - 흔들며, 땡그랑 - 땡그랑 - 쇠 소리를 낸다. 동구 앞을 지나고, 들녘을 지나고, 개천을 건너고, 영을 넘고서야 천년 뗏집에 닿는다. 정이 든 집을 두고 떠나기가 싫었던 영혼은 한눈을 팔다가 상여 행렬을 놓치는 경우가 생긴단다. 그때 선소리꾼이 흔드는 쇠소리가 길라잡이 역할을 해준다. 가톨릭 신자의 연도는 상여의 요령(鐃鈴)이오, 우두(牛頭)의 워낭이었다.

손이 떨리고, 성수반의 물이 파장을 일군다. 결국 나의 눈에서도 추녀 끝의 빗물처럼 눈물이 떨어졌다. 플로라는 천상에 올라 메시아의 사랑을 받겠지만, 옛날에 묻힌 많은 유아의 원혼들은 지금도 허공을 떠다닐 것이다. 모두가 분심이다.

예수님이 돌아가셨을 때, 그분 시신의 하관과 안장의 절차를 설명해 놓은 성경 말씀이 있다.

-요셉은 미리 가지고 온 고운 베로 싸서, 바위를 파 만든 무덤에 모신 다음 큰 돌을 굴려 무덤 입구를 막아 놓았다.-

예수님의 장례절차에 대한 설명이다. 장례의 절차에는 절대치가 없었나 보다. 병원 신부님의 미사 절차에 따르기를 잘했다. 향을 먼저 사르고 성수를 뿌리는 절차는 일반적 이치에도 맞지 않을 터이다. 플로라, 그는 다정하게 지내던 병원 신부님의 축복을 받으며 메시아 곁으로 떠났다. 이 세상에 태어나서 더 많은 시간을 머문 그의 집은 병원이었다. 이젠 살을 깎는 병마와 싸우지 않아도 되었다.

플로라의 영혼이 노니는 지상은 '용인로뎀파크' 언덕이다. 거기 소나무 밑 양지바른 곳에 엄마 아빠가 손수 예쁜 집을 마련해 주었다. 그 주변엔 새로운 친구가 많아서 참 좋을 것이다. 파란 하늘과, 총총한 밤별과, 개나리와, 진달래와, 각시풀과, 나비, 참새가 그를 친구로 맞이했을 것이다. 봄이 오면 예쁜 할미꽃도 지천으로 피어나는 곳이다.

"플로라 안녕! 엄마 아빠가 항상 곁에 있어 줄께!"

엄마 아빠가 묵주를 손에 들면 후렴처럼 앞에 나오는 주문이었다.

영생이란, 이승과 저승을 초월하여 내세를 구축하려는 인간의 구도정신을 시험하려는 신의 숙제가 아닌가 싶다.

'산은 산이오, 물은 물이다.' 어느 스님의 선문인데, 오래전부터 많은 사람들 사이에 회자되고 있는 주문이다. 어느 스님에게 이 말의 뜻을 물었다. '자연'을 두고 이르는 말이라고 했다.

안녕하세요. 저희 아이 플로라는 생후 18개월 때 백혈병이 발병해서 입원과 통원치료를 반복하다가 작년 4월부터 병세 악화로 다시 입원, 올해 초 2월 5일까지 쭉 서울대병원 소아 병동에 있다가 하느님 품으로 떠났습니다. 고생 많이 했죠. 수술도 여러 번 했고요. 건강하세요. 우리 플로라 떠나는 길 도와주진 그 은혜 오래 오래 간직하겠습니다. 감사합니다.'

장례를 치르고, 플로라 아버지가 내게 보내온 감사편지였다. 죽음은 산 자의 남은 몫이오, 슬프면서 슬픔을 달랜다고 했다.

닭이 울면 새날은 다시 밝아온다.

2013.

무궁화 꽃은 지지 않는다

120명의 공비가 강원도 울진, 삼척에 기어들었다. 그중 5명이 한 농가를 덮쳤다. 안주인이 4남매를 보호하고 있었다. 공비는 옥수수를 삶아달라고 안주인에게 요구했다. 다른 공비는 4남매를 앉혀놓고 이것저것 물었다. 북한이 좋으냐, 남한이 좋으냐는 질문에 9세짜리 승복은 "나는 공산당이 싫어요."했다. 그러자 공비는 대검으로 승복의 입을 찢어 죽였다. 그리고 7세짜리 승수와 4세짜리 승자를 야구공처럼 벽을 향해 던져 박살을 냈다. 어머니도 그 자리에서 맞아 죽었다. 15세짜리 장남 승권이 유일하게 살아남았다. 승권은 공비들에게 가슴을 관통당하는 등 36군데의 상처를 입고도 용케 살아남았다. "승복이가 공산당이 싫어요. 하니까 공비들이 입을 찢어 죽였어요." 병원으로 이송되기 직전 장남 승원이가 주변 사람들에게 남긴 말이다. 일간 조선일보가 특종으로 보도했다. 삼십 수년 전의 이야기다.

그런데 느닷없이 김종배(전 미디어 오늘 편집장)란 아리송한 이방인이 기사가 조작설이라고 했다. 조선일보 기자가 현장에 없었으며 승복의 형을 만나지도 않았다며 거짓말을 꾸며 냈다. 여기에 결부하여 김주언(저널리즘편집인) 저리는 오보 전시회를 열어 이북의 선전매체를 방불케 했다. 죽음의 현장에는 얼씬도 하지 않은 신문사 기자가 집에 앉아서 쓴 소설이라고 했다. 두 사람의 행동은 사이코 그것이었다. 그 당시의 사진을 지하철역 벽에 덕지덕지 붙여 놓았다. 시민들은 기가 찼다. 거짓말만 먹고도 일백 년 살 사람들이다. 이 거짓말 사업엔 예외없이 MBC가 후원자였다. 하기야 거짓말만 잘해도 국회의원 되고 노벨평화상 타는 세상이다.

이승복 가에 비극이 벌어진 날짜는 정확히 1968년 12월 9일 오후 7시경이다. 이 기사를 오보라고 성토하는 전시회가 열린 것은 그로부터 30년 뒤인 1998년 8, 9월이다. 그러니까 좌파정권 시절이다. 물때 만난 고기처럼 나라를 온통 휘젓고 다니더니 이처럼 무서운 음모를 꾸미기 시작한 것이다.

그런데 놀랍게도, 이 기사가 거짓이 아니었음을 법관이 판정해준 날짜는 2004년 6월 16일이다. 30년 전의 사건을 다시 꺼내 장사해 보겠다고 국민 앞에 얼굴 내민 사기한이나 이 사건을 다시 판결하는데 6년을 두고 잔꾀를 부린 판사도 괴롭기는 한 가지일 터이다. 너무나도 확실한 진실을 거짓이라고 판시하자니 자식 보기가 두려웠을 터이다. 영구 미제로 남겨두고 싶은 맘이 굴뚝같았을 터이다. 명이 길었기에 볼 수 있는 판결이다. 후유- 한숨이 다 나온다. 이런 나라에 세금 바치고, 이런 사법부에 법을 맡기고 산다고 생각하니 이웃 나라에 부끄럽다.

사실 두 사람은 기회 포착에 명수다. 30년 전의 일이니 우기면 승산이 있다고 봤던 것이다. 하기야 까딱 잘못했더라면 신문사가 모든 것을 뒤집어 쓰고, 국민 앞에 대죄석고라도 할 뻔했다. 30년 전의 일이니 이승복 쪽에 유리한 증언을 해줄 사람이 있을 턱이 없었다. 당시의 의문사위원회나 인권위원회는 간첩도 민주화 운동의 열사를 만드는 요술을 가지고 있는 집단이었다. 사법부의 법의식이 태국쯤의 나라 수준이었으니, 까짓 이승복 사건쯤이야 누워서 죽 먹기로 까뭉갤 수 있었다. 아마 지금쯤 문제의 두 사람은 울화통이 터져 화병이라도 걸려 있을지 모른다. 이 억지가 성공만 했더라면 민주화 열사가 되어 대접받고 살아갈 길이 양양했을 터이니 말이다.

이라크 땅에서 변을 당한 김선일을 두고 아직도 나라 안팎이 시끄럽다. 효순·미선의 죽음도 고의적인 살인행위라고 우기는 무리들이다. 서해를 경비하던 우리 해병 6명이 공비가 쏜 탄알을 맞고 순직했다. 김선일의 죽음은 파병에 장애를 주리만큼 대단하다. 효순·미선의 죽음은 국가의 판도를 바꾸어 놓았다. 그런데 나라를 위해 싸우다가 전사한 해병 6명에 대하여는 별 말이 없다. 그저 남의 나라 얘기가 되어버렸다. 도발자에게 최소한 "사과라도 받자"하고 대들 법도 한데, 입 한 번 벙긋 못한다.

▲ 이승복 입 찢고 가족 4명 살해했다. 이것이 이승복 사건이다.
1968년 12월 9일 밤에 일어난 북괴의 만행이다.
▲ 이 이승복은 외쳤다. "나는 공산당이 싫어요."

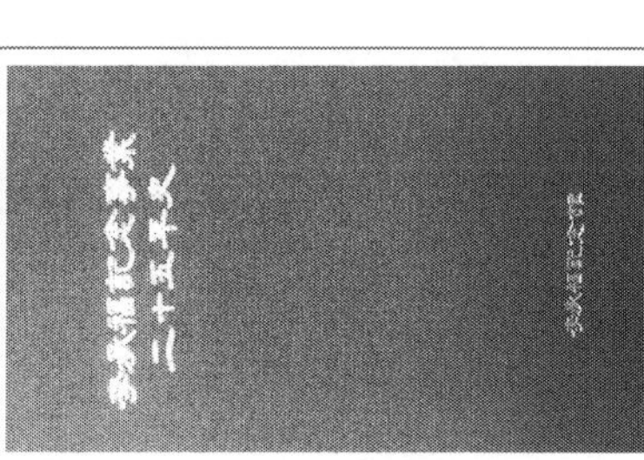

▲ 묘소에 참배, 강원도 교육사회 분과위원
▲ 이승복기념사업25년사. 황태병 장학사님 선물(2004. 12. 2)

"이승복 보도 허위주장 김주언씨, 조선일보에 배상하라"

법원, 형사책임에 이어 민사상 책임도 인정

왜곡될 뻔했던 '事實' 결국 지켜졌다

▲ 이를 두고 허위주장이라며 윤흥렬·김주언 등은 DJ정권 실세의 지원을 받아 거짓이라며 오보展을 열었다. 그리고 냉전의 산물이라고 떠들고 다녔다. 의학 명을 빌면 사이코페스 행위이다.

이승복 동상 철거하고, 교과서에서 빼고… 17년간 활개친 狂氣들

세월, 이젠 용서"… "진작 찾아왔어야 했는데"

▲ 남을 속이려고 하는 자는 남이 속기전에 내 양심이 먼저 속는다. 그보다 더 큰 죄는 없다. 거짓말을 더 거짓되게 보이려고 성서를 겨드랑에 끼고 거짓말하는 정치인을 봤다. 결국은 신으로부터 버림을 받을 것이다.

▲ "41년의 세월, 이젠 용서…" "진작 찾아왔어야 했는데" 2009년 12월 10일 조선일보 기사.

오늘이 그 생때같은 6명의 해병을 잃은 서해교전 참사 2주기다. 경기도 평택의 한 숙소에 자식을 잃은 부모들이 모였다. 그네들의 입에서 나온 탄성은 듣는 이로 하여금 피를 토하게 한다. 남편을 잃은 한 미망인은 미 사령관이 보낸 위로편지에 그나마 위안을 얻었다며, 이 땅이 싫어 떠날 준비를 한다고 했다. 빨치산에 아버지를 잃었다는 황은택님은 자식마저 먼저 보냈다며 세태를 원망하는 것이었다. 그는 지금 초등학교 아이들이 이북을 친구라 환영하고, 미국을 적이라 물러가라 한다면서 이북에 있는 김정일이 아니라, 북한을 친구라고 말하는 남한 사람들이 더 무섭다고 했다.

적의 총탄에 목숨을 잃은 해병용사의 죽음과, 전쟁하는 나라에서 돈을 벌다가 변을 당한 한 민간인의 죽음과, 군 작전 중 사고를 당한 두 학생의 죽음을 보며, 좌경사상에 한 번 물들고 나면 모든 것이 제대로 보이지 않는다는 사실을 다시 확인했다. 한 국가 안에 두 개의 민족이 공존하는 꼴이 되어버렸다. 마땅히 영웅이라 불러 주어야 할 주검도 왼쪽 눈만 달고 다니는 좌파들에게는 개죽음으로 보이는 것이다.

북의 경제자유지수는 세계에서 꼴찌다. 통계가 그렇게 나와 있다. 이제, 이승복 군을 처참하게 살해한 공산집단을 옹호하는 무리들은 궤변만 일삼을 것이 아니라 공산주의의 우월성을 이론적으로 제시해야 한다.

『10년 후, 한국』의 저자는 지금 우리에게 현실로 다가선 '좌와 우'에서 '좌향좌'의 구령에 힘이 더 실려 있다며, 칼 포퍼의 『열린 사회와 그 적들』을 인용 경계하고 있다. 결론적으로 10년 후 한국은 귀로에 선 채 왼쪽을 선택할 것이 분명하며, 이 길은 '가난으로 가는 길'이라 정의했다. '지금까지 왼쪽을 선택했던 사회 중 성공한 나라가 있던가? 사회가 평등을 지나치게 추구할 때 평등은커녕 자유조차 잃어버릴 수 있다.'는 것이 저서 「10년 후, 한국」의 주제다.

언론을 통한 지성의 절규는 이제 먹혀들지 않는다. 지성이 실종된 나라는 미래가 없는 법이다. 정치가 지성의 울부짖음을 외면한다면 그 나라는 길을 잃을 수밖에 없다. 이것이 역사의 순리다.

죽일 놈은 공비가 아니라 김종배와 김주언이었다.

(역사와 문학, 가을호, 2004. 9. 1)

이승과 저승 사이

밤은 은밀한 시간으로 이승과 저승의 경계를 이룬다. 이승 닭이 울면 저승의 시간이 되고, 저승 닭이 울면 이승의 시간이 되는 것이다. 불교적 개념으로 저승 관념을 수용해 보는 것이다.

창세기 신화적 성격이 강한 자료에서는 태초에 하늘엔 해와 달이 각각 둘이어서 인간이 살기가 매우 어려웠다고 한다. 우주적인 혼돈이 제대로 질서를 잡지 못했다는 뜻이다. 한 나라에 절대적 권력을 가진 왕이 2명씩 있다고 가정해 본다. 국민은 죽살이를 해야한다.

작은별왕과 큰별왕이 각각 이승과 저승을 다스리게 되었는데, 작은별왕이 꾀를 부려 이승을 차지하였기에 이승에는 속임수와 거짓이 난무한다고 했다.

우리는 지구상에 하나밖에 없을 파렴치 법무부 장관 밑에서 흉몽을 꾸면서 새로운 진리를 발견했다. 그자와 형식적 헤어짐을 두고 아쉽다고 지파장 두목이 서운해하자, 모든 지파들은 죄없는 성인군자라고 그를 보호한다며 촛불을 들고 거리로 뛰쳐나간다. 이들에게 모든 진리는 그 자체가 지파장의 마음임을 알았다. 해가 서쪽에서 뜬다고 지파장이 말하면 그날부터 해는 동쪽으로 지는 것이다. 지식과 교양과 상식과 생명까지 봉납하고 살고 있으니 그들 무리는 참으로 든든하고 행복할 터이다. 결론적으로 법의 존재는 상대를 죽이기 위한 수단임을 이 땅의 지파장 두목과 그 일당을 통해서 깨쳤다. 장관 하나를 지키기 위하여 나대는 그네들의 꼴을 보며 5천만 국민의 마음은 혼돈스러웠다.

지파 이야기는 성경 구약성서에 나온다. 생존을 위한 최후의 권력 집단이라고 이해하면 된다. 작금 대한민국에서 벌어지고 있는 여당의 모습이 지파의 그것과 같다고 생각하면 된다.

이 모든 원죄는 작은별왕이 가지고 있었던 것이다. 저승의 대별왕이 진노하였다. 결국 이승과 저승을 마음 놓고 왕래할 수 없는 결과를 낳았다.

죽음은 산 자의 남은 몫이요, 슬프면서 슬픔을 달랜다고 했다. 저승을 갔다가 돌아온 사람을 만날 수 있었는데, 그네들의 저승 이야기를 들어보면 공통점이 발견된다. 가령, 허허벌판을 한없이 내닫는다. 그 길이 얼마나 먼지는 감이 잡히지 않는다. 달려도 달려도 숨이 차지 않는다. 산을 넘고 강을 건넌다. 드디어 염라대왕이 계신다는 저승이 숲에 가린 채 희미하게 나타난다.

먼저 간 조상신이 겁먹은 얼굴을 하고 길을 막아선다.

"아직 올 때가 멀었거늘 벌써 왔느냐?"

불호령을 내린다. 그리하여 염라대왕의 손으로부터 벗어날 수 있게 해준다.

길주에서 살고 있던 왕씨 성 가진 한 선남이 부인을 잃고 홀애비가 되어 지내다가 11년 만에 환생하여 돌아온 송씨부인과 다시 만나 147세를 동고동락하였다고 『왕랑반혼전』은 전한다. 부인의 범절이 반듯하고, 남편의 불심이 깊어 염라대왕이 귀히 여겨 다시 환속의 특전을 베풀어 준 것이다. 숨을 거뒀으나 24시간 안에 염을 하지 않는 것은 망자가 다시 돌아올 시간의 여유를 주고자 함이다.

이렇듯 저승 들기가 이승의 평생 모은 고생보다 어렵다고 했다. 정녕

그러한 것인가. 필자도 저승길에 올라본 경험이 있다. 참으로 괴로운 순간이었다.

"너는 죽을 것이다! 너는 죽는다!"

수십 명의 사자들이 필자를 에워싸고 삿대질을 해 되는 것이었다.

"나는 안 죽을 것이다! 나는 안 죽는다!"

이렇게 용을 쓰며 한참을 싸우다가 어떻게 문(한지를 바른 외겹 문)을 밀쳐 열고 밖으로 구르듯이 나가떨어졌다.

"살려주세요."

소리 질렀다. 계절은 겨울이고 사찰이었다. 오랜동안 비워 두었던 방이고 몇 년 만에 연탄을 피웠다. 생사의 갈림길에서 겪은 시간은 짧았으나 후유증으로 고생했다. 그날 있었던 일은 많은 시간이 지났으나 그 장면은 지금도 선명하다. 그날 나는 저승사자와 밀고 당기면서도 머리카락을 확인했다. 영혼을 앗아가는 방법으로 정수리 머리카락 세 개를 뽑아 간단다. 머리카락은 영혼을 상징한다. 물에 빠져 죽은 사람의 영혼을 건지는 넋 건지기 굿에서 머리카락이 건져지면 영혼이 건져진 것으로 간주하는 것도 같은 관념이다. 저승사자의 임무는 죽은 자의 영혼을 데리고 가는 일이다. 그래서 이승에는 몸뚱이만 남게 된다. 작은별왕의 거짓말 죄값이다. 불행하게도 대별왕은 우리 인간에게 저승의 죽음법을 전수시키지 않았다.

▲ 지옥편 30곡

저승에 이르려면 열 두 대문을 지나야 하는데, 대문 하나를 통과할 때마다 이승의 죄를 씻어야 된다. 이 열 두 대문

▲ 연옥편 23~24곡

▲ 천국편

을 통과하고도 여죄가 있으면 지옥으로 떨어지는 것이다. 이 12대문을 지나면서 이승의 죄를 심판받는데 소요되는 시간은 대략 12시간이다. 귀신의 노래, 단테 신곡「神曲」의 코러스가 되어 보자.

▲ 신곡의 9일차

손님을 배신하고 죽인 두 망자가 얼어붙은 몸으로 고통을 받고 있는 장면이 있다. 그들은 육체를 지상에 두고 온지라 거기서 먹고 마시고 지내는데, 혼만 먼저 내려와 벌을 받는다. 저승에서의 1시간이 이승의 1년 몫이니, 11년 만에 돌아와 남편과 재회했다는 사궤의 처 송씨도 결국 11시간 만에 환생하였다는 계산이다.

지옥은 언제나 험산을 넘어 물살지는 강 저편에 존재한다. 지옥엔 옥성(獄城)이 있어, 그 둘레가 8만여 리이고, 높이가 만 리이며, 옥중엔 넓이가 1만 리에 가득 찬 평상이 있다. 한 사람이 죄를 받아도 그 몸이 평상 위에 가득 차며, 천만 사람이 죄를 받아도 역시 각자의 몸이 평상 위

▲ 단테와 베아트리체

에 가득 차게 된다. 체벌은 너무나 혹독하여 입에 올리기가 겁날 지경이다. 뜨거운 철사로 몸을 감아서 만 번 죽였다가 만 번 살리는 형벌도 그 중의 하나다.

9세의 나이로 만난 여성 베아트리체에 혹하여 젊음을 온통 염문에 싸여 보낸 단테는 신곡을 창작하여 사랑의 유혹을 스스로 제어했다. 단테는 저승 가는 길 산속에서 거인을 만난다. 그가 만난 거인의 머리는 아름다운 순금으로 되어 있고, 두 팔과 가슴은 순은이며, 가랑이까지는 구리, 그 아래는 모두 쇠로 되어 있는데, 오른 팔만 구운 흙으로 되어 있는 여인이다. 금이 아닌 다른 부분은 금이 가 있어 거기로부터 눈물이 흐른다. 그 눈물은 모여서 바위를 타고 내려 강물이 된다. 이번에는 비정한 사나이를 만난다. 그는 양손에 두 아들을 안고 가는 아내를 보고 외친다.

"그물을 쳐라, 저기 저 길 위의 암사자 한 마리와 새끼 사자 두 마리를 잡겠다."

▲ 천국과 지옥

이것이 제30곡에 나타난 지옥의 형상이다. 그리고 마지막 장에서는 그리스도를 배반한 유다를 만난다. 유다는 아주 높은 곳에서 형벌을 받고 있는데, 머리는 악마대왕의 입속에 있고, 발만 내놓고 있다. 단테는 늙고 근엄하게 생긴 노파의 지시대로 스승을 따라 연옥세계에 이르게 된다. 연옥엔 권력이 있거나 성모님을 칭송

하거나 선을 베풀고 회개하였거나 시인이거나 하여튼 이런 망자들이 머물러 있는 곳이다. 지옥이 분지요, 가마 같은 곳이라면 연옥은 하늘에 닿는 높은 산이오, 천길 벼랑이다. 지옥은 인간이 지배하고, 연옥은 자연이 지배하고 있다. 지옥엔 악마가 들끓고, 연옥은 어둠과 연기와 그리고 험준한 길이 있을 뿐이다. 석양을 맞을 때면 단테는 타향에 떨어진 나그네 신세로 슬펐다. 단테는 자기가 태어난 고향 피렌체를 저주한다. 아주 음탕한 도시라고 욕한다. 3일간의 고행 끝에 연옥 생활을 막음하는 부활절의 수요일 정오 단테는 사랑하는 베아트리체를 다시 만난다. 그리하여 그의 도움으로 천상에 오른다.

천상에 이르는 길도 험하다. 육체적인 고통으로 괴로웠던 지옥과 연옥에 비해 정신적인 고통이 추가되어 더 힘이 든다. 안내자 베아트리체는 월광천에 들기 위하여 신학적 물리학적인 설명이 필요했다. 제1천에는 현세에서 명예를 높이려고 선행을 베푼 자들이 모여 있고, 제3천에는 사랑에 사로잡힌 자가, 제4천에는 현자들이, 제6천에는 정의의 사도 독수리가 날아들고, 탐욕에 빠진 법왕이 고초를 겪고 모습이다. 여정은 지고천인 제10천에서 끝이 나고, 단테는 드디어 광명을 찾는다. 그리하여 자기의 시가 빛어지는 것이다. 여기엔 베아트리체의 도움이 컸다.

눈이 많이 내렸다. 쌓인 눈이 발목에 찼다. 그런 설산을 오르고 있다. 마지막 산행이 아니길 바란다. 등산화에 배낭 이것이 장구의 모두였다. 건빵과 라면을 배낭에 담았다. 언제나 습관처럼 그렇게 준비했다. 만산이 백으로 채색된 지 오래더니 이젠 낮은 곳이 높게 되고, 높은 곳이 낮아지고 말았다. 태백산의 정상에 올라본 산자(山者)들은 장군봉의 위용에 무릎을 꿇는다. 사방으로 뻗고 이은 무한대의 준령 앞에 스스로의 존재가 미진임을 깨닫는다.

'산은 산이오, 물은 물'이라고 했다. '사랑은 시작이요, 신앙은 마침'이라고 했다. '색 즉 공이오, 공 즉 색이라'고 했다. 중생들이 평생을 안고 다닐 화두였다.

우연한 기회에 스님과 허심탄회 단둘이 만날 기회가 있었다. '산은 산이오, 물은 물이다.' 의미를 물었다. 답은 간단하고 명료했다. '자연'을 두고 이르는 말이란다.

오늘도 소망하나 내려놓고 워낭소리를 듣는다. 산수(傘壽)를 맞고서야 철듦이 느껴지니 이런 바보가 천하에 또 있겠는가.

이승과 저승 사이의 틈이 한없이 좁아만 보인다.

(수필문학추천작가회동인 제16호, 이후 퇴고)

친구타령

꼭 필요한 친구가 있고, 있으나마나한 친구가 있고, 있어서는 아니 될 친구가 있듯이, 넓은 뜻의 꼭 필요한 국민이 있고, 있으나마나한 국민이 있고, 있어서는 아니 될 국민이 있다. 지금 우리나라에는 있어서는 아니 될 국민이 너무 많다. 문맹 퇴치 1위 국이 무슨 소용인가?

화나는 일이니 화제를 돌려 본다.

아버지의 눈에는 아무래도 헐렁하게만 보이는 아들이 기회 있을 때마다 친구 자랑을 하는 터였다. 그게 아버지는 못마땅했다. 과연 자랑처럼 믿을 만한 벗을 사귀고 있는지 확인을 해 보고 싶었다. '벼가 자라는 소리에 개가 짖는다.'는 입추 날이었다. 아버지는 멍석을 가지고 오게 했다. 그리고 아버지를 멍석에 말아 지게에 지라고 했다. 아들은 저네 아버지를 멍석에 말아 지게에 지고 사립을 나섰다. 철 그르게 비가 후줄후줄 내리고 있었다. 아들의 이름은 石이었다.

석은 가장 가까이 지내는 친구 得의 집으로 먼저 갔다. 대문 밖에서 득을 불렀다. 놀란 득이 방문을 와락 열고 마당으로 내려섰다. 죽은 아버지를 멍석에 말아 지게에 지고 비를 맞으며 석이 서 있었다. 득은 망연자실 놀라며 안면이 굳어졌다. 석은 얼굴을 내리깔고 떨리는 음성으로 아버지가 불의에 변고를 당했다며 득에게 산역(山役)을 청했다. 그러나 득은 아내의 산달(産月) 운운하며 산역꾼이 될 수 없노라 거절했다. 기가 막힐 노릇이다. 친구를 위하여는 목숨을 아끼지 않겠노라 장담하던 놈이었다.

석은 두 번째로 친한 紳의 집으로 갔다. 사립 밖에서 신을 불렀다. 다급한 석의 호성(呼聲)에 놀란 신이 뛰쳐나왔다. 어인 일이냐고 묻는다. 석은 자초지종 사정을 아뢨다. 사정을 들은 신은 부친의 기고(忌故)를 핑계 대며 석의 부탁에 불응했다. 이럴 수가. 평소에 의리를 생명처럼 중히 여기던 신이었다.

석은 마지막으로 杰을 찾았다.

걸로부터도 내침을 당했다. 대주신(大主神)을 모시기 위하여 치성 중이라 어쩔 수 없다는 것이다. 석은 비 맞은 중이 되어 집으로 돌아갔다.

우리의 풍습으로 출산에 대한 금기사항이 많음은 모두가 아는 일이

▲ 스스로 3총사라 부른다. 필자 고봉열 장오환의 高三 모습이다.
▲ 매월 모임에서 격월주로 바꾸었다. 짝수달 셋째 주 수요일에 만난다.

▲ 30명 가까이 참석한다. 이날은 22명이 나왔다.
▲ 산양면 태생으로 모두가 통학 생도들이다.

다. 공자의 어머니가 현자를 낳을 수 있는 시를 맞추느라 다듬돌을 머리에 이고 길시(吉時)를 기다렸다는 말이 있다. 만삭의 몸을 가진 아내가 난산(難産)의 기미가 보이면 남편은 산모를 등에 업고 집을 돌거나 또는 산모를 꿇어 앉히고 물을 뿌려주기도 했다. 산달에 금기를 좇는 것은 당연한지 모른다. 아내의 출산에 혹 부정이라도 들어 변고라도 당한다면 어쩌랴.

또한 우리는 기제를 4대 봉사의 하나로 섬긴다. 가례에는 당해일 신주 1위만을 봉사함이 원칙이나 고비(考妣)를 합사(合祀)하여 위혼(慰魂)하고, 이를 선조에 대한 예의 미덕으로 삼았으니, 紳의 처치도 난감했을 터이다.

단골무당이 단골집 바깥주인을 모시는 제례가 대주신 모시기다. 대주신은 세대주인 바깥주인의 신수·명복에 더하여 온 집안 전체의 운수에 관계되므로 단골무당은 대주의 대복을 성심을 다해 비손한다. 자칫 부정이 들어 우환이라도 있을라치면 무당은 가주로부터 주술(呪術)을 의심받는다. 하여 날받이가 이뤄지면 무당의 가주에 대한 금기 규칙은 엄해진다. 석의 부탁을 들어줄 수 없었던 걸의 사정은 등등 이러했다.

석의 부친은 거적 속에서 웃었다. 석은 아버지를 그대로 등짐에 진 채로 귀가했다. 이후 석은 저네 아버지 앞에서 친구 자랑을 하지 않았다. 어릴 적 부친께서 내게 들려준 얘기다. 나는 아버지의 이 말씀을 가슴 속에 꼭 간직하고 있다. 벽사관이 제 규범의 우위에 있는 신앙사회 속에서 살고 있었던 세 친구의 행동을 어떻게 받아들여야 좋을까?

나에겐 친구가 많다. 아주 많다. 수치로 본 친구가 그러하다는 소리다. 지인들은 나를 두고, 친구가 없어서 없고, 있어도 없다고 여긴다. 그렇다. 나는 친구를 사귈 줄도 모르고, 사귀었더라도 정을 쏟아놓지 못한다. 해우소를 들 때와 날 때의 마음이 한결같은 친구를 가졌다면 얼마나 좋을까. 적어도 나에게 필요한 친구는 그런 사람이다.

초등학교 시절에 가까이 지낸 친구가 둘 있다. 그들은 일직 상인이 되었는데, 그중 하나는 행상을 하다가 불행하게도 교통사고로 먼저 갔다. 파시가 되면 이 가게 저 가게를 돌며 장보따리를 모아 경운기로 운반을 해주고 짐 값을 받아 그 돈으로 생계를 이어 가던 친구다. 그런데 그 친구는 비가 추적추적 내리던 어느 날 밤 저세상으로 갔다. 짐을 잔뜩 모아 싣고 귀가하던 중 큰 차가 경운기 뒤꽁무니를 덮쳐 그 충격으로 7미터를 날아가 논두렁에 박힌 채 숨을 거두었다. 가해 차는 뺑소니치고, 보상금 한 푼을 받지 못했다. 천하에 법 없이도 살 친구였었는데, 그는 그렇게 비명에 갔다.

남은 친구 한 사람은 서울의 경동시장에서 점포를 내어 장사를 하고 있다. 만나고 싶은 마음이야 굴뚝같지만 내 맘과 달라 저 쪽에서 거리를 두고 있는 것 같아 요즘은 전화 횟수도 줄었다. 이들 소꿉친구와 만나면 우리는 지체없이 초등생이 된다. 그리하여 동산에 오르고, 토끼가 낮달을 타고 서쪽으로 서쪽으로 간다는 노래를 합창했다. 그런데 지금은 영 아니다. 벼랑 아래 형성된 질펀한 소(沼)에서 멱 감던 얘기를 꺼내면 그는 보신탕이 몸에 좋다며 동문서답이고, 동구 앞 팽나무에 매어단 그네 뛰던 단오 얘기를 들추면 그는 사업을 늘려 돈 벌 궁리를 한다며 허튼 대답을 하곤 한다.

중학교 다닐 때는 사귄 친구가 없다. 대신 고교 동창으로 두 벗이 있는데, 나를 합쳐 셋이 모이면 정말 시간 가는 줄을 모른다, 죽고 못 사는 친구 사이었다. 꼼지게 웃는 모습은 머리에 떠올리기만 해도 그저 기분이 좋은 친구다. 한 친구는 부산에서, 또 한 친구는 의정부에서 산다. 의정부 친구는 가끔 만난다. 부산 사는 친구는 척추 허약으로 문밖 출입이 불가능하다. 전화를 할라치면 더없이 반갑게 받는다. 땅끝 마을에 산다고 하지만 총알기차를 타면 1시간 거리다. 마음에만 두고 있으니, 이러고도 진정한 친구를 두었다고 할 수가 있는가?

추억을 반추하면 건강에 도움이 된다는 나이에 이르렀다. 하루가 멀다고 인심이 흉흉해지는 세상이다. 늙음에 남는 자산은 친구뿐이라 했거늘, 그걸 소유하지 못하였으니 불행한 사람이다. 스스로가 자초한 일이니 남 탓은 하지 않는다. 내가 그네들에게 마음을 열어주지 못하였기에 그들 또한 내 곁으로 올 수가 없었을 터이다.

다방 갈 친구가 있다. 등산 갈 친구도 있다. 술친구가 있는가 하면 문단의 선후배는 너무나 많다. 그러나 그저 지인일 뿐이다.

어쨌거나, 벗을 셋이나 두었다고 자랑했다던 석이가 부럽다.

(강남문학, 2016)

배신

배신은 무서운 행위다. 죽음에 버금가는 배척의 도덕경이다. 사전의 글말에서나 볼 수 있었다. 일상적 언어로 변한 지 오래다. 입법 당사를 보고 있노라면 그 껍질 한 겹이 배신으로 도배된 듯하다. 배신을 주고받는 것이 아니라, 자아 성취를 위한 수단으로 삼는 자가 그 속에서 굼실대기에 소름이 돋는다. 우리는 그런 너무나 큰 배신행위를 겪고 치를 떨었다. 진행형이라서 그 몰골을 볼 때면 구역질 난다.

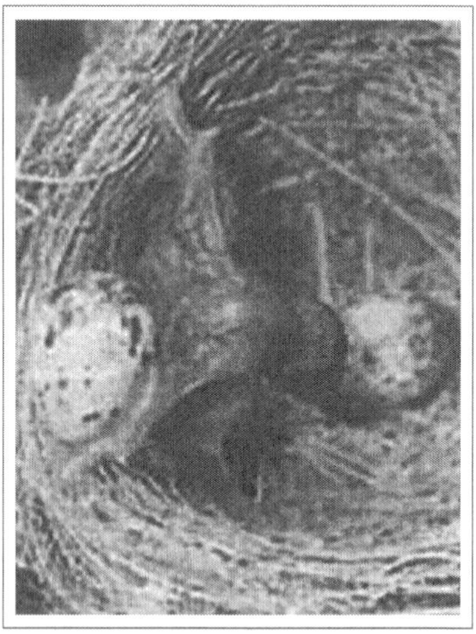

▲ 날짐승의 세계에도 배신이 있다. 뻐꾸기 알은 포란 10~12일 사이에 부화된다. 알에서 부화된 뻐꾸기 새끼는 본능적으로 오목눈이 새 알과 새끼를 둥지 밖으로 밀어낸다. 뻐꾸기 새끼는 1~2일 사이에… 결국 둥지를 독단으로 차지한다. 뻐꾸기 새끼는 대리새 어미로부터 먹이를 받아 먹고 1개월 이상 자라게 된다. 뻐꾸기와 두견이는 천연기념물로 되어 있지만 한편으로 생각하면 가증스런 동물이다.

일설에 어머니의 뱃속에서 24개월 만에 태어났다는 이조 말기의 서도가 추사 김정희의 호는 알려진 것만 6개나 된다. 방랑시인 난고 김병연과, 임란 때의 승병장으로 유명한 유정도 각각 4개의 호를 가지고 있었으며, 화가인 단

▲ 어미새의 육아기는 차라리 모험이다. 뻐꾸기가 마음만 먹으면 언제든지 어미새를 해칠 수 있다.
▲ 뻐꾸기의 눈을 유심히 보노라면 현기증이 난다. 살인 직전의 모습이다.

원 김홍도 역시 호가 많다. 고기에도 많은 이름을 가진 것이 있고, 날짐승도 이에 빠지지 않는다. 이름이 가장 많은 생선은 명태이고, 이름이 가장 많은 날짐승은 두견이라는 새다. 명태의 이름은 13개인데, 두견이의 이름은 내가 찾아낸 것만도 그 수치를 넘는다.

명태의 이름부터 들추어 보자. 갓 잡힌 명태를 생태라 부르고, 이 생태를 얼리면 동태가 되고, 이 동태를 바닷가 바람에 건조시키면 북어가 되고, 이 북어를 겨울에 강원도에서 눈을 맞으며 얼었다 녹았다를 반복해서 건조시키면 황태가 된다. 또 이놈을 반쯤 건조시킨 것을 코다리라고 부른다. 낚시에 잡히면 조태, 그물로 잡히면 망태, 봄에 잡히면 춘태, 가을에 잡히면 추태, 그리고 명태의 새끼를 노가리라고 한다. 황태를 만들 때 바람이 너무 불어 흐물흐물 해진 것은 찐태, 너무 추워 얼어

버리면 백태, 너무 따뜻해서 검게 변하면 먹태가 된다.

대저 이름이 많으면 팔자가 드세거나 유명세를 탄다고 하는데, 김정희 김홍도에 못지않게 13개의 이름을 가진 명태는 단연 어물 중에 상급이다. 30에 육박하는 이름을 가지고 문인과 묵객의 맘을 사로잡는 날짐승, 가련한 이름의 두견이는 어떤 팔자를 타고났는지 관심이 쏠린다. 놈이 이렇듯 많은 호를 가지고 있는 것을 보면 필경 그만한 연유가 있을 터이다. 놈은 울음소리부터 너무나 애절해서 듣는 이의 애간장을 태운다. 피를 토하듯 절규하고, 애비 잃은 듯 호곡한다.

유비가 건국하고, 제갈양이 보좌했다는 촉나라에 이름이 두우(杜宇)요, 망제(望帝)라는 호를 가진 왕이 있었다. 어느 날 망제가 산 밑을 지날 때, 시체 하나가 떠내려 오더니 망제 앞에서 살아나는 것이다. 망제가 그에게 물으니 "저는 형주 땅에 사는 별령(鱉靈)으로 강에 나왔다가 잘못해서 물에 빠졌는데, 어찌해서 흐르는 물을 거슬러 여기까지 왔는지 모르겠습니다."라고 대답했다. 이 말을 듣고 망제는 하늘이 어진 사람을 보내 준 것이라 생각해 별령에게 집과 벼슬을 내리고 장가도 들게 해주었다. 그러나 정승 자리까지 오른 별령은 은연 중 불측한 마음을 품고 대신과 하인들을 모두 자기 심복으로 만든 다음 정권을 마음대로 휘둘렀다. 때마침 별령에게는 천하절색인 딸이 있었는데, 이 딸을 망제에게 바쳤다. 망제는 크게 기뻐하여 국사를 모두 장인 별령에게 맡기고, 밤낮으로 미인과 소일하며 나라를 돌보지 않았다. 드디어 별령은 여러 대신과 짜고 망제를 나라 밖으로 몰아내고 자신이 왕위에 올랐다. 나라를 빼앗기고 쫓겨난 망제는 촉나라로 돌아가지 못하는 자기 신세를 한탄하며 울다가 울다가 죽어 촉혼이 되니, 훗날 사람들은 그를 귀촉도·불여귀·망제혼·두견이·두견·촉혼·촉조·촉백·자규·두우·두백·

단제·사표·제격·단귀·제결·원조·휴주·제귀·매궤·단조·접동새·산접동·소쩍새라 이름 지어 불렀다. 더 있을 터이다.

애간장을 태운다는 말이 있다. 뻐꾸기 우는 소리를 들으면 가슴이 아리다. 놈은 언제나 단독으로 지낸다. 내가 숲속에 살면서 산새들의 삶을 눈여겨 봤지만 뻐꾸기가 쌍으로 노는 것은 한 번도 보지 못했다.

때마침 뻐꾸기 한 놈이, 논밭을 가로질러 연줄처럼 걸려 있는 전깃줄을 타고 앉아, 뻐-꾸욱! 뻐-꾸욱! 허공을 향하여 피를 토하듯 울어댄다. 무슨 한이 저리도 많아 날이면 날마다 곡을 하듯 슬피 우는가. 울어, 우는 소리가 좀 애발스럽더라도 몸집이나 예뻤으면 좋으련만, 워낙 앙칼지게 생긴 놈이라 내린 정도 거두어들이고 싶어진다. 놈이 울 때의 모습을 가까이에서 보면 섬찟하다. 발진을 앞둔 F16 전투기는 저리 가라다.

굳이 뻐꾸기 얘기를 꺼내는 것은 놈이 내 집 주변을 맴돌면서 자꾸만 울어대기 때문이다. 여느 때는 무서운 생각이 들기도 한다. 비운의 새 두견이를 연상하기 때문이다. 두견이의 사촌쯤 되는 뻐꾸기란 놈은 몸소 자기 집을 짓지 않고 딱새나 뱁새의 둥지에 몰래 알을 낳아 탁란을 시키는 아주 악랄한 놈으로 인식이 되어 있는 터라 고운 정이라고는 손톱만큼도 내리지 않는 새다. 애미는 또 그렇다 치더라도 알에서 깨어난 새끼 뻐꾸기의 꼴을 보면 더 가증스럽다는 생각이 드는 것이다. 눈도 채 뜨지 못한 핏덩어리인 주제에 주인의 알을 밀쳐 떨어뜨리는 모습을 보면, 해괴한 생각이 든다. 선천적으로 악질적 DNA를 가지고 사는 무리인 터이다.

새끼 뻐꾸기가 뱁새 알을 밀쳐내는 경우가 어쩌면 별령이 두우를 국외로 내쫓는 이치와 너무나 닮은 꼴이다.

두견이는 언제나 북쪽을 바라보며 운다고 했다. 밤에 곡소리를 낼 때는 아침에 가서야 그친다는 두견이, 그 소리는 나무에 거꾸로 매달려 고통을 하소연하는 듯 애절하다. 놈은 우는 동안 피를 토한단다. 그래서 놈에게 붙은 또 하나의 이름이 원조(怨鳥)다. 모양세가 고약하기로는 두견이가 뻐꾸기를 앞선다. 긴 꼬리를 하늘로 치켜올리거나, 아니면 아래로 늘어뜨려 언제나 공격하는 자세를 취한다. 하기야, 하루아침에 부하이던 놈에게 나라를 빼앗기고, 내침을 당한 대국의 왕이 죽어서 환생한 새가 원조(怨鳥)라니, 저렇듯 경계심을 풀지 못하는구나 싶어, 더더구나 애처롭다는 생각이 든다.

소쩍! 소쩍! 운다고 하여 소쩍새가 되었고, 접동! 접동! 운다고 하여 접동새가 되었다. 산접동! 산접동! 운다고 하여 산접동이 되었다. 이들 이름은 두견이의 전설에 나타난 이름꼴과 사뭇 다르다. 궁금증을 해소하기 위하여 파자(跛字)를 해 본다.

'단귀(鶤귀)'에서 '단(鶤)'은 꿩의 새끼라는 훈을 가지고 있다. 이를 파자해 보면 외로운 새가 된다. 그리고 '귀'(컴퓨터 漢字출력 불가)는 새(鳥)가 규(圭)를 안고 있는 형태의 합자로, 신의와 재능이 뛰어남을 말한다. 규(圭)는 천자가 제후를 봉할 때 주던 신표(信標)의 의미가 담긴 글자다. 이를 의역해 보면 고독한 새이나 하늘이 알고, 땅이 알고, 왕이 인정하는 존재라는 뜻이 된다. '귀'는 '접동새 귀'·'접동새 제'로 동자이음이다. '매궤(買궤)'의 '買'는 그물로 조개를 잡는다는 뜻에서 상행위(商業)를 말함인데, '사다'라는 뜻으로 풀이한다. '궤'는 '새 이름 궤'(漢字출력 불가)자로, 조(鳥)가 위(危)를 안고 있는 형태를 취하고 있는데, 이는 근심이 많은 새를 의미하고 있어, 원조와 통하는 이름이다. 묶어서 풀이해 보면 스스로 근심을 취하다의 뜻이 되니, 불여귀 불여귀 하고 울 수밖에 없을 터이다.

'휴주(휴周)'의 '휴'(漢字출력 불가)는 '경(冏)'이 '추(隹)'를 머리에 이고 있는 글자로, '추'는 새를 그린 상형자인데, 꼬리가 짧은 새를 일컫는다. 두견이는 꼬리가 긴 편이니 덜 맞는다. 집비둘기의 뜻도 가지고 있다. '경'은 '빛나다'의 뜻이다. 집비둘기는 평화를 상징하는 새로 국가로부터 보호를 받는다. 국조(國鳥)라는 의미다. '사표(謝豹)'는 촉왕(蜀王)이 스스로 지어 부른 이름이다. 조선 시대의 짐과 같이 임금의 자칭이다. '제결(鶗鴂)'의 '제'는 두견이다. '올빼미 결(鴂)'과 짝지은 이유는 놈이 밤이면 더 섧게 울기 때문이다. 올빼미는 밤에 활동하는 야행성 조류이다. '단조(鷤鳥)'는 두견새로 직역이 된다. '단제(鷤제)'는 '단귀'와 의미가 같다고 전술했다.

이렇듯, 일천 칠백 수십 년 전에 있었던 망제혼 이야기가 지금도 회자되고 있는 것을 보면, 이름과 유명세는 불가분의 관계인 듯하다. 두견이의 호가 많음의 이유를 얼핏 알았다.

"배신은 금물이다!"

(2012. 8)

12번째의 매장

산새 한 마리가 또 창문에 부딪혔다. 부딪히는 소리가 좀 컸다. 짐작대로 직바구리란 놈이 머리를 유리창에 들이받고 바닥에 떨어진 채 가슴을 할딱인다. 들숨과 날숨의 속도가 손가락으로는 셈할 수 없을 만큼 빨랐다. 그러더니 양쪽 날개를 펴서 여객기 뜨는 모습을 보이고는 양다리를 쭉 뻗고 숨을 멈춘다. 이렇듯 놈들이 거실 창문에 머리를 들이받고 변을 당한 것이 벌써 열 두 번째다.

어치 한 마리, 오목눈이 두 마리, 멧새 네 마리, 노랑턱멧새까지 합쳐 열두 놈이 이렇듯 비명에 갔다. 나무가 터전이라 지상에 내려오는 일

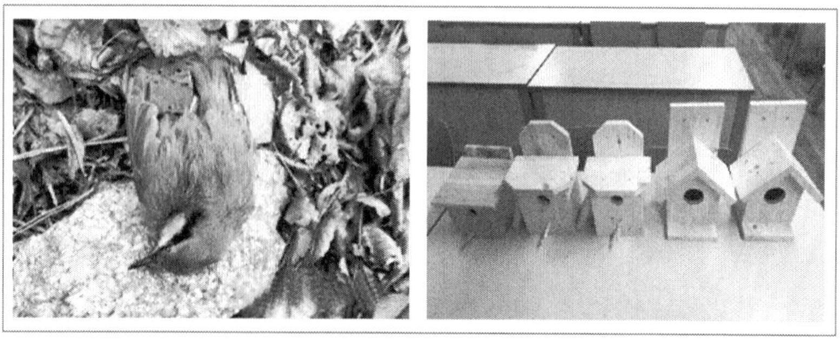

▲ 들은 사람과 달라 단안시(斷眼視) 구조를 가지고 있다. 눈이 각각 다른 곳을 보느라, 거리감을 파악하는 능력이 떨어진다. 유리창에 부딪혀 수명을 다하는 새가 1년에 800만 마리나 된다는 통계가 있다. '새매'나 '금눈쇠올빼미'가 특히 많다. 필자의 경우는 직박구리도 예외는 아니었다.

▲ 공작 솜씨와 새의 안목은 별개다. 산란과 포란의 조건이 좋은 구조여야 한다. 그림의 새장은 필자의 작품이 아니다.

이 드문 직바구리, 머리가 영리하여 고양이 울음소리도 흉내 내는 어치, 약삭빠르고 날랜 오목눈이, 추위를 피하여 남쪽으로 이동을 하면서 산다는 멧새, 멧새보다 몸집은 약간 작으나 서로 4촌 격인 노랑턱멧새, 이 모두는 인적 드문 산속에서 생활하는 나에겐 더없이 소중한 식구인 터이다.

놈을 흰 종이에 싸서 들고 뒷산 중턱쯤에 있는 연리지목(連理枝木) 아래로 갔다. 연리지목은 화목한 부부와 남녀 간의 사랑을 상징하는 나무라고 한다. 그러니 수목장으로 더 없이 좋을 것이라는 생각에 제1호 시신부터 이곳에 묻었다.

이사 온 첫날 밤이다. 잠을 제대로 못 잤다. 어두컴컴한 꼭두새벽에 눈을 떴다. 첫날이고 해서 좀 조심스럽게 현관문을 열었다. 그런데 현관 바로 앞에 새 한 마리가 날개를 활짝 편 채 죽어 있었다. 가슴이 섬뜩했다. 왜 하필이면 산새가 내 집에 와서 죽었을까. 그것도 현관 바로 앞에서. 나는 집 사람 몰래 죽은 새를 뒷산에 던져 버렸다. 며칠을 두고 신경이 쓰였다. 새가 들창 유리에 부딪혀 죽었을 것이란 생각을 하지 못하였기에 이상한 생각이 자꾸 들었다. 좋지 않은 일이 일어날 것 같은 예감이 머리를 떠나지 않았다. 그러더니 놈들은 일주일이 멀다고 연속으로 죽었다. 그때서야 놈들이 죽은 이유를 알았다. 거실의 들창문이 양쪽으로 나 있는데 대형이다. 밖에서 안을 들여다 보면 거실 안이 영락없는 정원이다. 놈들이 먹이를 찾아 분주히 날다가 거실 안팎을 분간 못한 채 그대로 머리를 들이받고 뇌진탕으로 죽어간 것이다. 두 번째 시신을 매장할 때, 뒷산에 버려진 직바구리도 찾아서 나란히 묻어주었다. 그리고 나무막대에 죽은 날짜와 새의 이름을 적어서 무덤 앞에 꽂았다.

열두 번째의 시신을 매장하고 나니 기분이 좀 이상했다. 전문 염꾼이 된 기분이다. 까불대기 좋아하는 멧새와 노랑턱멧새와 오목눈이도 그렇고, 멧돼지처럼 저돌적인 자세로 까치를 제압하는 직바구리도 그렇고, 자기 몸 잘생긴 것을 스스로 알아차려 사람들 눈에 띄기를 극도로 싫어하는 어치 놈도 그렇고, 하나같이 정이 든 놈들이었다. 더구나 어치란 놈은 다람쥐처럼 숲속 바닥에 구멍을 파 도토리를 갈무리하였다가 이듬해 봄에 찾아 먹을 정도로 아주 약은 새다.

유리창에 도색을 하여 위험을 방지할까 하다가 임시방편으로 빤짝이 테이프를 창틀에 이리저리 걸쳤다. 새털같이 가볍다는 말이 있다. 노랑턱멧새는 손에 들고 있어도 무게가 느껴지지 않는다. 털이 새인지 새가 털인지 분간이 안 간다. 이 몸 가지고 알을 낳아 새끼를 기르다니, 가련하고 측은한 생각이 앞선다.

장마가 길어 지루했던 여름이 갔다. 숲속을 오가며 재잘대던 놈들이 어디서 무얼 하는지 한 마리 눈에 띄지 않는다. 보고 싶다. 아마 감박산길 63호 집에는 새를 잡는 귀신이 있다고 소문이 돌았나 보다. 그 소리 들어도 싸다. 진작 조치를 했어야 할 일이지, 열두 마리씩이나 비명횡사하게 두다니…….

마을의 초입에 '감박산'이란 이름의 제법 큰 식당이 있다. 젊은 부부가 당차게 시작한 식당이다. 신토불이 상차림으로 인기가 좋았다. 한데 어느 날 갑자기 문을 닫더니 수입용품 포장 나무 상자 밑판을 많이 모아들이는 것이다. 나는 그 나무판을 얻어와 고라니란 놈이 넘보지 못하도록 상추밭을 빙 둘러막았다. 그리고 새장도 만들어 주기로 했다. 열두 개를 만들어야 한다. 새장 만들기가 그리 어려운 작업은 아니다. 적당 크기의 밑창에 ㅅ자 모양의 지붕을 씌우고, 앞뒤를 막아 한쪽에 구멍을 뚫어 주면 된다. 금정조·호금조·소문조·금화조·카나리아·십자

매 등속의 핀치류를 애완으로 기를 때 이들의 집을 지어주느라 구입해 놓은 목공구가 있기에 집 짓는 일은 그리 어렵지 않은 터이다. 새장을 빨강·노랑·초록색 옷을 입힐까 하다가 12신상(神象)을 그려 넣기로 했다. 12신이 그간에 죽어간 놈들의 영혼을 위로해 주기를 바라는 마음과, 불상사가 다시는 일어나지 않도록 지켜달라는 그런 소원을 담아놓으려는 뜻에서다.

12라는 숫자엔 특별한 의미가 부여되어 있는 듯하니, 이 열두 개의 새집이 액운을 물리치고 막아줄 것이다. 12성좌가 있고, 12달이 있고, 12사도(使徒)가 있고, 연필도 한 묶음에 12자루가 들어 있으며, 그리스·로마신화에도 올림포스의 12신이 나오고, 또 별자리 점에도 12궁이 나오고, 가창 가사에도 12수가 있으니, 분명 12수에는 특별한 영험이 있을 터이다.

호랑이가 그려진 새장의 이름은 그대로 호랑이이고, 소와 말과 양이 그려진 새장은 소와 말과 양이 새장의 이름이 되는 것이다. 호랑이가 그려져 있는 새장은 1등 텃새 어치가 주인이다. 소와 말과 양이 각각 그려져 있는 3개의 새장은 세 마리의 직바구리가 주인이다. 용과 뱀이 각각 그려져 있는 2개의 새장은 두 마리의 오목눈이가 주인이다. 토끼와 닭이 각각 그려져 있는 새장은 두 마리의 노랑턱텃새가 주인이다. 그리고 쥐와 잔나비와 개와 돼지가 각각 그려져 있는 새장은 네 마리의 멧새가 주인이다.

새장의 크기는 네 종류로 했다.

아무래도 어치의 집에 공이 많이 들었다. 특히 놈은 깃털을 아끼는지라 내부 장치를 섣불리 해서는 아니 된다. 실제 놈이 지어놓고 사는 집은 인가에 비유하면 최고급 저택이다. 굵은 나무뿌리로 둘러싸고, 거기에 나무껍질 등속을 찰흙으로 버무려서 겉 벽을 치고, 밥그릇 모양으로 만드는 데 아주 튼튼하다.

직바구리도 마찬가지다. 놈은 습성이 괴팍하여 집터가 마음에 들지 않으면 거들떠보지도 않는다. 모양은 어치의 집과 엇비슷하다. 오목눈이 집은 폭을 좁게 하고, 깊이에 신경을 쓰면 된다. 놈은 자기의 몸통보다 훨씬 긴 꼬리를 달고 다닌다. 그래서 날아갈 때의 모습을 보면 수영선수가 배영을 하듯 몸이 출렁출렁 흔들린다. 놈은 다양한 이끼류로 엮어 일차 공사를 한 다음, 외부의 침입을 막기 위하여 다시 거미줄을 밀착시켜 타원형으로 집을 짓는다.

견고하기로 따진다면 오목눈이 집 위로는 없다. 놈이 지어놓은 둥지를 보고 있노라면 혀가 내둘린다. 꼭 밥그릇 모양으로 지어놓은 집은 탄탄하기가 야구공 같고, 출입구가 묘하게 숨겨있어 뱀의 기습도 능히 막아낼 수 있는 구조를 이루고 있다.

이렇듯 놈들은 하나같이 고급 자재로 집을 지어 놓고 사는 지라, 어쩌면 내가 만든 나무둥지 따위엔 관심을 보이지 않을 수도 있다.

어치와 직바구리가 살 집은 상수리나무의 높은 가지에, 그리고 오목눈이, 멧새, 노랑턱멧새가 살 집은 정원 가까이에 있는 느티나무 가지에 매달았다.

상수리나무 가지에 달린 좀 큰 둥지는 동료의 무덤이 아래로 보이는 곳이고, 느티나무 가지에 달린 좀 작은 둥지는 동료들의 무덤이 위로 보이는 곳이다.

새봄이 오면 열두 쌍의 신랑 신부가 서로 인연을 맺고, 나무 둥지에 신접살림을 차릴 것이다. 그리고 먼저 간 놈들로부터 축복을 받을 것이다.

퍽 조심이 된다.

(문협 계간문예, 2018, 겨울 54)

세월호 시묘를 호곡하다

저승으로 떠나는 분에게 마지막 예를 갖추어 의식을 치르는 일을 상례라 한다. 상례를 치르는 구성원은 망자와 상주와 상제와 문상객이다. 원고와 피고와 검사와 판사에 의해 재판이 이루어지는 것과 같은 과정이다. 방청객이 재판에 훈수를 두지 못한다. 상례의 절차도 이와 같다. 감 놓아라, 대추 놓아라 하지 못한다. 가례(家家禮禮)란 말의 뜻과 통한다. 우리 민족의 성정은 가례를 존중하고, 풍습은 이를 근거로 한다.

세월호 참사에서 가족을 잃은 직계는 상례 절차상 상주가 되고, 나머지는 상제이거나 문상객이다. 한데 함양미달의 국회의원들이 살판이라도 만난 듯 세월호를 지고 다니며 수지 맞추기에 혈안이었다. 결국 '세월호'는 애석하게도 개천에 빠지고, 길 잃은 고혼은 허공을 맴돌고 있는 것이다. 참으로 통탄할 일이다. 상주가 올곧은 각오로 장례의 절차를 지켜 그 영혼을 하늘나라로 편히 보냈어야 했다.

우리나라에는 4대 상례가 있다. 천주교의 성교예규와 개신교의 찬송의례와 불교의 석문가례 그리고 정부에서 기준으로 삼아놓은 전통양식의 상례가 그것이다. 이 4대 상례에는 불문율이 있다. '모든 상주와 상제는 죄인dl 된 마음을 갖는다. 시신을 모심에 정숙을 기한다. 망자의 유지를 받들며, 도리에 어긋나는 짓은 절대 하지 않는다.'

장례에는 엄격한 규정이 있어, 나이 어리고 미성년의 죽음은 애상이라 하여 1일장으로 모든 장례절차를 끝낸다. 그리고 상복을 안 입는다.

부모상은 3년 상이고, 국상에는 3년 복을 입어준다. 스승에 대하여는 3년 동안 심상(心喪)을 입는다고 주문했다. 애공 같은 임금은 공자에게 물어본 다음에 상장의 일을 결정했다. 상주·상제 노릇 하기와 상례 치르기가 어렵다는 소리다.

근자에 이르러 장례가 망자를 위한 의례가 아니라, 산자의 이득을 위한 목적수단으로 변절된 경우를 많이 본다. 노제도 그 중의 하나다. 망자가 살던 집을 떠나 북망산으로 가는 길 살붙이가 사는 집 앞이나 그 소유의 전답을 지날 때 잘 가시라고 한상차려 놓고 대접하는 예를 노제라 한다. 이 노제는 절대로 공동 소유나 남의 땅에서는 지내지 않는다. 설령 그 죽음이 열사에 버금가는 사람일지라도 시신을 둘러업고 꽹과리 치며 대로를 활보하는 일은 하지 않았다. 그런데 걸핏하면 머리띠 두르고, 망자를 둘러멘 채 주먹을 쥐고 대로를 활보하는 꼴을 본다. 지구촌의 도의가 종말임을 체험하는 것 같아 소름 돋는다.

문학 같았으면 고전이라도 되어있을 새월호의 참상과 시묘를 떠올린다. 국민들은 세월호 참사를 천붕지통의 심정으로 맞았다. 조선조 국왕을 잃은 국상에 버금가는 애도 속에 국민은 숨죽이며 생활했다. 누가 시키지 않았는데도 음주가무를 삼갔다. 너무 애석하고 가슴 아파 그날의 참상을 잊으려 애쓰며 살았다. 1주기를 맞는 날 전국의 곳곳에서 상청을 차려놓고 소상례를 치렀다. 한 나라의 대통령이 아래위 까만 상복을 입고 팽목항에 차려놓은 빈소를 찾아 조문했다.

여기서부터 삐뚤어지기 시작했다. 산 자가 죽은 자의 영혼을 위무해 주는 상례 절차가 산자의 이득을 위한 도구로 변절해 버린 것이다. 물론 상주의 의도는 아니었다. 대통령과 국회의원 지망생, 거기에 기생하려는 모리배들이 상주를 밀쳐내고 저들이 앞장서서 돈벌이 궁리에 혈안이 되었다. 하여 상여는 개천 바닥에 박혀버리고 어린 고혼은 길을 잃은 채 오늘도 허공을 맴돌고 있는 것이다.

상제들은 분향소 문을 잠그고, 폐쇄한 뒤 모두 떠나버렸다. 이 행동을 두고 상주가 스스로 결정했을 거라 믿는 국민은 없을 터이다. 함양미달의 얼치기 정치 패걸이가 앞장서고, 한세월 만난 듯 종북좌파가 합세하여 상제의 아픈 마음을 들쑤셔 놓고, 여기에 더하여 쇠뭉치가 날아와서 세월호의 좌현 부위를 때려서 배가 가라앉았다며 무식의 주장을 보탠 대학 교육자도 있었으니, 상주도 국민도 혼이 빠져버린 것이다. 알고 봤더니 이 사람은 조선학과와 전연 상관이 없는 강의를 하는 사람.

대통령의 문상은 국가와 국민을 대표한다. 일찍이 상례에 상주가 문상객을 두고 등을 돌리는 일은 하지 않았다. 이쯤 되면 이는 분명 망자나 상주의 본뜻에 어긋난다. 망자를 위한 상례가 아니라는 뜻이다. 망

▲ 서울 세종로4거리께에 혐오스러운 모습의 분향소가 있다. 꽃다운 나이에 고혼이 된 귀중한 넋을 더이상 괴롭히지 말기를 진심으로 호소한다. 제발 하늘나라에 올라 편히 쉬게 두시라.

▲ 화물의 과적과 급선회가 침몰의 원인이며, 인명의 피해를 줄이지 못한 것은 선장이 자기 먼저 살고자 했기 때문이다. 이를 두고 아직도 정치에 이용하고 돈벌이하는 패걸이가 있다. 그들은 입만 벌리면 침몰 원인이 따로 있다고 한다. 아마도 그들은 그 원인을 공유하고 있는 모양이다. 하루빨리 공수처로 이관하고 귀띔을 해주기 바란다.

▲ 선장이 옷을 벗고 승객으로 가장하여 경찰관의 보호를 받으며 태연스레 탈출을 하는 것을 보면 아이큐가 한 자리는 아닌 것 같다.

자의 마음을 조금이라도 헤아린다면 그러지는 못한다. 이 지경에 이름에도 이를 바로 잡아줄 나라의 구심점이 없으니 대한민국을 두고 사상누각이라 얕 잡는다.

이제 세월호 참사를 두고 시시비비할 사안 다 가려졌다. 망자를 안고다니며 '정치매표' 그만하라는 소리다. '세월호 침몰의 진실을 정부가 가로막았다면 이를 용서하지 않겠다.'고 으름장을 놓으며 날뛰던 노란 상장의 모습이 눈에 선하다.

천안함 폭침을 두고 '국정원 침몰 유도', '잠수함 충돌'이라고 우기던 무리, 이들은 천안함이 북침에 의해 침몰되었다는 사실을 인정하는 데 5년이 걸렸다. 이런 무리들이 정권을 잡았다. 그자들의 예고대로 하루가 멀게 처음 겪어보는 세상을 만난다.

충청북도 제천시 봉량읍 공전3리 자양영당 뒷산 산 중턱엔 아담한 묘가 있다. 86세로 임종한 할머니가 40년 먼저 떠난 남편 곁에 합장되어있는 합장묘지이다. 이 두 분은 자식으로부터 3년간의 '시묘' 효도를 받은 복 많은 분이다. 아들은 24시간 묘지 옆에서 상례를 드리며 영혼을 지키는 상주 노릇을 3년간 했다. 새벽 5시면 일어나 묘소에 문안 인사드리고, 아침·점심·저녁 하루 세 끼니에 오전·오후 새참까지 상식을 올린다. 시묘 동안은 모든 일에 조심하고 근신했다. 부모를 떠나보낸 자식은 스스로 죄인이 되어 대상 때까지 땅만 보며 살았다.

지금도 노란 상장을 꿰매 달고 세월호 상제 노릇을 하는 인사들아, 과연 당신들이 당신의 부모상이나 친지상을 당하여 상복을 몇 달 몇 년이나 입어주었는가? 그 상장 두고두고 보관하며 사돈의 8촌 상까지 써먹을 일이로다.

백 번의 양보를 한다손 치더라도 그 상복(상장) 색깔부터 안 맞는다.

▲ 제천시 봉량읍 박상근 효자의 시묘하는 모습. 이것이 상복 입은 상주의 참모습이다. 왼쪽 가슴에 금색 상장을 달고 아직껏 상제 노릇하는 국회의원들 상장의 색깔은 흑 아니면 백색임을 알기나 하소. 금의 도상은 태양을 상징하고 태양숭배를 뜻합니다. 부귀와 영화의 상징이기도 하고………

흰색이나 검정색이어야 한다. 신화에서는 하늘나라 사람, 민속에서는 순결, 풍습에서는 조상숭배와 조상의 영혼, 종교에서는 공경의 뜻을 담으며, 도상은 신성·순수·평화를 나타내는 것이 흰색이다. 또 흰색은 검정색과 더불어 전통적으로 재앙과 악귀를 막아준다고 되어 있다. 노랑은 제왕색이다. 왕이나 왕비를 대신하기도 한다. 부와 권력을 상징한다. 무얼 좀 알고나 달고 다녔으면 좋겠다.

세월호에 목숨을 잃은 학생들 생각할수록 불쌍하다. 이제 천국에서 편하게 쉴 수 있도록 이 영혼 풀어주자.

저- 제천시 봉량읍 박상근 효자의 3년 시묘(侍墓)에 누가 될까 두렵다. 전통을 지키고자 함은 그 자체가 정서 순화이며, 어설픈 법조문보다 우위일 때가 있기 때문이다.

세종로 광장에 거대한 목관처럼 누워 있는 세월호 천막 흉칙하니 너희들 안마당으로 옮겨라.

광화문 큰 광장 한 곳에 대형 태극기 게양했으면 좋겠다는 의사를 보훈처에서 전했다. '그런 터 없으니 당신들 사무실 마당에 세워라.' 서울특별시 시장 박원순이 그렇게 답했다.

(한국창작문학, 2016년)

오늘의 60년 전 이야기

식구들이 저녁 밥상을 앞에 놓고, 서로의 얼굴을 훔쳐보며 먼저 숟가락 들기를 기다린다. 응당 아버지께서 먼저 수저를 드셨다. 그런데 밥상을 마주한 아버지는 갑자기 치매 환자가 되어 있었다. 닫혀 있는 창호지문의 문고리를 뚫어지게 응시를 하고 있는 것이다. 그러다가 긴 한숨을 내쉬었다.

"오늘 내가 한 일이 아무래도 마음에 걸린다."

아버지의 음성은 전에 없이 다정스럽게도, 아니 전에 없던 근엄함도 묻어나왔다. 식구들의 시선이 아버지에게로 쏠렸다.

"너희들이 방공호에 숨어 있을 때다. 인민군이 긴 장총을 들고 불쑥 마당에 나타났다. 나이가 너보다도 어린 학생인데, 얼마나 굶었는지 얼굴에 핏기 하나 없고, 총은 너무 길어 어깨에 둘러메지도 못해 두 손으로 들고 있더라."

식구들은 아연실색 저마다 놀란 가슴으로 숨이 조였다.

"저 지금 쫓기는 몸인데 높은 산으로 가려면 어디로 가야 하나요? 인민군이 이렇게 묻기에 나는 나이 어린 그놈을 앞에 놓고 잠시 망설이다가 불쌍한 생각이 들어 도망가는 길을 알려 주었다."

"잘하셨어요. 총을 갖고 있는데 큰일 날번했어요."

나는 불쑥 이렇게 말했다. 아버지의 결단에 동의한다는 뜻이다.

이날이 바로 추석날이었다. 서둘러 제사를 올리지만 삼촌 댁 차례는 언제나 늦은 오후쯤이 된다. 마지막으로 작은삼촌 집에 모였다. 대청마루에 둘러서서 제를 올리고 있는데 느닷없이 총소리가 요란하게 들려왔다. 총알 하나가 날아와 우리들이 서 있는 대청마루 기둥에 막혔다. 겁에 질린 제군(祭群)은 혼비백산 방공호로 숨어들었다. 총소리는 더욱 심하게 그리고 가까이에서 났다. 바로 그때였다. 어머니가 다급한 목소리로 내 이름을 부르시며 골목을 헤집고 나섰다.

"어머니 모두 방공호에 숨어 있어요!"

이렇게 안심시킬 수 있으련만 겁이 많은 작은 삼촌은 내 허리춤을 틀어잡고 방공호 밖으로 나가지 못하게 했다. 인민군에 발각되면 떼죽음을 당한다는 것이다. 나를 부르는 어머니의 음성이 자꾸만 멀어지더니 끊어지고 말았다. 얼마나 지났을까. 이제 총소리가 나지 않았다. 어머니가 방공호로 찾아왔다. 우리 형제를 보자 어머니는 반색을 하시며 눈물을 흘리셨다. 그게 초등학교 6학년 때이고 보면 철이 들 나이가 되었는데, 어머니의 머릿속엔 그저 철부지로 남아있었던 모양이다.

바로 이 시간쯤 인민군 병사 한 명이 도방을 가다가 길을 잘못 짚어 우리 집 마당으로 들이닥친 것이다. 먼 훗날 부친께서는 그때 그 인민

▲ "빨치산 근거지에서 신통일 한국을 세우자" 빨치산의 교훈이다.
▲ 전교조 교사가 중학생 180여 명을 이끌고 순창 회문산 빨치산 추모행사에 참가했다.
▲ 빨치산 출신 장기수 안식옥

군에게 도망갈 길을 터준 것에 대하여 후회하지 않는다고 했다.

정확히 66년 전의 이야기다. 이제 6·25세대는 많이 가셨다. 지금의 2세들은 그때의 참상에 대하여 관심이 없다. 아니, 관심 자체를 가지려 하지 않는다. 짐짓 '제2의 6·25'를 만들어 경험을 하게 할 수도 없는 노릇이니, 그네들의 애국심이 걱정이다.

본인은 60년대 초 그러니까 자유당 말기 때부터 교편을 잡았다. 그 간에 겪은 수없이 많은 무슨 연대(連帶)라는 집단이 떼를 지어 이마를 끈으로 묶고, 정부를 규탄하며 길거리로 나와 아우성치는 모습을 지겹도록 보아왔다. 그 중에도 한없이 저주스러운 것은 전교조라는 집단이다. 나는 이 집단에 대하여는 지금도 무한 증오심을 갖는다.

최근 IS(이슬람국가)란 극단주의 무장단체가 우주의 적이 되고 있다. 이들은 인간의 생명을 하루살이쯤으로 여긴다. 자폭 테러란 수단으로 무고한 생명을 수도 없이 빼앗으면서 이를 성전이라 부른다. 수일 전의 일이다. 한 대원을 자폭 직전 체포했는데 가증스럽게도 주인공은 나이 12, 3세 쯤의 소년이었다. 학생으로 치면 초등생이다. 이들은 죽음을 두려워하지 않는다. 교육을 그렇게 받았다. 천사가 옆에서 기다리고 있다가 성전의 영웅이라 부르며 천국으로 인도를 해 준다며 믿고 있다. 10명을 사살하면 10명의 천사가 인도하고, 100명을 사살하면 100명의 천사가 꿈의 궁전으로 인도한다고 교육받는다. 이들에게는 수니파니, 시아파니 하는 따위는 알 필요 없다. 되도록 많은 사람을 한꺼번에 죽이면 된다.

2005년 5월 28일이다. 전북 순창의 '회문산 청소년수련원'에서 열린 빨치산 추모제에 전북 임실 관촌중학생들이 비전향 장기수들과 재야 단체 인사 300명으로부터 박수를 받으며 참석했다.

"우리는 통일전사"

그들은 용공분자들 앞에서 '6·15선언문'을 줄줄 외웠다. 이날 참석한 중학생은 180명인데, 1박2일 일정으로 이 행사에 참여한 것이다. 학생들은 집을 나올 때 등산을 간다고 부모를 속였다. 행사장인 회문산까지는 백 리가 넘는 거리다. 더욱 놀라운 것은 학생들이 동원되어 '북녘 추모행사'를 엄숙하게 치렀다는 이 행사의 속내를 1년이 지나고서야 알게 되었다는 사실이다. 믿거나 말거나…. 김 아무개라는 도덕 교사가 이 많은 학생들을 인솔하였다. 그는 그만큼 평소 아이들에게 사상교육을 철저하게 시켰다. 상상 속에서만 존재하는 통일의 파트너를 어린 학생들이 알고나 있을까?

이런 감성적 통일관 주입은 사상테러 행위다. 이는 IS의 자폭 테러보다 수백 배 더한 파렴치 행위다. 가난은 나 혼자만으로 족할 따름이지 후손에게 물려줄 필요는 없다. 가난을 흉내 내다가 보면 나도 가난해진다. 여러 수치를 종합해 보면 이북의 경제 능력은 이남의 40분의 1 수준이라고 한다. 그런 이북을 닮자고 강요하는 것은 정상적이지 못하다. 물론 김 아무개는 전교조 교사다. 이 학생들이 전교조의 좌 편향적인 사상교육에 회의를 느끼고 비평의식을 가질 때는 이미 스스로의 위치가 천 길 나락으로 추락한 이후가 된다. 이런 분위기가 한 지방의 소 읍면에서 형성되고 있었다는 사실을 몰랐다면 참으로 아이러니다. 전교조 집단 속에서도 목숨 걸고 정부에 저항하다가 범법자가 된 되에 김대중이라는 대통령을 만나 한날한시에 사면된 숫자만 1,139명에 이른다. 이들을 '민주화운동' 역군으로 둔갑시켜 다시 교단으로 내보낸 것이다. 그게 1999년 11월이다. 김대중이 대통령에 취임한 그해다. 그들은 분명 전과자이며 재범 3범자도 있었다. 이게 바로 국정농단이고, 헌법을 초월하는 직권남용이다.

서울시 초·중·고에 근무하는 전교조 교사 분포를 보면 남부교육청(구로·금천·영등포)이 27%로 제일 많다. 이 교육청은 학력평가 시험에 성적이 언제나 하위였다.

좌파정권과 전교조는 언제나 찰떡궁합이다. 좌파정권 10년간의 전교조는 온통 대한민국을 손에 들고 놀았다. 이들이 끼지 않은 곳이 없었다. 심지어 달동네 재건축까지 전교조가 간섭했다. 전교조 교사 밑에서 공부를 한 학생 중에는 '국기에 대한 경례는 민족에 충성을 강요한다.'며 거부했다. 물론 군입대도 꺼린다. '군대에서는 살인기술과 복종문화만 배우기 때문'이라고 항변한다. 그러나 그간 전교조의 횡포에 어느 누구도 어느 정권도 감히 손대지 못했다. 전교조에 잘못 보인 교육부장관은 하루아침에 로봇이 된다. 이런 비정상적인 행태를 지적한 사람은 고작 이명박 대통령과 이상주 교육부장관 정도였다. 전교조 교사의 주장대로라면 그간 남북통일은 열 번 이루어지고도 남는다. 이들은 이북을 욕하면 천벌받는 줄 안다. 절대 이북을 폄하하지 못한다. 금기사항이기 때문이다. 그런데 지금 외국 풍을 맛본 이북의 젊은이들이 "이제 조선은 망했다. 중국에 살고 싶다."고 외친다니 세상사 알고도 모를 일이다.

금배지를 달면 제왕이 되고, 대한민국이 초등학교 운동장쯤으로 보이는 모양이다. 사드 배치 때문에 온 나라가 시끄러운 와중에 6명이나 되는 국회의원 나으리께서 비행기 타고 중국을 다녀왔다니 무엇을 얻어 왔는지 궁금증이 인다. 하물며 일개 당의 당수가 되겠다는 사람이 열심히 일하고 있는 대통령이 탄핵 될 수도 있다고 했다. 대통령이 무슨 역모라도 모의했나 보다. 아니면 저어- 남쪽에 있는 어느 작은 섬

하나를 외국에 팔아넘겼나 보다. 무슨 죄가 탄핵의 대상인지 독자 많은 일간지 지면을 빌어 조목 모목 지적해 주었으면 좋겠다. 통일부 장관이란 자는 '사드 배치 철회로 미국이 보복하면 중국과 손을 잡으면 된다.' 고 주장한다. 국군묘지에 잠든 영혼이 들을까 봐 겁이 난다.

어제는 국회의장까지 나서서 사드배치 반대 연설을 했다. 대통령은 지금 '제2차 동방경제포럼(EEF)'에 참석차 러시아 블라디보스토크를 방문 중이다. 이게 대한민국 현주소이다. 콩가루 나라가 따로 없다. 한반도라는 국토가 지도상에 없어진 36년간의 암흑도, 북괴가 짓뭉개놓은 3년 1개월 2일간의 지형도 우리 힘으로 되찾은 게 아니었다. 대한민국이 또다시 지도상에서 없어진다면 이제는 아무도 찾아주지 않는다. 모든 국제경기의 룰은 3패면 끝이다.

'『自由文學』 100호기념특집'을 위한 원고청탁서를 받았다. '통일공간으로 가는 문학-自由文學'이라는 타이틀이 붙었다. 주제어로 느껴지는 제시어다. 어깨가 무겁다. '백호'라는 지령과 '통일을 지향하는 문학'이란 점에서 그렇다. 지금 이 땅에 사는 기성세대들에게 통일의 개념은 곧 전쟁을 의미한다. '自由文學'은 100호를 내는 동안 통일을 지향점에 두고 그 역할에 대하여 무던히도 고민했을 터이다.

'순수수필'을 쓰고 싶었다. 그러나 편집진에서 요구한 주제를 일탈할 수 없었다. 지금껏 안보 이야기를 서사(敍事)한 소이다.

(자유문학, 2016. 9. 7)

100세 노장과 90세 청년

강가에 자주 나간다. 주변에 사는 지인들이 헬스클럽 같이 다니자고 청해 오기도 하지마는 나는 '강변이 좋다'며 자랑삼아 인사에 대신한다. 강변에는 여러 가지 운동기구가 아주 잘 배치되어 있다. 종류만 10여 가지가 넘는다. 그것도 여러 군데에 있다. 기구마다 운동수칙이 붙어있다. 안내가 아주 명료하게 되어 있어 설명들을 필요가 없어 좋다. 잔디밭에 잔디처럼 빼곡하게 박아놓은 약봉지 안내서를 익히면서 나빴던 기분이 풀어진다.

좋다는 향기가 모두 모여 고약한 냄새를 만들어내는 대중 헬스클럽. 그곳이 나는 딱 질색이다. '찜탕'은 더욱 그렇다. 반쯤 삶긴 사람 내움 역겹다.

강가의 고수부지에 원두막이 두 개가 있다. 한 곳은 96세 되시는 어른이 붙박이다. 나와 만나는 시간은 대충 오후 2시경이다. 노인은 점심 식사를 주로 원두막에서 하신다. 등산 배낭에 커피랑 해서 준비해 오신다. 6시간 간격을 둔다면서 오식은 3시쯤이다. 꼭꼭 내 몫도 챙겨 오신다.

이 어른과 안면을 익힌 것은 지난해 봄이다. 그 시간 원두막에서 신문을 보고 계셨다. 마침 내가 집에서 보는 신문과 동종이었고, 그래서 이야기가 쉽게 나왔다.

"어르신 안경없이 신문을 읽으시는군요?"

수인사는 이렇게 시작되었다. 이내 가까워졌다. 고향이 평양이고

6·25때 월남했고, 공무원으로 시청에 근무하셨단다. 같은 공직자였으니 더욱 믿음이 갔다. 어느 시인은 '윤사월 해 길다'고 하였지만, 우리는 서로간 주고받는 경청의 즐거움이 있어 계절 하나는 살 같이 지나갔다. 이분의 성함은 원용함이다.

인관 관계 369법칙이 있다고 했다. 사람 사이는 3번 정도 만나야 잊혀지지 않고, 6번 정도 만나야 마음의 문이 열리며, 9번 정도 만나야 친근감이 느껴지기 시작한단다. 누군가와 좋은 관계를 맺고 싶다면 369법칙을 명심하고, 최소한 9번 이상은 꾸준하게 만남과 연락을 지속하라고 했다. 세상을 살아가는 데는 법칙도 참 많았다. 248법칙이 있는가 하면, 911법칙도 있다. 248법칙은 다른 사람에게 2개를 받고 싶다면 4개를 주고, 4개를 받고 싶다면 8개를 주라는 것이고, 911의 법칙은 상호 간의 신뢰가 깨지는 것은 한순간이란다. 9번을 잘해도 10번째, 그 다음 11번째는 더욱 잘하려고 조심해야 한다는 것이다.

한동안 한강교 주변은 조사(釣士)들의 일등 낚시터였다. 언제 입질을 할지 모르는 찌를 지켜보며 마냥 앉아있는 강태공들, 원 노인은 곧장 그런 모습으로 강물을 바라보곤 하신다. 고향 대동강을 생각하고 계신지 모르겠다.

어제는 '영동4, 5교' 교각 밑 꽃길을 걸었다. 화창한 봄날의 꽃 시샘을 놓칠세라 많은 상춘객이 모여 이동하는데 자유롭지 못할 지경이었다. 물론 둘 사이의 길잡이는 원 노인이었다.

누군들 9988하고 싶지 않은 사람이 있을까만, 이 나이가 되고 보니 운동을 하려고 해도 남 보기 쑥스러울 때가 많다. 얼마나 더 살려고 저리 발버둥 치는가? 욕하는 것 같아서다. 운동기구를 이용할 때는 가급적 남이 보지 않을 때 한다. 나는 원 노인을 만나면 그저 편하게 형님이라 부른다. 그렇게 부르기에는 나이 차이가 많기에 미안스러워 양해를 구했다.

노인도 나도 폰을 가지고 있다. 노인의 폰은 장식물 정도이다. 송수신기능이 전부다. 옛날의 손전화기가 훨씬 어울렸는데, 아이들이 최근에 고급품으로 바꾸어준 것이다. 나의 폰은 하루에 50건이 넘는 사연을 처리해야 한다. 폰도 지칠 양이다. 물론 주로 받는 쪽이다. 문단(文壇) 소식이 많다. 행정단위 지역구로 따져 우리 강남에 문인이 제일 많이 산다. 여기에 동창, 사회 지인까지 따져서 그렇다.

▲ 원용함 노친. 한강 고수부지에서 알게 된 시민이다. 거주지 압구정 신현대A에서 가장 가까이에 있는 고수부지의 쉼터 원두막이다. 이곳에서 처음 인사를 나누었고 지향점이 많아 소통하며 지낸다. 96세의 장수 노인이다. 시청에 근무를 오래 한 공무원이다.

▲ 공사 중인 수변도로의 모습이다, 시멘트 바닥을 들어내고 흙색으로 교체했다. 친근감이 가는 길로 변했다. 멀리 동호대교가 뵌다.

고수부지 가까이에 '지호한방삼계탕'집이 있다. 유명하다며 많은 손님이 든다. 동일한 메이커 제품을 취급하는 소매상점을 여러 곳에 두고 중앙에서 통제·경영하는 점포 조직 체인점이다. 세 번인가 갔었는데, 번번이 식대는 그분이 내었다. 내가 낸다고 하면 역정을 내신다. 당신 집 근처라며 어림없다. 강변에서 식당까지는 노인네 빠른 걸음으로 20

분 정도 소요된다. 세 번 모두 뒤따르며 힘이 부쳤다. 그 이유를 이제야 알았다. 그는 매일 30분 정도 걷기운동을 하신단다.

매 주말이면 김형석 노옹의 신문 수필을 읽는다. 그분은 우리 나이로 따져 백수에 가깝다. 집에서보다 밖에서 보내는 시간이 훨씬 많으신 분이다. 지난해 10월인가 어느 초청강의실에서 두 사람이 사진을 찍었다. 아무리 봐도 어느 쪽이 더 연배인지 구분이 서지를 않는다.

백수이고, 백수에 근접해 있고, 산수를 조금 넘은 우리 세 사람과의 비교다. 누가 제일 젊은 청춘인지 모르겠다.

(강남신문, 2019. 5, 1365호)

제6부 모듬회의 뒷맛

풍경은 기억하고, 흔적은 간수하자

나는 징 두 개를 가까이 두고 산다. 하나는 방자 징이고, 다른 하나는 기계 징이다. 방자 징은 문화재로 지정받은 장인이 만든 것이고, 기계 징은 종로3가 악기점에서 구입했다. 처음부터 손으로 두들겨 수 작업한 징은 방자 징이고, 쇠를 녹여 틀에 찍어낸 다음 손을 본 징은 기계 징이다. 내 짧은 지식의 구분이다.

팔자소관이라는 말이 있다. 내가 징을 좋아하는 것도 팔자인지 모른다. 나는 징 소리를 세상 좋아한다. 글을 쓰다가 딱 막히거나, 머리가 뒤숭숭하니 헝클어지면 징 소리를 듣는다. 마음이 울적할 때나 그리움이 음습해 올 때도 징 소리를 듣는다. 고향이 그립고 거기 사는 친구들이 보고 싶을 때도 징 소리를 듣는다.

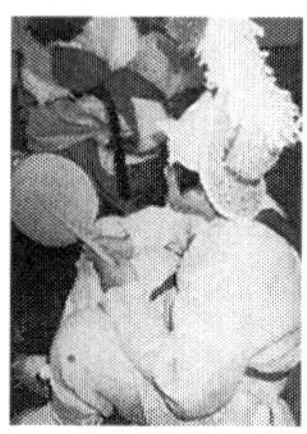

▲ 호남 우도농악을 상징하려한 고깔.

▲ 국사편찬위원회 사료조사위원 서울지부 위원. 중앙 회색 상의가 필자 (2020년 증원으로 15명).

▲ 강원도 평창 둔전평농악 방망이상모를 쓰고 소고를 잡은 동자춤꾼. 끈이 있는 소고를 들어야 하는데 법고수와 바뀌었다. 잘해 낼지 걱정이다.

▲ 방짜 징 : 필자 소유　▲ 방짜 징 : 이조시대　▲ 징채 : 필봉농악 상쇠 양순용 제작 소유

징의 한자명은 동라(銅鑼)다. 동라 '음(音)'을 동라 '곡(哭)'이라 칭하기도 한다. 징의 '소리'가 '울음'으로 들린다는 뜻이다. 그렇다. 징의 소리가 내 귀에는 분명 우는 소리로 들린다. '과응~응~응~~!' 이렇게 들린다. 이렇듯 '응~'이 12번 이어지면 열두 굽이를 넘었다고 한다. 이런 징을 명징이라 부른다.

저어 - 전라도 임실에 양씨 성을 가진 유명한 상쇠 한 분이 있었다. 그분이 생전에 볏짚으로 손수 만든 징채가 하나 있다. 누구도 흉내 낼 수 없도록 만든 징채인데, 모양이 기가 찬다. 요놈의 징채를 바투잡고 뽕(징의 중심부)을 냅다 치면 징이 특유의 목청으로 운다. 가수 현 누구던가 '봉선화 연정'을 부를 때 보면 꺾어지는 음성이 기막히다. 이를 두고 바이브레이션이 좋다고 하나요? 징도 성능이 우수한 놈은 바이브레이션이 있지요. 12번 꺾어 우는 징은 방자가 아니곤 불가능하다. 방짜라고 다 그런 것은 아니다. 늙은 무당 손에 10년을 두들겨 맞고, 길이 들어야 그런 소리가 나온다. 바닷물이 파장을 만들며 제소리를 내듯, 송아지가 제 어미를 부를 때 우는 소리가 저마다 다르듯, 징의 소리는 100이면 100 모두가 서로 다른 음색으로 운다. 그러나 나는 2개의 징을 소유하고 있으니 두 쪽 소리밖에 들을 수가 없는 처지다.

그런데 어느 날 밤에 징 하나가 깨어졌다. 누군가가 쇠망치로 두들겨 금을 가게 했다. 징의 중간 부분이 큰 수술을 받은 환자의 칼자국처럼 10cm 넘게 금이 간 것이다. 아유! 이럴 수가 이 징은 깨어지면 아니 된다. 징이 깨어지는 불길한 꿈을 또 꾼 것이다.

8·15해방 10주년 기념행사 건이다. 그러니까 1955년 정월 '면 대항 농악놀이경연'이 있었다. 우리 마을이 1등 우승을 했다. 그 덕에 관내(官內)를 돌면서 건립을 해도 좋다는 허락을 군수로부터 받았다. 나의 역할은 가장여(假裝女)였다. 우승의 일등공신은 징이었다. 우리 마을 징은 다른 패장의 징 소리와는 비교가 되지 않는다. 나는 아주 먼 곳에서 듣고도 내 마을 징 소리를 알아낸다. 징은 소리만 좋다고 최고품은 아니다. 단단해야 한다. 무당의 무릎 밑에서 10년을 두들겨 맞아야 강해진단다. 다른 패장의 징은 시합을 하는 도중에도 깨어지곤 했다. 그래서 우리 마을 징을 빌려 가기도 했다. 그런데 그만 그 징이 불운에 갔다. 인근 동 패장이 우리 패장의 징을 돌바닥에 냅다 팽개쳐 깨어버렸다.

그 징은 당숙 되는 집안 어른께서 비싼 돈 주고 어느 무당집에서 사왔다. 무당의 손 밑에서 10년쯤은 길이 들어야 한다는 이야기를 당숙이 했다. 우리 마을 징과 버금가는 명품이 전국에 2대가 더 있다고 했다. 하나는 어느 사찰에 있고, 또 하나는 호남의 어느 농악팀이 보유하고 있단다.

1980년도의 일이다. '호남좌도굿 7채가락'이 온전히 보존된 임실군 필봉마을에 굿판이 벌어졌다. 1백여 명의 각처 대학생과 인근 주민이 필봉농악의 좌도굿판을 보러 모였다. 그날이 8월 16일이다. 비가 푸실푸실 내리고 있었다. 굿은 하오 3시에 시작되어 밤 9시 가까이 가서야 끝이 나고, 이어서 뒤풀이가 시작되었다. 징잽이가 셋이나 되었다. 수

징잽이가 명품징을 들고 있었다. 낮부터 눈여겨 봐두었으니 아마 내 눈이 빛나가지는 않았을 것이다. 어울려 춤을 추다가 징잡이 가까이로 다가갔다. 징 값을 잘 쳐서 줄 터이니 팔 수 없느냐고 물었다. 당치도 않는 말이라며 핀잔을 받았다. 명징을 가져보겠다는 욕심에 그만 큰 실례를 하고 만 것이다.

한 우물을 파라고 했다. 농악이라는 우물을 60년 넘게 팠다. 그런데 물줄기는 보이지 않았다. 되래 농악을 사랑하는 짝병만 더 키웠다. 그 병 고친다며 서성이다가 좋은 기회를 잡았다. 정부 주도의 민속사업으로 전국의 유명농악을 돌아볼 수 있는 혜택을 입었다. 40개가 넘는 농악 팀과 만나는데 꼭 3년이 걸렸다. 즐거운 행보여서 피곤을 모르고 돌아다녔다. 광인이 되었다.

집 나와 전철부터 계산하여 차를 6번이나 갈아타고 간 곳이 있다. 주소가 고흥군 금산면 신평리 월포(月浦) 마을인 '월포농악'을 만나러 갔을 때다. 마을에 도착하니 연세 높은 동네 어르신 여섯 분이 정자나무 밑에 앉아서 우리 일행을 맞아주었다.

우리의 농악이 17번째로 유네스코 인류문화유산에 등재되었다는 소식을 들었을 때 아! 그래도 내가 제대로 미쳤구나! 이런 생각이 들더라고요. 우리의 농악에는 '무형문화재'라 하여 국가가 지원해 주는 5개 팀과 지자체에서 지원을 하고 있는 28개의 팀이 있다. 현재 전국의 박물관 수는 779개에 이른다. 한데 국립농악박물관은 없다. 농악은 종합예술이다. 놀이가 없는 민족은 축제가 없고, 축제가 없는 민족은 문화가 없으며, 문화가 없는 민족은 주체성이 없다고 했다. 그간 200명이 넘는 농악 예인과 동호인을 만나 5,940여 분을 녹음했고, 이걸 녹취록으로 묶었다. 2백자 원고용지 기준 1만 6천 매 분량에 이른다. 동영상 CD·동영상Tape·대담녹음Tape·각종 농악자료·현장놀이 필름만 1,000여 점에 이른다.

권역별로 보아 17개 농악단이 활동하고 있는 강릉지역이 제일 많았고, 제주도에는'제주걸궁농악' 한 팀뿐이다. 서울(한양)풍물이 잔존하지 않는다는 점이 퍽이나 아쉬웠다. 한동안 강북의 삼양동에 뜬쇠농악단이 있었으나 지금은 없어졌다.

발바닥에 땀이 솟을 만큼 열심히 뛰었으나 미완성으로 남은 것도 많다. 경기도 포천 창수면을 두 번이나 들러보고도 300년의 전통을 갖고 있다는 '가노농악'의 역사를 캘 수 없었다. 농악의 '불교관계설(佛敎關係說)'을 확인할 수 있는 좋은 기회를 손에 잡았다가 놓치기도 했다. 구미시의 '무을농악(武乙農樂)'이 사무(寺舞)의 형태를 이어오고 있고, 이 농악대의 1대 상쇠 이군선(李君善)이 절의 중이었다고 전한다. 이분의 이력을 확인하기 위하여 구미시 무을면 상송리 12번지 소재, 대한불교 조계종8교구 수다사(水多寺)를 찾았다. 함월 주지승을 만났다. 그런데 절이 화마를 입어 이군선의 불적(佛籍)을 확인해 줄 수 없다고 했다.

우리 농악의 유래는 부여의 영고, 고구려의 동맹, 예의 무천 같은 제천의식에서 그 기원을 찾는 것이 일반적이다. 여기에 뿌리를 둔 농악이 축원농악형태, 노작농악형태, 전립농악형태, 연예농악형태(사물놀이 등), 기타 잔존농악형태를 기본으로, 각 지역마다 나름대로 특징 있는 농악대를 유지하고 있다.

중요무형문화재인 '평택농악'에 전통적으로 내려오는 용어가 있었다. 1, 2, 3, 4, 5를 재, 장원, 버니, 주군, 우순이라 하고, 1자리 끝수를 맛땅이라 한다. 따라서 10은 재맛당, 20은 장원맛당, 30은 버니맛당, 40은 주군마땅, 50은 우순마땅이 되는 것이다.

얻은 소득은 또 있다. 326개의 농악 용어를 채보할 수 있었던 것과 농악 애호가들을 만나 그들과 연을 맺었다는 것과 우리의 농악을 한눈에 볼 있는 지식을 습득하였다는 즐거움이다. 그러기에 농악에 대한 애정이 남다르고, 그래서 사라져 가는 농악이 가슴 아프고, 농악박물관 건립이 소망스러운 것이다.

▲ 선산 무을농악 입체 곳깔이다. 놀이의 유형에 따라 곳깔이 움직인다.
▲ 앞부분 수북히 자란 잡풀 더미가 우총(소무덤)이다. 제39회 전국민속경연대회에서 경기 통진두레놀이가 대통령상을 수상했다. 그때 동원되었던 소다.
▲ 영천 명주농악대의 상모다. 자연산 나무에 새끼를 꼬아서 만들었다. 필자도 만들어서 써 봤다.

나이 80을 넘겼으니, 나도 이제 이야기 속으로 들어갈 때가 된 것 같다.

(월간문학 10월호, 2016)

아파트 인심과 어린이 놀이터

우리가 사는 아파트에서는 주민의 의견을 물어 오는 쪽지가 참 많습니다.

최근엔 어린이 놀이터에 고무매트를 깔겠다며 설문 쪽지를 보내왔습니다. 쪽지를 보내올 때마다 나는 기분이 별로 좋지 않습니다. 아파트 나이가 많아 재건축을 추진 중이며 주민을 모아 놓고 확대회의도 몇 번 했습니다. 그런 아파트인데 왜 돈을 이중 삼중으로 소비할 필요가 어디에 있나 싶기 때문입니다.

그간 어린이 놀이터는 시설이 낡고, 바닥의 모래가 더러워서 이용자들에게 불편했습니다. 그래서 강가의 모래를 옮겨와서 두툼하게 깔아 놓고, 놀이기구도 실용성 있게 고급으로 바꾸었습니다. 당연히 이용자가 늘어났습니다.

그런데 엉뚱하게도 그 좋은 자연의 모래를 인공의 고무매트로 덮어 버린다니 화가 납니다. 고무판으로 덮어야 할 이유가 〈고양이 등〉 배설물 때문이라니 지나가던 고양이가 웃을 일입니다. 고양이란 놈은 원래 습성이 까다로워, 술 마신 인간 취객과 달라 똥·오줌을 아무 데나 내지르지 않습니다. 현관을 나서면 놀이터가 바로 보입니다. 한 2백 평 크기쯤 됩니다. 20수 년을 이곳에서 살면서 고양이가 놀이터 모래 위에 배설하는 것 한 번도 보지 못했습니다. CCTV를 설치해 놓고, 확인을 해 주고 싶은 심정이지요. 고양이가 와서 똥을 싸는지, 아이들이 놀

▲ 꼬마들이 만들어 놓은 발자국 그게 놀이터 모습이다. 하마터면 난데없이 고무판으로 덮힐 번 했다.
▲ 행여 벌레에 물릴까 청결에 신경 쓰는 관리소, 소독약을 모래 위에 뿌리고 청소를 하고 있다.

이터에 와서 어떤 놀이를 하고 노는지…….

그간 본인이 눈여겨본 놀이터의 풍경은 이러합니다. 좀 큰 아이들은 그네를 타고, 중간 크기 아이들은 시소놀이를 하고, 꼬마들은 모래를 장난감 삼습니다. 철봉에 매달리는 경우를 보기는 어려웠습니다. 모래를 장난감으로 노는 꼬마 행차에는 대부분 보호자가 따라와 지켜줍니다.

바닷가의 해수욕장에 인파가 몰리는 것은 모래사장이 있기 때문입니다. 아스팔트 위에서 살아야 하는 꼬마들에게 모래 깔린 놀이터는 자연을 접할 수 있는 유일한 수단이기도 합니다. 피부병을 다스리는 방법으로 흙을 밟으라는 처방전도 있습니다. 놀이터의 이용 기간은 주로 하절인 데 그 기간 고무판은 열을 토합니다. 더위는 손님을 내치는 법입니다.

고무판을 부득이 깔아야 할 놀이터가 없는 것은 아닙니다. 바람을 몹시 타는 지역으로 흙먼지가 날려 이웃에 피해를 주거나, 빗물에 쓸려나갈 우려가 있는 경사진 곳이거나, 사용자가 그의 없는 전시효과로 만들어 놓은 놀이터는 고무판으로 덮어 놓아도 상관이 없습니다. 그리고 실내에 꾸며 놓은 어린이집 같은 경우는 인체에 해를 준다는 사실을 알면서도 안전상의 문제로 도리없이 고무판을 까는 것입니다.

안정성으로 따져 모래보다 더 좋은 소재는 없습니다. 천하의 장사들이 황소처럼 격한 씨름을 하고도 다치지 않는 것은 그 판이 모래판이기 때문입니다.

우리 아파트의 특징으로 조경을 꼽습니다. 우거진 수목의 덕을 많이 봅니다. 아래층 사는 사람들이 더러는 어둠을 호소하기도 합니다. 나무를 적당 부분 제거해 달라는 것이지요. 하나 그간 이런 민원이 있다고 해서 이걸 두고 설문 조사를 한 적은 없었습니다. 수목의 이로움을 다 들 알기 때문입니다.

수령 50년 되는 느티나무 한 그루가 하루에 산소 12kg을 방출한다고 합니다. 이는 12인의 일일 산소 공급량이 된다는 것입니다. 또 나무 높이의 2배까지 풍속을 1/3로 줄이는 방풍효과와 방음·방진 효과까지 있다고 합니다. 인간이 수목으로부터 받는 혜택이 크다는 뜻입니다.

우리 아파트에는 14개의 놀이터가 있는데 그중 2개의 터에 고무판을 미리 깔아 놓고 설문 조사를 하고 있는 것입니다. 누구의 동의를 얻어 고무판을 사전에 깔아 놓고 의견을 묻는지 모르겠습니다. 전시효과를 보자고 미리 깔아 놓은 2개의 고무판 비용은 업자 측에서 책임지는 게 마땅하다고 봅니다. 고무판 교체 추정비용까지 상세히 계산을 한 것을 보면 작업계획이 상당히 진척된 모양인데, 2개의 놀이터에 견본으로 고무판을 깔아 놓고 나를 따르라 명령하는 것은 순서가 맞지 않습니다.

우리가 동 대표에게 아파트의 제반 관리를 위임한 것이 아닙니다. 「물건을 전과 같이 보존한다.」는 통상의 관리 개념을 확대해석하면 낭패가 생기는 것입니다. 사기한은 법을 이용하고, 통치자는 법을 활용한다는 평범한 진리를, 그간에 생긴 우리 아파트의 각종 비리를 접하면서 생각을 했습니다.

이윤추구가 목적인 업자들의 이야기를 달콤하게 듣다가 보면 초심으로 가졌던 동대표로서의 봉사 정신이 희석될 수도 있습니다.

그간 많은 일을 정의롭게 해결하느라 애쓰신 동대표님과 회장님께 박수가 이어지도록 관심을 모아드립시다.

(대한문학, 퇴고 강남일보 1335호, 2014, 겨울호)

저마다 생명

부엌문 밖이 산자락이다. 문을 열면 간섭없이 자란 수목이 성큼 다가와 안긴다. 싱그러운 향내가 전신으로 배어든다. 나에겐 가장 행복한 시간이다.

사랑싸움을 하는가. 꾀꼬리가 쌍을 지어 솔가지를 사이에 두고 숨바꼭질이다. 놈들은 스스로가 귀족임을 알기에, 세속의 티가 싫어 나무의 높은 곳에서만 숨어 지낸다. 한데, 이참엔 마당을 가로질러 앞산까지 외출이다. 아름다움을 절묘하게 융합한 놈이 나들이할 때면 시녀가 외출하는 왕비를 호위하듯 수목들이 파르르 떤다. 그 모습이 얼마나 현란하였을까, 나는 볼 때마다 전신에 소름이 확 돋는다. 관람료없이 즐김이 미안하다.

한데 놈은 인정머리가 손톱만큼도 없다. 산중 생활의 외로움이 동병상련인 터인즉 눈길 한 번 줄 법도 한데 어림없다. 긴 시간을 그렇게 지내건만 아는 척하지 않는다. 까치의 인정은 그러하지 않다.

그렇지. 나는 꾀꼬리가 비정하다고 비방할 자격이 없는 처지다. '동물학대죄'의 적용 대상이다. 환경단체라는 엔지오가 없던 때이다. 네발 달린 산짐승이건 두발 달린 짐승이건 그 새끼만 보면 그냥 두지를 못했다. 어떻게든 잡고 봐야 직성이 풀렸다. 비정한 인자를 타고난 원죄라 여기며 자위한다.

이런 일도 있었다. 중학교 1학년 때라고 기억한다. 등굣길인데, 내

앞을 가로질러 뱀이 지나갔다. 심하게 놀란 나는 화를 이기지 못하고 돌멩이를 던지며 놈을 추격했다. 아침부터 재수없겠다는 생각도 들었던 모양이다. 그런데 이게 어이 된 일인가. 내가 차고 있던 시계가 돌멩이와 같이 날아가서 뱀이 숨어있는 위치에 정확하게 떨어졌다. 정작 돌은 조준이 빗나갔고, 대신 시계가 뱀의 등짝을 때린 격이 되었다. 거짓말 같은 사실이다. 나는 왼손잡이였으며, 그때 우리들이 차고 다니던 시계 줄은 주로 쇠로 만든 것이었는데 고무줄 모양 척척 늘어나는 구조로 조립되었다.

▲ 꾀꼬리 한 쌍, 수컷이 물어온 먹이를 암컷이 받아서 새끼에게 먹인다.
▲ 총알같이 물속을 뚫고 들어가 고기를 잡아물고 비상하는 물총새.
▲ 벌을 의태(依胎)하는 베짱이, 대를 잇는 방법이 절묘하다.

한 번은 물총새를 잡는다며 구멍에 깊이 손을 디밀어 넣었다가 뱀에게 물린 적도 있다. 물총새는 아주 약은 놈이어서 절벽의 높은 곳에 구멍을 파고 그 안쪽에 알을 낳는다. 2층을 만들어 내가 위에 올라타고 구멍 속으로 손을 디밀어 넣었다. 물컹하니 잡히는 게 있었다. 감촉이 약간 차가웠다. 살짝이 움켜쥐었다. 놈이 위급했던 모양이다. 사정없이 내 손등을 물어버린 것이다. 비명과 더불어 내 키는 반으로 움추러들었다. 그 바람에 내 손등을 물고 있던 뱀이 무동의 목에 엿가락처럼 휘어지며 걸쳤다. 1층은 자지러지듯 그 자리에 쓰러지고, 나는 마상에서 낙

마한 기수 꼴이 되었다. 그뿐이 아니었다. 산새 집을 보면 높은 곳이던 낮은 곳이던 기어 올라가 알을 훔쳐내고, 새끼를 끄집어 내었다. 천상에 앤생이 기질을 타고났던 모양이다. 이곳 산중에서 외톨로 살면서 퍽 여러 번 새 잡는 꿈을 꾸었다.

산자락에 진달래가 지천으로 피어나고부터 잠자리에서 일어나면 제일 먼저 창문을 여는 습관 하나가 새로 생겼다. 그런데 창틀을 열 때마다 방으로 벌이 들어온다. 창틀 밑 각진 곳 깊숙이에 벌집이 있었던 것이다. 빗자루를 들고 배드민턴 선수가 되어 날뛰어 보지만 그때마다 패자의 입장에 선다. 어찌어찌하다가 한 놈 잡았다. 암놈이다. 그리고 1시간이나 지났을까. 이번엔 여러 마리가 웅-웅- 대며 창문을 맴돌았다. 암놈을 퇴치했으니 수놈이 왔다가 돌아가겠지 했다. 그러나 나의 이런 속단은 빗나갔다. 벌이 떼로 몰려드는 것이다. 이제는 본격적으로 벌과 대판 전쟁을 벌일 판국이 됐다. 네 마리를 죽이자 더 많은 벌떼가 웅-웅-댔다. 세간 나간 형제 벌들을 동원시킨 모양이다. 어쩔 수 없었다. 나는 진흙을 파와서 벌집 통로를 아예 막아버렸다. 그리고 꽤 여러 날이 지났다. 한데, 오늘 아침에도 벌 몇 마리가 찾아왔다. 벌집 통로를 막은 것이 후회가 된다.

논둑의 저쪽 중간쯤에 큰 뽕나무가 몇 그루 서 있다. 하루가 멀다 하고 한패씩 몰려와 오디를 따간다. 며칠 전 TV에서 '오디술 담그는 요령'을 방영했었는데, 아마 그 여파 같다. 오디를 보양식으로 따 먹은 시절이 있었다. 그런 추억을 가졌기에 오디 따러 오는 아이들의 모습이 내 자화상을 보는 것 같아 정겨웠다. 그런데 문제의 뽕나무에 꿩이 날아와 오디를 따먹는 희한한 진풍경이 벌어졌다. 까투리 한 마리가 뽕나무에 앉아 오디를 쪼아 먹는 것이다. 먹을 것이 궁해서 그 짓을 하는 것 같지는 않았다. 한 발 먼발치에서 이 모습을 보았기 망정이지, '퍼드득!' 코앞에서 날개짓을 하며 솟구치는 상황에 놓였다면 아마 나는 기절을 하고 뒤로 벌렁 넘어졌을 것이다. 바로 저 모습을 한 까투리란 놈에게 안 죽을 만큼 놀란 나는 그 여파로 일평생을 두통과 씨름을 하며 살고 있다.

이런 낭패를 아이들에게 주기 싫어 오디 따러 오는 아이들에게 거짓말을 했다. 뽕나무 밑에 뱀이 떼를 지어 산다고 했다. 그 후 아이들은 오디를 따러 오지 않았다. 역시 후회가 된다.

벼를 심은 무논이 턱 밑에 있다. 해가 떨어지기가 무섭게 그 무논에서 개구리가 운다. 시끄럽기도 하나 정겨울 때가 더 많다. 이것들이 제멋대로 우는 것으로만 여겼는데, 여기에도 질서가 존재함을 발견했다. 리더 격인 고참이 좀 컬컬한 목청으로 신호를 하면 기다렸다는 듯 합창을 하는데 서로가 다른 음색과 장단을 엇나가게 운다. 듣는 이로 하여금 그 숫자와 장소를 헷갈리게 하기 위한 수단이 아닌가 여겨진다. 선창은 애송이가 하는 경우도 있다. 하지만 정지 명령은 절대적으로 고참이 한다. 땅거미 내린 논두렁 가까이에서 담뱃불을 건너다가 그것을 알았다. 골짜기가 떠나갈 듯 요란스레 울다가도 고참이 신호를 보내면 쥐 죽은 듯 조용해진다. 신통했다. 4월의 가뭄을 힘겹게 버텨내고 조석으로 몰려오는 백로 떼의 날카로운 부리를 피하며 용하게 살아남은 꾀보들이니 이 정도의 호신술쯤은 아무 것도 아닌성싶다.

사실 놈들은 나에게 고맙다고 인사라도 해야 한다. 올챙이 시절엔 내 신세를 꽤 진 놈들이다. 가뭄이 이어지고 논바닥에 물이 자작자작 줄어들자 괸 물에 모여 서로 몸을 포개며 비를 기다릴 적 백로가 떼로 몰려와 진수성찬 배를 채울 때마다 깡통을 두들기며 쫓곤 했었지.

백로가 비행기 착륙하듯 벼포기 사이로 내려앉으면 놈들은 살아남기 위해 머리를 흙 속으로 들쑤셔 넣곤 했다. 백로란 놈도 고집이 있어 나중엔 여러 번 내 말을 거역했다. 왜 당신이 남 식사하는데 참견이냐며 찔끔 물똥을 갈기고 달아나는가 하면, 요상한 소리를 내며 화풀이를 하기도 했다. 새끼를 대동하고 허기를 때우러 오는 놈에게 내 행동이 과했나 보다. 새끼 3마리를 대동하고 다섯 식구가 같이 행동하는 무리도 있었다. 그런데 요 며칠 사이에는 어린 것이 2마리만 보였다. 끼니가 없어 한 놈이 아사를 했는 모양이다.

개살구나무 밑에서 어미 까치 한 마리가 아직 날개도 달지 못한 새끼 메뚜기를 잡아먹는다. 어인지 치사하게 보인다. 보고 싶은 참새는 또 어디로 갔는지 한 마리 얼씬하지 않는다. 이참엔 개구리 대신 귀뚜리가 운다. 귀뚜리가 우는 소리는 언제 들어도 슬프다. 가을을 몰고 다니기 때문이다. 이 가을 맞기가 해놓은 일이 없기에 더욱 두렵다. 저마다 살기 위한 싸움질이거늘, 내가 괜히 참견했나 보다. 미안하다.

관심만으로 속죄가 될까 후회막급이다.

오늘도 하루해가 저문다.

(수필춘추, 2001 여름, 통권 14호)

오늘을 사는 마음, 내일을 사는 마음

그렇게 됐을 이도 만무하고 또 그럴만한 경륜도 없지만, 수복 직후의 서울 시장에 나를 앉혀 놓았다고 가정해 본다. 물론 전쟁으로 폐허가 된 그 서울에 대한 모든 권한이 주어진 그런 시장이다. 그럼 먼저 4대문, 4소문의 서울 도성 안을 모조리 수용하고 개인 땅은 시가에 준해 국고로 보상해 준다. 그리고 도성 안을 온통 역사 공원 도시로 개발한다. 민속촌을 만들 듯이 그 규모를 키운 역사도시를 재건하는 것이다. 과대망상일지 모르지만 그만한 과대망상이 충분히 가능하리만큼 서울은 역사 소재가 넘치는 도시인 것이다. 이를테면 성 안의 어느 한 지점을 무작위로 뽑아 그 땅에 도사린 역사를 재현시켜 보자. 남산에서 흘러내리는 마르내 뚝길의 300, 400년 전을 재현해 보기로 한다. 바로 코리아하우스 자리에는 사육신 중 한 분인 박팽년의 오두막집이 몇 백 년 되는 노송의 그늘에 짓눌려 있었다. 그리고 그 아래 인현동 1가 90번지 즈음에 정인지가 태어나 살았던 집이, 이어 세조가 항상 곁에 두고 '나의 제갈량'이라 아꼈던 양성지의 집이 있었다. 조선왕조 전반에 걸쳐 가장 청백했다던 학자 김수온이 한나라의 대신으로서 땔나무가 없어 집안에 자란 고목을 야금야금 잘라 겨울을 났다던 그 청빈의 나무가 개화기 때까지만 해도 그루터기가 남아 있었다고 한다. 선조 때 영의정 노수진, 그리고 홍길동전의 허균과 허난설헌의 집과, 왜란에서 나라를 구한 이순신이 태어나 자란 집도, 인현동 1가 40번지 유성룡의 집 바로 이웃에 있었다. 이쯤으로 문화유산 보존의 중요성이 입증되었을까. 아쉬운 마음이 크기에 모 신문사 논설위원의 글을 인용했다.

1990년 7월 17일, 서울 종로구 통의동 35의 16번지 주택가 길목에서 있던 600년 된 백송 한 그루가 심한 폭우를 못 견뎌 쓰러졌다. 서울시는 이틀 후인 19일 이 백송을 제거해 버리기로 결론을 내렸다. 참으로 용의주도한 행정력이 아닐 수 없음이다. 이러이러한 사고로 전신주가 길바닥에 가로질러 누워도 그것을 처리하는데 며칠이 걸리는 것이 우리의 공권력 아니던가. 고건 시장 때의 일이다. 사실 그 백송의 노화 조짐은 몇 년 전부터 나타났다고 했다. 버팀목 하나 새워주지 않았다. 싹둑 잘라버리고 그 자리에 종자를 심어 키우면 된다는 것이 서울시의 복안이었다. 그러나 인근 주민들의 마음은 그게 아니었다. 누워있는 상태로도 좋으니 정성을 기우려 보자는 것이었다. 이 백송은 통의동 지킴이었다. 주민들에게는 식구나 진배없었다. 급기야 주민들은 청와대에 진정을 하기에 이르렀고, 백송은 그 자리에서 치료를 받게 되었다. 그리하여 천년기념물 제4호(수령 600년) 백송은 그 자리에 아주 오래도록 머물게 되었다.

이 백송을 홀대하던 고건 당시 시장이 다시 시장이 되어 서울시로 돌아왔다. 이번에는 고 시장 스스로가 삼청각을 보존해야 한다며, 보존을 반대하는 문화재청, 문화재위원회, 학자, 시민 등을 설득한다는 소식에 갈채를 보낸다. 삼청각의 소유주인 화엄건설은 각(閣)을 헐고, 그 자리에 고급빌라 19개 동을 짓겠단다. 그리고 가진 자가 사는 부촌을 만들어 그들에게 삶의 질을 높여주겠다는 것이다. 우리는 이런 사고방식을 갖고 있는 사람들과 같은 서울에서 살고 있다. 삼청각이 문화재로 지정되기엔 격이 떨어진다며 문화재 지정 반대를 하는 자들의 속내를 모르는 지식인은 아마도 없을 것이다. 지금 서울시 내정(內庭)에 삼청각 만한 대토(大土)는 어디에도 없다. 가히 전문가의 눈에 문화재적 가치가 좀 모자란다고 치자. 고급빌라야 짓는 날부터 값이 떨어지겠지만 삼청각은 나이를 먹을수록 문화재적 가치가 오를 것이다.

독일의 프랑크푸르트에 가면 『젊은 베르테르의 슬픔』, 『파우스트』 등으로 알려진 괴테의 생가를 볼 수 있다. 4층으로 되어있는 아담한 집이다. 3층이 괴테의 서재이다. 서재 중앙에 가슴 높이의 책상 하나가 놓여 있다. 괴테가 직립의 자세로 창작을 하였다는 이곳은 사진 촬영이 금지되어 있다. 이북의 백두혈통 3대가 거처하는 아방궁도 아니거늘 왜 사진 촬영이 금지되었을까. 카메라 플래시가 작동할 때 내쏘는 빛이 유품의 부식을 촉발시킨다며 촬영을 금지한다는 것이다. 삼청각을 헐고 고급빌라를 지음이 합당하다고 주장하는 문화재위원들도 이쯤은 알았으면 좋겠다. 마침 괴테의 생가는 수리 중이었는데 공기가 3년이라고 했다. 가정집 한 동의 수리 공기가 3년이라니, 일행은 또 한 번 놀랐다. 우리의 재주는 이 기간 동안이면 독립기념관도 시공하여 준공을 해냈다.

▲ 한국천주교 발상지 천진암성지 조감도.

12만 평의 대지 위에 인원 81,000명을 수용할 수 있는, 세계 10대 성당 격인 대성당을 건립하기 위한 청사진을 마련하여 큰맘 먹고 공기를 7년으로 계획하여 로마 교황청에 신청을 하였던 바, 적어도 100년의 공기는 필요하지 않겠느냐는 핀잔(?)을 받았다고 한다. 낭설이기를 바란다.

▲ 천안 독립기념관 정문 모습.

▲ 국정의 산실 청와대 전경.

어떻든 한국의 건축사상 처음 겪는 긴 공기의 천진암 성당을 착공(1986. 9. 26, 경기도 광주군 퇴촌면 우산리)하였다니 놀라운 일이다.

유럽 국가들의 도시보존 정책은 미개한 우리와 근본을 달리했다. 건물 하나 하나가 고유의 색상을 갖고 있어 자의적인 도색이 금지되고 있을 뿐만 아니라 일체의 외형 수리가 불가능하다.

이 안목으로 목천의 독립기념관을 둘러보노라면 기가 찬다. 얼마 전에도 그곳을 다녀왔다. '독립기념관'이란 현판을 안고 거인처럼 떡 버티고 서있는 출입문 누각은 볼수록 볼썽사나웠다. 수학으로 말하면 가분수 격이다. 또 정문과 마주 보고 서 있는 나무등걸 모양의 '비상 탑'은 왜 거기 서 있는가? 이건 아무리 봐도 사찰의 당간지주다.

절이고 초입에 일주문이 있다. 기둥 하나가 바치고 서 있다고 붙은 이름 일주문. 일주문이 대웅전보다 큰 절은 대한민국 어디에도 없다. 그저 높게만 세웠다고 명품이 되는 것은 아니다. 설계자와 시공허가자의 역사의식이 이 정도라면 이야기는 끝이다. 출입문은 출구일 뿐이다.

후대에 식견 높은 대통령이 나타나 '비상의 탑' 자리에 36층짜리 본전시관 건물을 축사했으면 좋겠다. 건축의 공기는 36년간으로 한다. 1

년에 1개 층씩 쌓아 올린다. 제1층은 '일제침탈관' 이렇게 시작해서 36층은 '8·15해방관'으로 준공하면 된다. 공기가 36년으로 잡혀 있으니 예산 타령은 물론, 준공기념줄을 임기 내에 끊겠다고 대통령이 조갈증을 갖지 않아도 된다. 8만 경판을 각자 하면서 국가의 정기를 모았다던 조상의 DNA는 모두 어디로 갔을까?

사대문 안의 역사를 그대로 보존해서 관광 상품화했다고 가정해 보자. 국가 재정에 많은 보탬이 되고 있음이 자명할 터이다.

인구로 따져 세계에서 4번째이고, 수도 역사로 보아 13번째가 된다는 유서 깊은 서울이다. 표 얻어 대통령 해보겠다고 수도 옮기겠다는 사기행각 더이상 말기를 바란다.

조선조 개국 이후 박원순 시장이 1천4백27대째의 행정 책임자다. 며칠 후면 '제 1천4백28대서울시장'을 우리 손으로 뽑는다. 가슴 벅차는 일이다.

(현대문예 41호, 7, 동지설달)

江南「山川路」作名作業

「그린웨이」 조성을 위한 협조요청을 강남구청으로부터 받았다.

이용 주민에게 친근하고 사랑받는 아름다운 길 이름을 지어보라는 것이다. 양재천과 달터근린공원, 구룡산, 대모산, 세곡천, 탄천을 연결하는 약 21km의 순환형 산책로의 이름을 짓되, '산과 물을 잇고, 삶의 이야기가 있는 길이라는 주제'의 부르기 쉬운 길 이름으로 우리구의 역사·문화·환경 등이 함축적으로 표현되어 구의 이미지와 정체성을 들어낼 수 있는 길 이름이면 좋다고 했다. 실로 엄중한 숙제가 아닐 수 없다.

궁리 끝에 담당부서인 공원기획팀장에게 제안했다. 담당자 몇 분과 구청장님 모시고 현장을 답사하자는 제안이었다. 참 좋은 아이디어라며 날 잡아 같이 한 바퀴 돌기로 상의되었다. 그게 2011년 7월 초순이다. 우리 구청장님은 여성이신데 이 길을 완주한다는 건 무리다. 그래서 일부구간만 가보기로 했다. 그러나 그것도 쉽지가 않았다. 토요일 오후가 아니면 일요일로 날을 잡아야 하는데, 느닷없이 비가 내리기도 하고, 또 구청장님 개인 사정이 생기기도 하고 해서 차일피일 현장답사가 미루어졌다. 그러던 어느 날 이 사업에 참으로 열성적이던 공원기획팀장(남상국)님이 시 본청으로 근무지를 옮기게 되었다. 결국 동행은 이루어질 수가 없었다. 그래서 혼자 답사를 해보기로 마음먹었다. 전 코스 완주를 이틀로 잡았다.

MP3 녹음기와 소형 카메라를 준비하고, 아침 일찍 집을 나섰다.

「강남그린웨이 조성」사업이란, 이미 조성된 등산로에 이어 '대모산'에서 '헌릉나들목'으로 하산하여 '세곡지구', '대곡교', '숯내교', '광평교', '탄천교'에 이르는 약 12km 거리를 더 조성하여, 양재천과 탄천과 세곡지구를 감싸는 장장 5십리 산책길을 새로 만들어 보자는 기획을 말함이다. 그리되면 타구와 겹쳐지는 구간없이 도심에서 즐길 수 있는 숲길 중 제일 멋있고 긴 길이 된다. '구로안양천길', '남산순환산책길', '월드컵공원순환길', '여의도순환길' 등, 출발점이 다시 종점이 되는 원형의 둘레길이 없는 것은 아니다. 송파구에는 30km 가까운 거리의 '송파소리길'이 있다. 그러나 엄밀히 따지면 이 길은 한강시민공원 근처부터 수서역 근처 광평교에 이르기 까지는 강남구에 딸린 길을 밟도록 되어 있어, 21km의 순 '강남그린웨이'보다는 격이 좀 떨어진다.

서울특별시의 걷고 싶은 길을 산보해보면 그 길의 숫자가 1백 10길이나 된다. '비타북스'는 이 길을 테마별로 나누어 '아름다운 숲길', '시원한 하천길', '즐거운 공원길', '고즈넉한 역사문화길', '흥미로운 숲속여행'으로 나누었다. 총 연장하면 720km가 된다는 것이다. 우리 강남

▲ 형제인가보다. 흐르는 물, 시멘트 위라 위험을 느껴 시켜 봤다. 꼬마의 눈길이 닿는 곳에 어머니가 지켜보고 있었다.

▲ 강남문협 회원이 단체로 양재천에 나들이 했다. 뒷모습의 남정네는 필자다. 자작시『6월의 서시 1』을 자평하고 있다.

구의 그린웨이는 '아름다운 숲길'에 해당된다.

> 6월의 서시 1
>
> 김 영 탁(소설가)
>
> 망자의 목멘 함성이 하늘을 이고,
> 현충원 돌탑 밑에서 서럽다.
>
> 6·25가 남침이 아니라는 역적들아
> 너는 이 양심 하나만 수정해도
> 떳떳한 대한국민이다.
>
> 1,129*일간을 맞서다가
> 장총을 맞고 간 젊음아
> 나는 꽃베개를 기워 가슴에 안고
> 6월의 큰달 내내 당신 곁에 있으려니.
>
> 아!
> 6월이 오면 오늘도
> 하늘이 먼저 슬프다(양재천 글판,* 2017).

첫날의 출발지를 영동2교와 영동3교 사이에 있는 보행자육교 밑으로 잡았다. 영동4교→영동5교→영동6교→대치교→탄천1교→탄천교→광평교→숯내교→대곡교까지가 첫날 코스다. 이 길은 10km가 조금 넘는다. 나이 든 사람의 행비로 치면 결코 짧은 거리가 아니다. 주

---

* 1,129의 숫자는 6·25전쟁 기간을 날짜로 계산한 것임.
* 양재천 영동3교(대치초등교쪽) 입구에서 수변(水邊)으로 내려가는 바로 초입에 세워진 글판의 시. 사진 속의 우측에 비스듬히 보인다.

행시간을 어림으로 계산하여 5시간으로 잡았다. 걷는 시간 3시간과 살펴보는 시간 2시간을 합쳐 그리 계산한 것이다. 교각 명칭을 큰 글씨로 써서 붙여놓았으면 좋겠다는 생각이 다리 아래를 지날 때마다 들었다. 교각 아래 꾸며 놓은 다용도의 시설은 단연 돋보였다. 어느 교각 아래에는 '마라톤클럽'이라는 간판을 달아놓기도 했다.

특히 영동4교 교각 아래에는 10개 층의 계단식 목각 좌대가 마련되어 있어 간단한 연주회나 세미나장으로 활용하기에도 좋았다. 「가을의 정취와 낭만을 느낄 수 있는 양재천 낙엽의 거리 축제」 이런 행사도 하고 있었다.

영동6교 교각 아래에는 그럴듯하게 가건물을 꾸며놓고 '사단법인 수서모범운전자회'란 간판도 달려 있었다. 제법 높이 솟은 국기게양대에는 태극기가 펄럭였다. 대치교 가까이 이르자 감나무, 대추나무 등속의 기념식수가 뿌리를 내리고 군락을 이루어 자라고 있었다. 기념식수마다 명패가 달려 있었다.

> •나무이름 : 감나무
> •심은날짜 : 1998. 11. 22
> •심은사람 : 정복님
> •어여쁘고 좋은 사람 인연 맺어 화목한 가정 이루기를
>
> 아버지·어머니

이렇듯 가슴 뭉클한 사연도 있었다.

마침 노부부가 서로 손을 맞잡은 제 옆을 지나고 있었다. "반갑습니다."했더니, "예- 반갑습니다."하고 맞받아 준다. 자주 나오느냐고 물었더니 그는 매일 나온다고 했다. 이름은 김경택이오, 여든 한 살이라

고 했다. 부인의 연세도 엇비슷하게 보였다. 잘 가시라는 인사로 "오래 오래 사세요."했다. 그런데 역정이 돌아왔다. 그렇게 인사하는 것이 아니라, '건강하게 오래 사세요.'라고 해야 된다는 것이다.

크고 작은 차들이 서로 꼬리를 물고 8차선 위를 오가는 대치교를 지나니 탄천과 양재천이 합수하는 두물머리가 보인다. 거기 커다란 표지판이 눈에 들어왔다. 여기가 등용문(登龍門)이란 곳이다. 잉어가 황하 상류의 급류인 용문을 오르면 용이 된다는 전설을 인용하여, 출셋길의 어려움을 격언하고 있는 표지판이었다. 마침 가까이에서 공사를 하고 있었다. 공사명이 「탄천수계차집관거준설공사」이다. 무슨 뜻인지 모르겠다. '소주밀식'이란 표지판이 생각난다. 한동안 시골 논두렁에 세워놓은 표지판인데, 내 혼자 생각으로 '소주를 만드는 밀을 심는 곳'으로 알았다. 나중에 알고 봤더니 '작은 벼 포기 촘촘 심기'였다.

양재천에 비해 탄천은 강폭이 넓었다. 손을 댈 곳이 많아보였다. 탄천1교에서 탄천교에 이르는 도보 길엔 특히 행정청의 정성이 듬뿍 담겨 있어 기분이 좋았다.

강남구 시계(市界)의 도보 길은 탄천교에서 끝이 난다. 탄천교를 타고 넘으면 송파구와 성남시 구역을 걸어야 한다. 탄천교 너머 끝자락에서 도보 길을 벗어나 물길이 비워둔 모래땅을 밟아 걷는다. 비릿한 물내움이 코끝에 닿았다. 해오라기 같기도 한, 백로 같기도 한, 날짐승 한 마리가 잔뜩 움츠린 자세로 먹이를 꼬나보고 있다. 추운 날씨인데, 참으로 처량하게 보인다. 어느 교각의 아래에선 연탄불을 피워놓고 커피도 팔고, 자전거 수리도 해주었다. 낚시꾼도 여러 사람 보였다. 탄천1교에서 대곡교 까지는 잇수로 7km에 가깝다. 부지런히 걸었다.

둘째 날은 영동2교와 영동3교 사이에 있는 보행자육교에서 출발하여 구릉초교→개포4동주민센터→강남구민체육관→구룡산→대모산→헌릉나들목→대곡교에 이르는 일정으로 잡았다. 10km가 넘는 거리에 4시간 이상이 소요되는 구간으로 비교적 난코스였다. 더구나 헌릉나들목에서 탄천교에 이르는 도보 길은 제대로 정비되지 않는 곳이어서 종주하기가 어려웠다.

보행자육교에서 구룡산 입구에 닿는 것부터 초보자에게는 복잡한 길이다.

구룡산에 오른다. 이 산에는 계곡이 9개 있었는데, 용 10마리가 승천을 하다가 임신한 여자를 보고 놀라서 그 중 한 마리가 양재천에 빠져 죽고, 아홉 마리만 올라갔다하여 구룡산이라 이름 붙였단다. 구룡산 정상 가까이에는 개암약수터가 있다.

다음은 약수터에 부착해 놓은 약수의 정의문(正意文)이다.

> 좋은 물이란 어떤 물을 말하는 것인지, 우선 수온이 1년 내내 변함이 없고, 냄새가 나지 않아야 되며, 각종 미네랄과 용해성 무기질을 적당히 함유하고 있으며, 유리성 탄산가스를 알맞게 함유한 약한 산성이어야 한다. 완벽한 물이라면 인체에 해로운 균이나 유독한 성분이 없어야 함은 물론이다.
>
> 예부터 물 한 모금 마시는 것도 함부로 하지 않고, 까다롭게 따졌던 品泉家들은 ① 맑고, ② 차고, ③ 부드럽고, ④ 가볍고, ⑤ 아름답고, ⑥ 맛이 좋고, ⑦ 새가 나지 않으며, ⑧ 탈이 없는 물이라 했다. 이를 식수의 여덟 가지 덕목이라 한다.

이제 노작명(路作名)이란 숙제를 풀어야 한다. 그러나 새로운 길 이름이 머리에 떠오르지 않는다. 아마도 강남땅에 대한 정이 모자라나 보다.

숙고에 숙고를 거듭한 끝에 이름 4개를 지어보았다. ① 대이어동방삭길, ② 어미젖세물길, ③ 양달구세천길, ④ 공룡산탄천모세길. 지어 놓고 보니 마음이 좀 복잡해진다. 외래어도 아니고, 우리말도 아닌 국적불명의 조합어가 되었기 때문이다.

혹시 이 글이 활자화되어 독자가 생길지 모른다는 생각이 들기에 이름의 내면에 담겨 있는 의미에 대하여 설명을 드린다.

우선 우리글의 정서법을 최대한 살렸다. 협조공문에 나타나 있는 내용의 제시어를 살폈다. 장소가 여섯 곳이다. 여섯 곳 장소를 속성별로 묶어봤더니 3개의 내(川)와 2개의 산과 그리고 놀이터가 1개였다. 그러니 겹이름씨가 아니고선 작명이 불가능하다.

① 대이어동방삭길

대이어는 '대(代)를 잇다'의 뜻으로 생명의 무한성을 의미하고, 동방삭은 전설에 나오는 삼천갑자를 살았다는 장수를 뜻하는 대명사다.

'대이어동방삭길'의 7개의 음절에 각각 의미를 부여했다.

㉮ 대 : 대모산의 머릿글자다.

㉯ 이 : 이무기(용이 되지 못한 늙은 뱀)의 머릿글자다. 자만은 금물이다. 용이 못되고 이무기로 남을 수도 있다는 경각심을 일깨우는 음절이다.

㉰ 어 : 고기(魚)를 말한다. 양재천·새곡천·탄천엔 물이 흐른다. 그 물속에 고기가 산다.

㉱ 동방삭 : 삼천갑자를 살았다는 장수인간으로 탄천과 관계가 있다.

㉲ 길 : 길은 통로다. '대이어동방삭길'은 장장 50리가 넘는다. 이 길을 걸으면 ㉮과 ㉯와 ㉰과 ㉱를 모두 얻을 수 있다는 뜻으로 이해하면 된다.

* 저승사자가 탄천에 이르러 동방삭을 잡지 못하고 고심에 빠졌다. 마침 지나던 노파가 숯을 세탁하라고 일러주었다. 사자는 노파가 시키는 대로 숯을 한 가마 갖다 놓고 돌다리에 쪼그리고 앉아서 열심히 씻었다. 지나가던 동방삭이 "원 세상 3천갑자를 살았건만 숯 씻는 놈은 처음 보네!" 그리하여 동방삭은 신분이 드러나고 사자는 뜻을 이루었다는 것이다. 탄천에 흐르는 물색이 검은 것은 숯을 씻은 때문이고, 그리하여 내의 이름이 탄천이 되었다는 것이다. 언제 생각해도 탄천과 동방삭의 전설은 재미가 있었다.

② 어미젖세물큰길

어미는 모산을 말하며, 젖은 생명의 근원임에, 이 모유가 세 물 양재천과 탄천과 세곡천으로 흘러들어 강남구와 더불어 서울을 어우르는 큰물길(大路)을 이룬다는 뜻이다.

③ 양달구세탄대로

양재천, 달터공원, 구룡산, 세곡천, 탄천, 대모산의 각 머릿글자를 이었다

④ 공룡산탄천모세길

달터공원의 '공'과, 구룡산의 '룡'과, 대모산의 '산'과, 탄천의 '탄'과, 세곡천의 '천'과 대모산의 '모'와 세곡천의 '세'를 합자한 이름이다. 또한 '모세길'에서 '모세'는 성서에 나오는 초인적인 인물 모세를 의미하기도 하다.

가칭 「강남그린웨이」 50리 길을 이틀에 걸쳐 완주했다. 문학과 예술이란 정서와 호흡할 수 있었던 곳은 구룡산 중턱에 걸려 있는 박정진 시인이 쓴 '대모산'이란 시 한 수가 전부였다. 아쉬웠다.

▲ 양재천의 4계 : 春 夏 秋 冬

'강남그린웨이' 사업은 아직 미완으로 남아 있다. 공사의 난구간이 대모산 자락인데, 산의 관리권이 시에 있는 터라 허락을 받아야 되고, 그 부분 공사에만 80억 원이 소요된단다.

하루 빨리 공사가 완공되어 '대이어동방삭길'을 구민과 더불어 완주해 보고 싶다.

(강남이야기 제1회, 2015)

실망 주는 사람들

잘못을 인정하지 않고, 사과할 줄 모르는 두 사람의 양심에 대하여 특히 대한민국 2만여 문인은 마음의 상처를 입었다.

소설가 신경숙의 경우부터 보자. 그가 쓴 단편 '전설' 속에 일본 작가가 쓴 단편 '우국'의 어느 한쪽이 옮겨져 있다고 한다. 그런데 신은 아예 '우국'이라는 소설을 모른다고 했다. 정말 몰랐다면 신과 표절은 상관이 없는 낭설이다. 그러기를 간절히 바란다.

한데, 이 사안에 대하여 문제를 더치게 한 배경에 '창작과 비평'이라는 출판사가 있었다. 그것은 표절이 아니라고 독자들에게 얼굴을 붉히며 출판사 주인이 나선 것이다. 가령 두 사람이 비밀을 나누고 서로 발설하지 않는다면 제3자는 그 사실에 대하여 모르는 법이다. 그런데 그 비밀을 어떻게 알았을까? '창비' 표절한 사실이 없다고 신을 등에 업고 나서지 말았어야 했다. 이는 뒤집으면 '창비'가 공범이 된다는 소리다. 얼굴을 붉히고 나선 사람은 백낙청이라고 하는 교육자였다. 평생 사시로 살아가며 출판업으로 재미를 본, 그래서 갑의 위치가 된 그는 권위로 누지르면 될걸로 착각을 했던 모양이다. 김지하 시인의 '쑥부쟁이' 이론에 눌린 듯 한동안 조용히 지냈는데, 평소의 버릇이 재발 됐나 보다.

소설가 신은 아끼는 분이 많다. 하니 더욱 안타깝다. 필자는 현직에 몸담고 있을 때 그의 소설 『외딴 방』을 볼 수 있었던지라 일찍 그 사람에 대하여 약간은 알고 있었다. 어쨌거나 신에게도 한국 문단에도 아름답지 못한 일이 벌어진 것이다.

이 엄중한 일이 터지자 곧바로 '서교예술실험센터'에서 '문화연대', '한국작가회' 공동주최로 '표절과 문학권력'이란 주제의 토론회가 열렸다. 의미가 있는 그리고 진지한 토론의 장이었다.

=표절이 분명하다. 그런데 표절을 인정하는 자세가 그릇됐다. 표절 사안에 대하여 전 문단인의 자성이 필요하다.=

이날 토론회의 내용을 간추린 덕목이 그랬다.

그 이후 작가 신은 '절필은 못 하겠다.'고 선언했다. 그러면서 표절에 대하여 이렇게 항변했다.

"표절이란 문제 제기를 하는 게 맞다는 생각이 들었다. 아무리 지난 기억을 뒤져봐도 '우국'을 읽은 기억은 나지 않지만 이제는 나도 내 기억을 믿을 수 없는 상황이 됐다."

듣자 하니 흡사, 나이 들어 총기가 떨어진 100세 노인이 하시는 말씀 같다. 참으로 어울리지 않는 변명사다. 이제 나이 겨우 50대 초반인데 중증 치매 환자 행세하는 그 모습에 화가 난다. 어느 신문사 박해현 기자의 말씀대로, '옛날에 책에서 읽고, 수첩에 메모해 둔 문장을 나중에 열어보고 내가 쓴 글로 착각했다. 미안하다.' 이렇게 끝냈으면 얼마나 좋았을까. '그럴 수도 있겠구나.' 이런 생각에 필자도 신을 두둔했을 거다. 도대체 대한민국의 2만 문인을 무엇으로 생각하는 것인가? 신은 '예술문'만 직업적으로 쓰다 보니 아마도 '실용문'엔 약해졌나 보다. 사과문은 반드시 실용문 양식을 빌어야 한다. 은유적 표현은 의미가 왜곡될 수 있기 때문이다.

이 일로 해서 문인협회 문효치 이사장 등 간부들이 모여서 신의 표절 이후를 의논했다. 두 가지 결론을 도출해냈다. 문인협회 명의의 성명서를 낸다. 문인협회가 중심이 되어 표절의 등계(等階)를 명문화하여 표절 시비에 참고로 삼는다. 필자는 문인협회 문단윤리위 위원장 자격으로 이 회의에 참석했다. 우리는 인간이기에 잘못을 저지를 수 있다. 뉘우치고 같은 잘못 하지 않으면 된다.

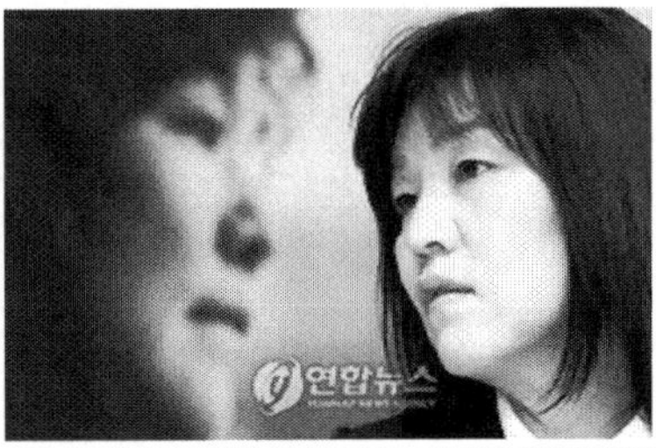

▲ 지금은 언어가 다 떠나버렸다. 언젠가 돌아오면 그때 말할 것이다. 콕찝어 맞는 4자성어는 賊反荷杖이다.

▲ 신경숙의 표절건은 애석한 면도 있다. 용서되는 사안이다. 왜 못 솔직한가.

곁을 떠나버린 언어 아직 돌아오지 않은 모양이다.

고은 시인의 성추행 기사가 연일 지면을 메웠다. 필자는 솔직히 기사가 헛말이기를 기대했다. 국제망신 당하는 꼴이 될까 봐 서먹했다. 한 인간의 명성이 하루아침에 물거품되는 것이기에 안타깝기도 하고.

▲ 수필집의 저자 오길순은 지금도 옆에서 억울타! 하소연이다.

고 시인 역시 이 '미 투' 사건을 두고 소설 쓰지 말라고 자기 죄를 적극적으로 발뺌했다. 진실을 외면하는 결백의 주장은 할수록 숨통을 죄어오는 거짓의 올가미에 묶인다는 사실을 고 시인이 모를 턱이 없었을 것이다. 그의 등에는 큰 무게로 화약의 등짐이 붙어있다. 위치는 화마 앞이다. 패착이었다.

화가 난 '미 투'들의 원성이 여기저기서 아우성을 쳤다. 들어보니 낯뜨거운 짓거리도 많이 했었다. 그러나 사과할 기미는 찾을 수가 없었다. 그들은 그들만의 공통된 율법인 사상철학(思想哲學)을 가진 사람들이라 한 번 아니면 죽어도 아닌 것이다. 드디어 성추행 당한 사람들이 합창으로 진상을 밝혀달라고 입을 모았다. 더 견디기가 어려워지자 살길을 찾는다고 고백을 했는데, 이는 신보다 더 교활했다.

"지금은 언어가 다 떠나버렸다. 언젠가 돌아오면 그때 말할 것이다."

온라인 뉴스레터 '북저널리즘'에 밝힌 입장문이다. 도대체 이와 같은 오만불손의 태도가 어디서부터 싹이 텄을까! 소름이 돋는다. 세상에 이런 해괴망측한 사례가 우리 역사에 있었을까? 필자가 굳이 고 시인의 파렴치를 재탕하는 이유도 여기에 있다.

'언어가 다 도망을 가버렸다?'

다시 확인한다. 질문이다. "도망친 언어가 언제 돌아오나? 언어가 돌아오지 않는 한 잘못이 없다는 논리인가?"

혀가 굳어지는 일이다. 언어란 의사전달의 수단을 목표로 생산되고, 규정에 의거 족보에 올리고, 언중이 서로 약속하여 지키기로 한 공기(公器)다. 이를 표준어라 한다. 하거늘 언중(言衆)을 무시하고, 어찌 자기 혼자만의 노리개인양 손에 놓고 공기놀이를 한다는 건가. 차라리 안타까운 심정이다.

구체적으로 고 시인은 바지 지퍼를 열고 신체 특정 부위를 만져달라고 했다는 등 성추행이 상습적이었다고 여러 사람이 폭로했다. 그는 자신도 이 사실이 믿기지 않았던가, 법적 확인이 필요했던 모양이다. 그는 낯 뜨겁게 최영미 시인과 박진성 시인, 언론사 등을 상대로 10억 7천만원의 손해 배상 청구 소송을 서울중앙지법에 제기(2018. 7. 26)했다가 패소했다. 억울했던 모양이다. 고등법원에 항고했다. 여기에서도 패소(2019. 11)했다. 그러나 그의 사과 소식은 들려오지 않는다. 도망간 언어를 찾느라 조선팔도를 헤매고 있는 모양이다. 아니면 판결이 부당하니 사과할 수 없나 보다. 인간 파렴치 꼭 조 누구와 닮은 꼴이다.

옛 중국 후한사람으로 양진(楊震)이라는 청백리가 있었다. 그는 세상엔 비밀이 없다는 뜻으로 사지(四知=天·地·子·我智)를 주창했다. 자나 깨나 중국몽인 무리 군에 살기에 양진의 사지쯤은 알고 있을 터이다.

1.33초짜리 성추행으로 징역 6개월에 집행유예 2년형을 받았다는 곰탕집 기사를 읽었다. 엉덩이를 잡혔다는 여인이 앞서고 엉덩이를 잡았다는 남자가 스쳐 지나가는 순간을 방범 카메라가 잡았다. 이것이 증거였다. 그러나 남자의 손이 여자의 몸에 닿는 모습은 동영상에 나타나지 않았다. 그런데 추행을 당했다는 여인의 진술이 일관되기에 판사는 그 말에 신빙성이 있다고 했다. 이 기사를 읽으며 고 시인의 미 투 사건의 형량이 얼마나 될까 다시 궁금해졌다.

고 시인에 대해서 하나 더 보태겠다. 그는 '겨레말큰사전남북공동편찬사업남측상임의장'을 2006년 1월 '공동편찬사업회초대이사장'이란 직함으로 12년 넘게 자리를 지켜왔다. 그 사업을 맡아 일을 보면서 300억이 넘는 국민 세금을 가져다 썼다는 일간지 기사가 있다. 올해에도 33억이 책정되어 있단다. 더 들어갈 자금이 얼마나 필요하며, 언제 끝날지도 모르는 사업이다. 필자는 국민 세금 퍼붓는 객관성 있는 사업이라고 절대 보지 않는다. 그러기에 '미 투' 이전부터 양심없는 친구라는 말을 주변에서 하는 사람이 있었다. 왜 지금 꼭 만들어야 하는지, 누굴 위해서 만드는지를 납득할 수 없다. 돈 그렇게 안 들이고도 얼마든지 만들어 낼 수 있는 사업이다. 더구나 이 사업은 통일 이후에나 숙의해 볼 문제이다. 필자의 경험에 비추어 보면 이런 작업은 북한에서 협조만 해 준다면 수개월로 끝낼 수 있다고 여긴다. 북한의 관계자를 만날 때마다 그들에게 15만 달러씩 주면서도 1년에 고작 4번도 만나지 못해 안달했다니, 이 사업 대한민국 국민이 공감하겠는가? 정말로 믿을 수 있는 기관에서 내용을 점검해 본다면 그 속이 요지경일 수도 있겠구나 싶어지는 터이다.

필자는 '中國延邊書店'과 '延吉市新化書店'에서 구입한 사전류 5권을 소지하고 있다. 분량이 6,393쪽에 이른다. 사전류 작업은 창작품과 달라 이미 존재하는 것을 찾아내는 일이어서 그리 어려운 일이 아니다. 그리고 이 작업은 어느 개인이 독과점으로 하는 성질의 것이 더구나 아니다. 남북이 통일된 이후에 해당 주무부서에서 국책사업으로 추진함이 마땅하다.

(강남문학, 이후 퇴고, 2018)

낭인(浪人)

농악의 굿마당에서는 뒷장이 앞장보다 흥겨운 경우가 있다.

남도의 한 유명 농악팀이 서울놀이마당에 당도했다. 이 팀은 잡색놀이가 전국에서 으뜸이다. '망구'로부터 '중광대'에 이르기까지 잡색만 13명이다.

40여 분에 걸친 앞판이 끝나고 이어 뒷전풀이가 시작된다. 꽹과리와 징과 북과 장고가 어우러져 절묘한 하모니를 이루자 꾼들은 흥을 제어할 수 없는 듯, 어깨를 들썩이며 마당으로 내려 선다. 동양춤과 서양춤, 아직 족보에도 오르지 못한 춤이 여기에 합세하자 난장은 금시 춤의 전시장이 된듯하다.

언제 어디서 들어도 흥겨운 우리 농악가락, 꽹과리 소리를 천둥, 징 소리를 바람, 장고 소리를 비, 북 소리를 구름에 비유했단다. 신화 속의 천둥은 권능이오, 바람은 우주의 호흡이오, 구름은 풍요요, 비는 축복이라고 했다. 그리하여 꽹과리와 징과 장고와 북은 자연을 다스리는 절대자인 조물주가 되었다. 농악 예인들은 춤마당에서 조물주와 만나고, 조물주와 더불어 신나게 노는 것이다. 쇠 소리를 들으며 카타르시스를 맛보고, 종점은 무상의 경지가 된다. 그 순간을 소유하기에 쇠를 울린다고 했다. 자기도 모르는 사이에 이루어지고 사정감에 취한단다. 웃다리 농악 송득수(宋得秀)는 다시 태어나도 쇠잡이가 되겠다고 했다.

둥더둥실! 저쪽 남정네의 멋이 묻은 어깨춤에 이쪽 여인네는 깨끼춤으로 맞선다. 퍽 요정스럽다. 거릿 기생의 연풍대와 전문춤꾼의 자반뒤지가 회오리바람 치자 박수 소리가 귀청을 울린다. 7채굿에 정신이 홀린 낭사들의 춤사위는 이미 이승의 모습을 떠났다. 빨강·노랑·흰색 꽃이 달린 고깔을 쓰고, 적색·황색·녹색으로 곱게 물들인 3색 드림을 한 소고수도 자리를 뜨지 못하고 뒤 패에 따라붙는다.

▲ 서울놀이마당에서 시연 후 기념촬영 하다. 앞줄 중앙에 흰 모자 쓴 분은 이보형 교수다.

▲ 고창농악 이명훈 상쇠와 김민현 회장의 모습이다. 김 회장님은 작고하셨다.

'서울놀이마당'은 서울 잠실의 롯데백화점 뒤쪽에 석촌호수를 끼고 아담한 자태로 앉아 있다. 노천구조라서 신문지를 펼치고 앉아 구경을 하다가 비를 맞기도 하고, 흙을 다져 깔아 놓은 마당이 흥건히 젖을 때는 놀이꾼이 제 기량을 보일 수 없어서 투정도 부렸는데, 이제는 지붕을 덮고 극장식 의자까지 깔아 야외놀이마당으로는 더없이 좋은 명소가 되었다. 공연의 주된 볼거리는 언제나 놀이마당이다.

▲ 고창농악의 상징 이명훈 상쇠.

▲ 미인 중광대의 모습.

▲ 고창농악의 신나는 놀이마당.

*고창엔 전국농악의 으뜸인 12잡색(대포수, 양반, 망구, 참봉, 각시, 중광대, 조리중, 좌창, 우창, 동방 치마 아가씨, 비리쇠, 홍적삼)이 있다.

전국에서 내노-라 하는 예인들의 재주를 보기 위해 주말이면 그야말로 이곳은 낭사들로 문전성시를 이룬다. 일정한 직업없이 헐렁하게 돌아다니며 소일하는 사람들이 모이는 곳이다. 양손을 뒤로 포개어 허리춤에 걸치고 갈지 자 걸음을 걷거나, 몸의 무게를 지팡이에 실은 채 허리를 접고 땅만 내려다보고 걷거나, 아니면 손주를 앞세우고 그 뒤를 힘겨운 듯 뒤따르거나, 아무튼 그런 군상들이 대부분이다. 그게 조금도 어색한 모습이 아니다. 차라리 그런 분위기가 어울리는 곳이다. 단골은 외짝으로 많은데 그들은 주로 소싯적 농악 4물을 다루어 보았던 사람들이다. 한복차림의 안노인, 이들은 왕년에 토속춤을 즐기던 멋쟁이들이고, 넥타이에 정장으로 차려입은 노신사는 대개 군 제대 용사이거나 공무원 출신으로 고향에서 온 대원을 환영하러 나온 팬들이다.

담밖에 두었던 두 개의 원두막은 담 안으로 옮겨지고, 그래서 놀이마당에서 최고의 인기품목이 되었다. 언제나 만원사례다. 이쪽 원두막에서는 서로 자기 자랑을 하느라 시끄럽고, 저쪽 원두막에서는 십 원짜리 화투판이 벌어져 소란스럽다. 지금 마당에서 벌어지는 춤사위가 이들에게는 별로 흥겹지 않은 모양이다.

호수 가에 마련된 의자에는 사뭇 딴 세상 사는 사람들이 모여 앉아 호수를 바라보며 시간을 번다.

어떻든 필자는 이곳 놀이마당의 수십 년 단골이다. 주말이면 어김없이 찾는다. 이제는 제법 아는 사람도 있어 눈인사로, 혹은 손을 잡고 반겨주는 사람도 있다. 선듯 자리를 양보하는 사람까지 생겼다. 그저 그런 인사들만 모이는 곳이어서 쑥스러울 것이 없는 분위기라 긴 시간을 앉아 있어도 마음 편했다.

동호인 몇 분을 이곳에서 사귀었다. 농악에 귀신이 씐 사람도 있다. 처음 만난 그분의 인상은 별로였다. '꽹과리는 이렇게 치고, 징 채는 여기를 잡으며, 장고는 맬 끈이 단단해야 되며, 북은 둥글게 치는 법이라는 등 소위 문화재급 예인들 앞에서 일장 연설을 늘어놓곤 하는 그가 너무 앞나가는지라 핀잔을 준 일이 있는데, 이것이 그 사람과 알고 지내는 동기가 된 것이다. 나중에 안 일이지만 그는 국악협회 회원이고, 농악의 가락을 바르게 교육하고자 성심을 다하는 자칭 농악 타법의 조교였다. 그가 지성으로 우리 가락을 아끼는 사람임을 뒤늦게 알았다. 경기충청농악 상쇠 최 누구라는 명함을 소지하고 다닌다. 그는 고척동에 살고 있었다. 양해를 구하고 방문을 했다. 시골의 어느 농악전수관을 옮겨놓은 것처럼 그의 집에는 구석구석 사물이 쌓여 있다. 그의 아내는 남편의 취미생활을 깊이 이해하고 있는 듯했다. 그것만으로도 그는 복을 지닌 사람으로 여겨졌다. 위대한 부인의 남편이었다.

이날의 뒷전풀이는 긴 시간 이어졌다. 온 장안이 흥에 젖어 넘실거렸다. 드디어 상쇠가 쇠가락을 바꾸어 인사굿을 친다. 천지를 흥분시키던 쇠가락이 일순 숨을 죽인다. 쇠꾼들이 남겨놓은 가락을 가슴에 안고 낭인들은 뿔뿔이 놀이마당을 등지고 흩어진다. 조개 껍데기처럼 텅텅 속을 비워낸 놀이마당, 그러나 그 시간이 되면 다시 찾아와 그 속을 채워줄 것이다. 놀이마당이 있기에 그들은 외롭지 않다.

2014년 11월 27일, 한국의 농악이 17번째로 유네스코 인류문화유산에 등재되었다.

(2005. 6)

어떤 微笑

감성이 서로 엇비슷한 문우가 있다. 깔끔하게 글을 쓰는 분이다. 소통하는 과정에서 취향이랄까 맞는 쪽이어서 만남이 부담스럽지 않다. 박눌한 성품에 요변스럽지 않아 정이 간다. 그는 성경에서 말하는 여수룬*이다.

그런데 그간 단 한 번도 웃음이 담긴 그네의 모습을 보지 못했다. 농담, 괴담, 때로는 덕담을 해도 그저 덤덤히 들어 줄 뿐이다. 정서와 감정이 결코 무디어서가 아니다. 그러기에 웃음을 내색 않는 그네의 속사정에 더더욱 관심이 간다.

아직 청춘의 기운이 그대로 남아있는 나이에 사지(四肢)를 반으로 떼어가는 애통함을 당했다니, 불문코 애와틴의 한에 묶인 세월을 톺아왔을 터이다.

그러나 그는 언제 보아도 여유로웠다. 자기 무게로 자리 잡은 호수의 모습이다. 흔들림이 없다. 이지적이다. 장소를 불문코 소홀함이 없는 그네의 앞가림은 살아 있는 어느 유생(儒生)의 행실을 방불케 한다. 물려받은 유산이 있어 생활에 궁핍을 느끼지 않고 사는 모습이어서 보기에 좋았다. 사대문 안에서 진사댁이라 불리던 고택(古宅)을 두고, 이참에는 호반을 안고 있는 산곡마을에 예쁘게 지은 아파트로 이사를 해서

*곧은 사람(히브리어)

혼자 산다고 했다.

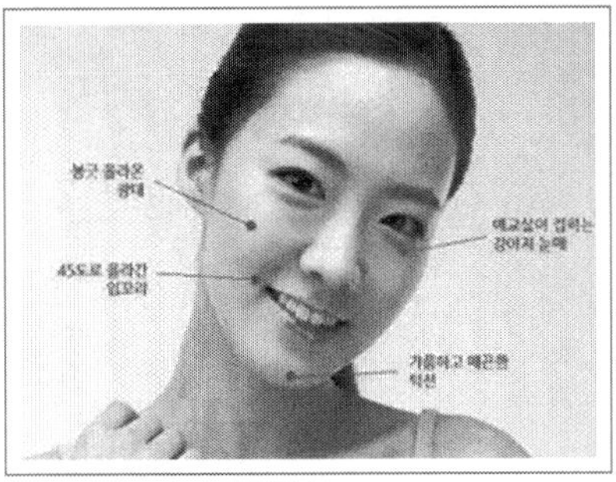

▲ 미소의 포인트를 확인하다.

이스라엘 속담에 '세월은 흐르지만 환상은 이루어지지 않는다.'고 했다. 웃음을 저주하는 건지, 실기한 건지, 절제하는 건지, 혼자 궁금할 뿐 물어볼 사항이 못 된다. 홍수에 방죽이 무너지듯 가슴 한구석이 물렁 내려앉는 시련을 겪은 때문일 터이다. 충격은 때로 한 인간을 평생토록 우울증에 가두어 놓는다. '남편의 죽음을 인정하자 일상으로 돌아올 수 있었다.' 그는 그렇게 말한 적이 있다. 무서운 독백이다.

남편이 헬스장에서 쓰러져 숨을 거두자 가슴과 폐에 커다란 구멍이 뚫리고, 초등학생인 아들딸을 홀로 키워야 하는 막막함, 자신감은 하루

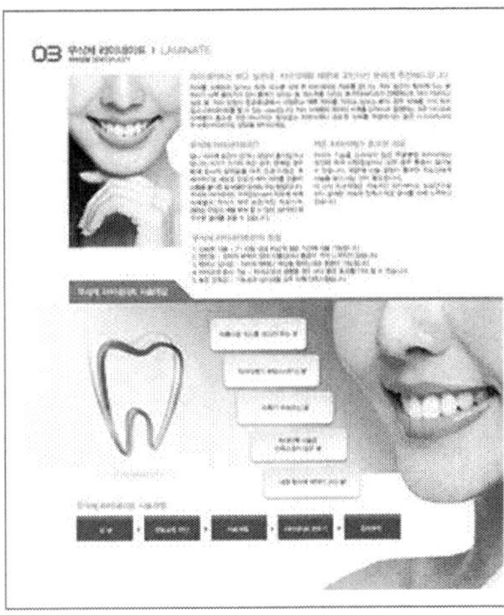

▲ 치과는 아름다운 미소를 원하는 곳이다.

▲ 미소는 순수할 때 정겹다.

아침에 부서져 가루가 되더라는 이야기, 『Option B』에 그런 대목이 나온다. 베스트셀러 『린인(Lean In)』의 저자 애덤이 쓴 소설이다.

그는 남편을 잃는 순간 꼭 그런 기분이더라고 했다. 그네 가까이 있을 때면 두 분 대통령의 모습이 겹친다.

웃음의 의학적 효과가 9가지라고 했다. 수면 연장에 도움, 혈압을 낮춤, 면역력을 높임, 우울감의 축소, 통증의 경감, 안 쓰는 근육을 활성화시킴, 다이어트에 도움, 소화 촉진, 그리고 폐활량이 증가된다니 억지로라도 웃어볼 일이다.

프랑스 루브르박물관에 가보자. 거기 세기의 명화 모나리자 초상화가 있다. 그 얼굴엔 101가지의 미소가 혼합으로 담겨 있다고 한다. 정말 그럴까? 마침 집에 모나리자상이 있기에 확대기로 세세히 훑어봤다. 매섭고 얄미운 인상, 그렇게만 느껴졌다. 명화라고 해도 거실에 걸어 놓을 예술품은 아니라는 생각이다. 어떻게 보면 재수없는 인상이었다. 예술품은 기호식품과 같은 것이어서 호불호(好不好)를 주장할 수 없다지만 내 입에는 씀바귀였다.

그네는 건강 복을 갖고 타고난 듯했다. 나이를 무시한 채 젊음을 유지하고 지낸다. 피부의 질감은 탄력이 넘쳐났다. 체형도 일(日)자형을

▲ 모란, 목단 꽃말은 '부귀, 영화, 왕자의 품격, 행복한 결혼'입니다.
▲ 사랑의 불시착, 에델바이스의 꽃말은 귀중한 추억, 인내 용기이고,
▲ 코스모스 꽃말은 순정이래요.

유지하고 있다. 그 나이에도 하는 일이 많다. 그는 독실한 기독교 신자다. 교회일정과 지인관리 프로그램을 본적이 있다. 순간 경외심이 유발했다. 저쯤이니 단체의 장을 떨쳐낼 수가 있을까 싶었다. 그네가 지닌 또 하나의 매력이다.

시내에 집을 두고 굳이 산자락으로 옮겨 와 사는 이유를 물었다. 그네의 대답은 명료했다. 자연의 정직함을 본받고 싶었단다. 마치 400m 계주선수들이 바통을 넘겨주고 이어받아 달리듯 봄이 여름으로, 여름이 가을로, 가을이 겨울로 넘겨주고 이어받는 모습은 흡사 계주들의 규칙 같다고 했다. 어느 거장이 있어 이쯤의 진풍경을 화폭에 담아 전시할 수가 있을까! 그네는 집에서 머무는 일상이 언제나 무릉도원이라고 했다.

하얀 눈이 펑펑 내리던 정오 무렵 남편을 떠나보낸 그네는 고통이 일상의 모든 것을 뒤덮은 채 영원히 지속될 것이란 두려움에 사로잡혀 시야가 가려지더라고 했다. 삼년상을 치르고 나니 얼굴에 금이 가고, 그렇게 살았다고 했다.

산자락에 편안히 앉아 있는 조용한 아파트, 그 속에서 살다가 보니 언제부터인가 얼굴에 실금이 사라지고, 그 자리를 미소가 대신하더란다. 그러나 굳이 미소를 밖으로 내비칠 마음은 없다고 했다.

자세히 살펴본 그네의 얼굴 속 깊이 미소가 담겨 있었다.

(월간문학, 2020, 1월호)

둔재와 작가 수업

동리, 미당 밑에서 소설과 시 공부를 했다. 시는 생리에 맞지 않았다. 정이 들기는 미당인데 소설이 좋아 그쪽 줄에 끼어 섰다. 그저 기호식품을 선호하듯 그 밑에서 얼쩡대면 밥숟가락이 놓이는 줄 알았다. 그러다가 군에 입대를 하고, 교직에 몸을 담았다. 글을 쓴다는 것은 맘뿐 문학과 멀어졌다. 인문 고교라는 곳이 글을 쓸 만큼 마음의 여유를 가질 수 없었다는 변명을 달아둔다. 한데 대학 선배의 권유로 수필 추천을 받게 되고 수필가가 되었다.

수필을 쓰면서 강한 회의감이 일었다. '수필이 문학의 반열에 놓일 수 있는가?'하는 의구심이다. '1950년대의 상아탑에서는 수필을 본격적인 문학 장르로 받들지 않았다.' 이런 취지의 월평을 『월간문학』에 올렸다가, 어느 문인으로부터 이의 제의를 받았다. '모든 예술은 기본적으로 창작이란 기능적 바탕 위에서 존재한다.' 이 생각은 예나 지금이나 변함이 없다.

수필을 두고 '붓 가는 대로 쓰는 글'이라고 정의하는 주장에 긍정하는 문인이 지금도 있다면 이는 비극이다.

남송南宋 때의 학자 홍매가 그의 저서 「용재수필」 서문에 밝힌 바, '수시로 기록하여 앞뒤 차례를 가리지 않고 묶은 것이기에 수필이라 한다.' 그러기에 수필은 누구나 쓰는 붓 가는 데로의 하층 장르가 되고 말았다. 그러나 이것은 한자의 분명한 오역이다. 한자어 '隨筆'을 풀이하면 '붓 가는 대로 쓴다.'가 된다. '隨'의 훈은 '따르다'이고, '筆'의 훈이 '붓'이니, 그 해석이 틀린 것은 아니다. '隨'를 파자해 보면 의미가 달라진다. '隨'는 辵(착)과 隋(수)로 구성된 합성자인데, '隋'는 발음부호일 뿐 의미 부분이 아니다. '辵'이 의미 부분이다. 이 '辵'은 '쉬엄쉬엄 간다.'의 뜻이다. 붓 가는 대로가 아닌 신중함에 바탕을 두고 있다. 프랑스의 사상가 미셸 몽테뉴와 그의 저서 『수상록』까지 들추지 않기로 한다. 굳이 현대수필의 정의를 말하되 '일상적 삶을 엮어낸 (단순 서사가 아닌) 제한적인 이야기' 쯤으로 바꿔 봄직하다. '사실을 바탕으로 한 고도의 문장으로 쓰이어진 제한된 분량의 글' 이렇게 보태어 본다.

이 주장은 필자의 온전한 몫이 아니다. 각주를 달아 표절로부터 벗어나야 되는 데, 범법자가 되기 싫어 어느 특정 교재를 텍스트로 삼지 않았다.

▲ 소설가 박영준, 소설 『그늘』을 동아일보 연제물로 읽었다. 생각대로 무겁고 어두운 첫인상이었다.

▲ 소설가 안수길, 첫 시간의 인상은 『북간도』 연상이었다. 그리고 인상은 너무나 자상했다.

▲ 소설가 손소희 "오늘 강의 김동리 그늘 아닌 손소희 자격으로 시작됩니다." 이런 주제의 말씀을 화두로 첫 시간 강의를 시작했었지요.

▲ 시인 김현승, 커피는 반려자 손수 물 끓이고 차반 차린대요. 그래야 제맛이래요.

나는 대학의 57학번으로 아무나 문인이 될 수 없었던 시절에 문학도란 대열에 끼어 문단의 분위기를 맛보았다. 작가가 되어 보겠다고 그런 과에 입학을 했다. 지금 생각해 보면 무지몽매한 짓이다.

국내 유일의 문예창작과에 입학을 하였고, 작품을 통하여 이름만 익혔던 김동리, 박영준, 안수길, 손소희 소설가와 서정주, 박목월, 김현승, 김구용, 이영도 구상 시인을 만날 수가 있었다.

그 무렵, 노벨 문학상 수상작인 보리스 파스테르나크의 『닥터 지바고』는 우리 문학도에겐 우상적 작품이었다. 나는 이 책자를 병석에 누워 계신 아버지에게 보여 드리며 상금이 얼마란 이야기를 했다. 그런 상을 한 번 받아 아버지를 즐겁게 해드리고 싶었을 것이다. 아버지께서는 작품의 표지화인 작가의 얼굴을 찬찬히 뜯어보시더니, 대상을 탈 만한 인물이라고 하셨다.

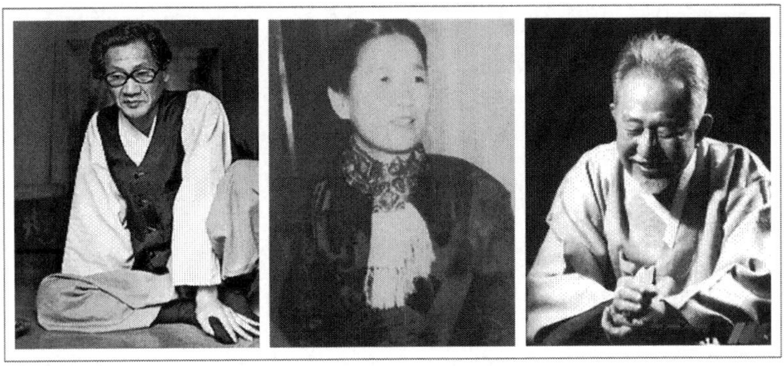

▲ 산문시인 김구용, 당신의 『고문진보』는 명강의였다. 여가시간이면 인사동 고물상가 산책 골동품을 감상이 취미였을 뿐 구입에는 인색했다는 어느 상점주의 전언.

▲ 시조시인 이영도님은 황진이 이래 최고의 여류시인이래요. 당신이 좋아하시던 시인은 박재삼. 청마의 5천 쪽짜리 우체통이 되기도 하고. 오뉘의 예쁜 시조집 『비가 오고 바람이 붑니다』를 구해 주시면서 먼저 가신 오빠의 시조집 『休火山』까지 사인을 해 주셨지요. 轉交의 의미를 그때 알았어요. 두 분의 시조집(石榴·休火山) 『비가 오고 바람이 붑니다』가 한 박스(box)에 묶여 나오자, 어느 독지가가 몽땅 매점을 해놓고 장사를 하더라는 일화를 얘기했지요. 자기가 원하는 책을 가져오면 바꿔 준다고, 일테면 물물교환을 한 셈. 그러면서 제자가 스승을 심부름시키는 법도 있다고 웃으시던 모습, 그게 마지막이었어요. 약속대로 시조 5편을 지어서 추천받을 준비를 하고 있었는데, 감수를 받지 못했지요. 그 일로 삐뚤어진 수필을 쓰게 되었습니다.

▲ 시인 구상님은 지금도 영등포 구민의 사랑을 독차지.~~~

재학시절 각종 신문사의 신춘문예와 문예지의 추천을 받아 작가가 된 선후배가 많았다. 종합문예지로는 '현대문학', '문학예술', '자유문학' 등이 있었는데, 우리 대학의 주류는 '현대문학' 쪽이었다. 그리하여 이 잡지는 문예창작과 생도들에게 교과서이기도 했다. '현대문학'의 총판은 을지로 3가에 있는 책방 '장안서적'이었다. 더 빨리 구입하기 위하여 직접 그곳으로 가서 사 왔다. 그리고 귀중한 소지품이듯 늘 손에 들고 다녔다.

둔재인 주제에 작가가 되겠다는 생각을 가진 말 못할 동기는 따로 있었다. 고등학교 3학년 때의 일이다. '문학의 밤' 행사작품을 내었다. 국어담당 선생님께서 교무실로 불으셨다. 누가 쓴 글이냐고 물으셨고, 직접 쓴 글이라고 했다. 선생님께서 반신반의하시는 눈치였다. 나는 기분이 별로 좋지 않았다. 그 선생님의 함자는 생각나지 않는다. 수업시간이면 콧물을 많이 흘리셨다. 그래서 붙은 별명 비수, 학생들 사이엔 그저 비수로 통했다. 『소설작법』, 『시작법』, 『시나리오작법』 등을 읽으며, 나름대로 글쓰기 수련을 했었다. 수학시간이면 문세영의 '국어사전'을 무릎 위에 숨겨놓고, 쪽수를 바꾸어 가며 외웠다.

그해의 여름방학 무렵이다. 제법 분량이 많은 장편 소설을 꾸려 서울로 올라갔다. 어느 소설가에게 보였다. 부지런히 써 보라는 말 한마디가 전부였다. 서울에서 이틀을 묵었다. 무단결석 2일이다. 담임 선생님께 먼저 들렀다. 워낙 무서운 분이라, 찾아가는 발길이 떨렸다. 문밖에서 선생님을 불렀다. 누구냐고 물으시는 선생님의 음성은 저승사자같이 무서웠다. 이름을 대니까 왜 왔느냐는 것이다. 이런저런 일로 서울을 갔다 오느라 결석을 하게 되었다고 했다. 담임 선생님의 과목은 '공민'이었다. 문학 따위엔 관심이 없으신 분 같았다. 들고 갔던 술병을 툇마루에 놓아두고 나왔다. 선생님께선 누구보다 술을 좋아하시는 분이라서 술병을 가지고 갔을 것이다. 이후 선생님에 대한 존경심이 달라졌다.

졸업식 날이었다. '사은회'라 하여 식이 끝나면 간단한 다과회가 이어진다. 교실 두 개를 터서 회장을 만들었다. 딸랑 2개 반이었으니 합쳐봐야 130명 아래다. ㄷ자형으로 둘러 앉았다. 식순에 졸업생 대표노래가 있었다. 아이들이 이구동성 나를 지목했다. 나는 거절하지 않았다. 생각이 있었다. 음치인 담임 선생님께 바톤을 넘기고 싶었다. 곤욕스러웠을 터이다. 내가 부른 노래는 선우일선의 '대한팔경'이었다. 담임께서 부른 노래는 곡명도 생각이 나지 않는다.

세월이 많이 흐른 뒤 우연한 자리에서 선생님을 만났다.

"자네 아직도 그 학교에서 교편을 잡고 있나? 빨리 대학교로 빠지게. 고등학교 교사는 고용인이네. 아무리 연구를 많이 해 보았자 소용이 없어." 그때 선생님께선 대학교 교수로 자리를 옮겨 놓고 계셨다. 스승의 제자 사랑하시는 맘을 다시 한 번 깨쳤다.

대학의 마지막 학기 무렵 소설가 유주현 학과장님의 잔신부름을 자주 했다. 문학이란 병에 한 번 걸리면 치우가 어렵다며, 등단을 하여 작품 활동을 해보라는 것이었다. 많이 늦었지만 소설 추천을 받아 동리 선생님과의 약속을 이행했다.

작가가 되었다는 자긍심이 날로 식어간다. 문우들에게 미안한 생각이 든다. 글다운 글을 한 편도 쓰지 못했다.

(2004. 10, 퇴고하여 계간문예, 2020, 가을호, 61권)

작가 이력

경북 문경 산양 출신. 김관필 임악이 사이의 4남 중 2남 생이다. 산양초등, 문경중·고교를 졸업하고, 중앙대학교 문예창작학과를 졸업했다. 동흥상고를 거쳐 영동고등학교에서 다년간 근무, 최종직위 급 교감으로 명예퇴직하였다.

이후 2002년 국사편찬위원회 사료조사위원으로 위촉되어 활동 중이다. 문헌사료의 제약을 극복·보완할 수 있는 역사자료의 생산을 위하여 동분서주하는 보습이 보기에 좋단다. 친구들의 격려다.

전국을 답파 40여 개 팀에 이르는 유명 농악대의 족보를 조사 정리하였다. 『상쇠의 구술을 통해서 본 지역 농악의 형성사』, 『한국전쟁 후 형성된 상이군인의 생활과 활동』 등 2백자 원고용지 기준 1만 8천 매 분량의 방대한 녹취록을 정리했다. 국책사업인 이 작업은 3년여에 걸쳐 이루어졌다. 현장에서 대면한 농악예인(農樂藝人)만 150명이 넘는다. 가히 우리 농악의 구술자료 총람(總覽)이라 할 수 있는 결과물을 성취했다.

국무총리, 교육부장관, 서울특별시교원단체연합회 등의 표창과 ○서울특별시문예상, ○제2회시흥문학상, ○시사노권타임즈문예상, ○톨스토이18주년기념문학상대상, ○서울강남문예상대상, ○월간 수필문학 추필추천, ○월간 문학저널 소설추천, ○전국문화원연합회주관 향토문화 논문부문수상 등의 수상 경력을 가졌다. ●한국농악보존협회 이사, ●서울강남문인협회회장, ●국제펜클럽한국본부 인권위원, ●한국문인협회 자문위원, ●수필문학추천작가회 초대총무·제3대회장, ●산양초등학교 총동문회 부회장, ●중앙대 문창과 총동문회 부회장, ●중앙대문인회 감사 등의 경력과 한국문협에서 다년간 문단윤리위 위원장직을 수행하였다. 현재는 국사편찬위원회 사료조사위원 서울시지회장으로 활동하고 있다. 저서로는 『글방선생』(꽁뜨집 공저)·『가는 세월 남은 정』·『한과 신명의 춤사위』·『외로운 서울 사람들』·『해가 가고 달이 가면』·『나의 살던 고향은 꽃피는 산골』 등의 수필집과, 장편소설 『연리지 古木에 핀 무궁화』·『그리움은 그때일까, 그대일까』가 있다. 논문집으로 『韓國의 農樂』·『江南의 鄕土文化紀行』·『웅무』 등과 『山陽初等學校 60年史』를 최초 편집·편찬하였다. '구술기록물'로 2백자 원고용지 1만 8천 매 분량의 『上釗의 口述을 통해서 본 地域農樂의 形成史』와 1천 2백 매 분량의 『6·25戰爭 이후 傷痍者의 生活과 活動』이 등이 있다.

'G20정상회담백서' 제작을 위하여 구청(강남)을 17번 들렀다. 구청의 과장님 17분을 모셔놓고 자료협조를 부탁드리기도 했다. 건강이 이유이긴 했지만 유종의 미를 걷지 못하여 송구한 맘을 갖는다.

시집 『옛 살던』. 시조집 『남겨둔 꿈의 자리』를 탈고하였다. 출간을 서둘러 辛丑年이 저물기 전에 매듭짓고 싶다.

나의 살던 고향은
꽃피는 산골

인 쇄 2021년 8월 16일
발 행 2021년 8월 20일

저 자 金泳卓
발행인 孫光春
인쇄처 圖書出版 修書院
발행처 서울특별시 성북구 삼선교로 2길 7-3
TEL. 765-0924~5, FAX. 765-0927
E-mail suseowon@hanmail.net
등 록 1971.12.9. No.2-282
ISBN / 978-89-6798-069-6

〈정가 18,000원〉